市场营销名校名师
新形态精品教材

U0720181

新媒体营销

Marketing Management

微课版 第2版

杜鹏 佟玲◎主编

杨光萍◎副主编

人民邮电出版社

北 京

图书在版编目（CIP）数据

新媒体营销：微课版 / 杜鹏，佟玲主编. -- 2 版.
北京：人民邮电出版社，2025. --（市场营销名校名师
新形态精品教材）. -- ISBN 978-7-115-65808-1

Ⅰ. F713.365.2

中国国家版本馆 CIP 数据核字第 2024JR1907 号

内 容 提 要

本书是国家级精品视频公开课"价值营销概说"、国家级精品资源共享课"市场营销学"和国家精品在线开放课程"人人学点营销学"的配套教材。本书系统介绍了新媒体营销领域新的研究成果和发展趋势，并有诸多创新之处。在结构安排上，本书分基础篇、策略篇和工具篇，体系完备，适合个性化教学。

本书共 11 章，包括："新媒体营销概述""新媒体营销思维""新媒体营销时代的用户与消费者分析""连接：流量池+产品""体验：游戏化营销+内容营销""社群：裂变营销+社群运营""数据：大数据营销""进击的'双微'——微博、微信平台""为优质'种草'，为大众求知——小红书、知乎平台""视频圈的两座大山——哔哩哔哩、抖音平台""新媒体营销的前沿应用"。

本书配套 PPT、数字大纲、电子教案等配套资源，用书教师可登录人邮教育社区（www.ryjiaoyu.com）下载使用。

本书既可作为本科、高职院校经济管理类专业及各类培训机构的新媒体营销课程的教材，也可作为关注营销问题的企业管理人员、研究人员、咨询培训师的参考书。

◆ 主　编　杜　鹏　佟　玲

　　副主编　杨光萍

　　责任编辑　陆冠彤

　　责任印制　陈　犇

◆ 人民邮电出版社出版发行　　北京市丰台区成寿寺路 11 号

　　邮编　100164　电子邮件　315@ptpress.com.cn

　　网址　https://www.ptpress.com.cn

　　涿州市京南印刷厂印刷

◆ 开本：787×1092　1/16

　　印张：13　　　　　　　　　2025 年 4 月第 2 版

　　字数：276 千字　　　　　　2025 年 4 月河北第 1 次印刷

定价：59.80 元

读者服务热线：(010)81055256　印装质量热线：(010)81055316

反盗版热线：(010)81055315

党的二十大报告指出："加强全媒体传播体系建设，塑造主流舆论新格局。"新媒体作为全媒体时代的重要组成部分，承担着传播中国故事的重要使命。

新媒体是互联网的产物之一，随之而来的以新媒体作为载体和传播媒介的营销被称为"新媒体营销"。报纸、杂志、广播等属于传统的营销媒介，而微信公众号、微博以及抖音平台等属于新兴的营销媒介。各行各业都应建立新媒体矩阵，进行新媒体营销，学界也开始探讨经典营销理论和框架在此背景下的适用性问题。新媒体营销解决了信息沟通的形式和效率问题，但尚未解决信息沟通的效果和效益问题。哈佛大学教授罗杰·马丁认为：当下很多流行说法都缺乏逻辑基础，商业环境的变化并没有人们想象的那么前所未有，人们更应该看到不变的东西。因此，在写作本书的过程中，编者秉持兼容并蓄的态度，在吸纳新观点、新事物、新理论和以AIGC为代表的新应用的基础上，对原有理论框架进行解构、重塑，力求探寻营销的不变性。

本书的写作思路是从对新媒体营销理论内涵的解读，到新媒体营销策略模式的呈现，再到新媒体营销实践工具的介绍，编者期望通过理论和实践的结合，为读者完整诠释新媒体营销。

本书分基础篇、策略篇和工具篇。基础篇的写作逻辑如图1所示，本篇旨在引导读者从新媒体营销的定义与特点出发，深入理解其策划流程与应用领域，并探索其发展历程。随后，本篇将进一步剖析新媒体营销思维，以及新媒体营销时代的用户特点和购买模型，帮助读者奠定扎实的理论基础，为后续的策略篇和工具篇做好铺垫。

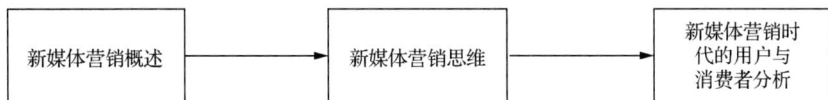

图1　基础篇

策略篇的写作逻辑如图2和图3所示，企业和用户之间通过产品和流量池形成连接，企业可以通过游戏化营销和内容营销为用户创造良好的体验。而不同类型的用户之间会形成各种各样的社群，企业可以利用裂变营销和社群运营来扩大自己的用户群体。各个社群的用户行为习惯等会被互联网记录形成大数据，企业可以利用数据分析进行大数据营销，以便更好地触达用户，为用户提供更加优质、完善的服务。

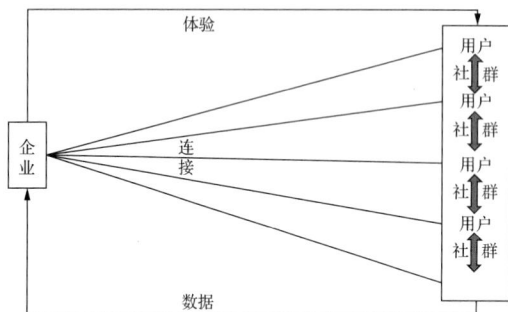

图2 企业如何利用新媒体营销和用户建立联系1　　图3 企业如何利用新媒体营销和用户建立联系2

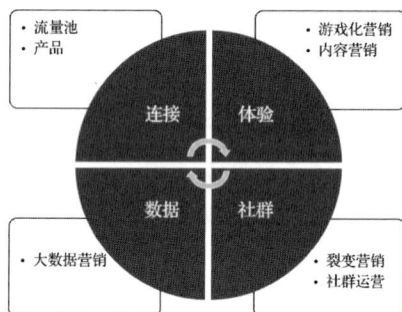

工具篇的核心在于深入解析新媒体营销中的关键工具与应用，涵盖了微博、微信、小红书、知乎、哔哩哔哩、抖音等主流社交与视频平台。本篇旨在通过具体案例分析，引导读者理解这些工具的营销特性和操作方法，从而将基础篇与策略篇的知识有效转化为实践技能。学习这些内容后，读者将能够对当前新媒体营销的工具有全面的认识，并能够运用这些工具进行初步的营销实践，这正是本书的目标之一。

编者要特别感谢中南财经政法大学营销管理系和新媒体营销研究中心的同仁们，感谢华中科技大学管理学院的戴鑫教授和新闻与信息传播学院的鲍立泉副教授（参与讲授新媒体部分的课程），感谢毕马威高级咨询顾问蔡华法先生（参与讲授数据营销部分的课程）；感谢广州搜床网络科技有限公司董事长李春田先生、杭州修然互联网科技有限公司首席执行官龙艳妮女士、北京华江文化集团营运副总裁陆英毅先生、武汉朝宗文化旅游有限公司总经理康海钧先生、广东省广告集团股份有限公司常务副总裁夏跃先生、马应龙药业集团品牌管理部部长王春猛先生、广州宝洁有限公司销售总监吴增勇先生、母亲食品（安吉）有限公司新品开发总监肖玮先生等，他们为编者提供了近距离深度参访、调研的机会。

在写作的过程中，编者借鉴了学界和业界研究者的一些观点和内容，在此向他们表示衷心的感谢！同时，编者诚挚邀请读者提供宝贵意见和建议，以帮助本书持续改进和修正，使其更加全面和准确。

编　者
2025年1月于武汉

CONTENTS ———————————————————— 目录

目录 ——————————————— CONTENTS

CONTENTS ——————————————————— 目录

目录 ——————————————— CONTENTS

第 11 章

新媒体营销的前沿应用 /180

基础篇

第1章
新媒体营销概述

知识框架图

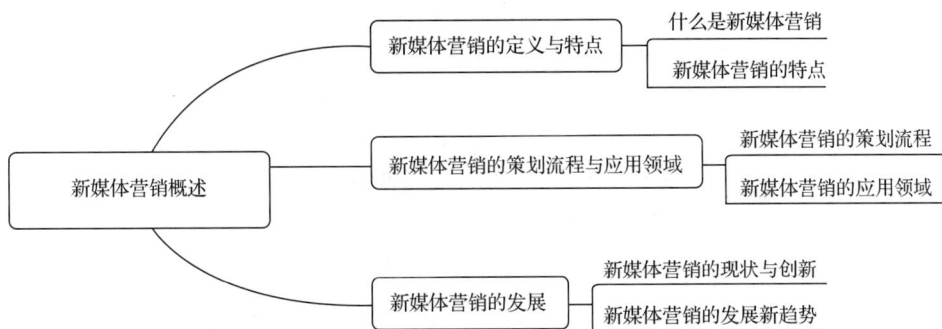

知识目标

1. 掌握新媒体、新媒体营销的概念及新媒体营销的特点。
2. 了解新媒体营销的策划流程，了解新媒体营销可以应用在什么领域。
3. 了解新媒体营销的发展新趋势。

技能目标

能够列举新媒体营销的相关案例并加以分析。

案例导入

河南卫视：传统电视媒体的新媒体转型之路

新媒体平台是一片蓝海（蓝海指未知市场空间）。与传统品牌占据的纸质媒体、电视等传统广告渠道相比，新媒体平台可以避免新消费品牌与传统品牌的斗争，大大提高新消费品牌的参与热情。

河南卫视已经意识到了传统媒体向新媒体转型的重要性，正在用自己独特的方式，打造自己的宣传与表达模式，为自己的新媒体转型之路添加一份独属于自己的光彩。

1. 开启台网共创之路

快手、河南卫视、京东，看似风马牛不相及的三者达成合作，实现共赢。此次三方共创的《国潮盛典》（见图1-1），正是在快手平台对优秀传统文化与京东品牌对现代生活方式的理解相契合的基础上，借助河南卫视"网剧＋网综"的创新节目形式，碰撞出的品牌商业化内容创新的火花。

图1-1　三方共创的《国潮盛典》

2. 品牌表达，走向内容深处

《国潮盛典》更像是一个三方能力加成的作品，在着眼国潮文化的价值提炼与升华的同时，创新了国潮营销的品牌表达。在《国潮盛典》中，三方携手打造了一条"京东大街"，成为串联整场晚会的核心场景。显而易见，形式上有别于常规的贴片、压条、口播等植入方式，"京东大街"成为推动晚会进程的重要组成部分。故事化的品牌呈现，打破了商业植入的程式化标准，给予观众耳目一新的视听体验。

3. 内容营销新故事

基于对大众审美需求的精准洞察，《国潮盛典》以独特的东方美学表达，实现了从共创到共享的国潮文化进阶表达。

诚如河南广电全媒体营销策划中心副总经理所言："国潮，代表了优秀传统文化和现代生活方式之间的激情碰撞。"《国潮盛典》一边深挖中华优秀传统文化，另一边寻求符合当下的创新性表达，充分展示了国潮文化。

河南卫视在与快手、抖音这类平台的合作和自己的不断创新改进下，开发出了一条属于自己的独特新媒体转型之路。在互联网时代，新媒体营销已是人尽皆知的营销模式，那么究竟什么是新媒体，新媒体营销又是什么，它是如何产生的，又具有什么样的特点与作用呢？本章将对以上问题进行介绍。

1.1　新媒体营销的定义与特点

时过境迁，现如今，传统媒体已经不再像以往那样受大众关注，新媒体营销已经成为时代的主流。无论是企业还是营销人员，都应当了解新媒体的概念、新媒体营销的概念及新媒体营销的特点。

1.1.1　什么是新媒体营销

新媒体是相对于传统媒体而言的，在报刊、广播、电视等传统媒体以后发展起来的新的媒体形态，其利用数字技术、网络技术，通过互联网、无线通信网、卫星等渠道，以及计算机、手机、数字电视机等终端，向用户提供信息和娱乐服务。新媒体的出现源于互联网的普及和数字技术的进步。互联网的快速发展使得人们能够随时随地获取信息和与他人交流，而数字技术的不断创新使得信息可以以多种形式呈现，如文字、图片、音频和视频等。这些为新媒体的发展奠定了基础。

同时，伴随着互联网的快速发展，Web 3.0的网络时代已经悄然到来，营销思维也发生了巨大的变化，营销更重视体验性、沟通性、创造性和关联性，这加速了营销变革。正是基于伴随互联网出现的微信、微博、搜索引擎、博客等媒体形态，企业才可以借助新媒体塑造宣传产品形象、拓宽营销渠道、开拓市场，尽最大可能满足消费者需求，从而实现盈利。新媒体营销立足于现代营销活动，以服务消费者为导向，借助新媒介传播，宣传企业形象和文化，强化产品诉求，达到销售产品、宣传品牌的营销效果。新媒体营销借助互联网信息技术与时代环境对接而形成的营销模式，将极大地满足消费者的需求，为企业创造收益并提升品牌形象。由于新媒体营销在营销活动中具有较强的互动性，所以消费者既是企业产品信息的接收者，又是企业产品信息的制造者和传播者，对企业品牌宣传起到促进作用。同时新媒体营销有着独特的覆盖优势，在营销活动中通过信息的全面发布，让受众更方便快捷地获取营销信息，形成立体覆盖模式。新媒体营销还有着制作成本低的优势，可以为企业节约成本、为企业高效率运作提供保障。此外，新媒体营销的精准度较高，能促使企业及时捕捉热门话题，根据关键词、关注度准确地调整营销策略。

> **小贴士**
>
> ### Web 1.0、Web 2.0 和 Web 3.0
>
> Web 1.0出现于20世纪90年代至21世纪初。当时的互联网是静态、只读的HTML（Hypertext Mark Language，超文本标记语言）页面，网站内信息可以直接和其他网站信息进行交互，用户能通过第三方信息平台同时对多个网站的信息进行整合使用。但是，用户之间的互联相当有限。
>
> Web 2.0也被称为"读写网络"，出现于2004年左右。它由社交媒体网站、博客和在线社区组成，终端用户可以在任何时间实时地交互和协作。Web 2.0是以分享为特

征的实时网络，用户在互联网上拥有自己的数据，并且能在不同的网站上使用。

进入Web 3.0时代，网络的兼容性更强，因此Web 3.0时代又被称作"读+写+拥有"的网络时代。2015年，以太坊作为Web 3.0的引领者，正式向公众提出Web 3.0，并将其定义为"用来指代一种区块链技术，可以基于'无须信任的交互系统'在'各方之间实现创新的交互模式'，终极目标是'更少信任，更多事实'"。发展至2023年，Web 3.0拥有更加丰富的技术支持与应用环境。如今随着区块链、元宇宙等概念的发展，Web3.0受到资本市场以及各国政府高度重视。未来，Web 3.0将以网络化和个性化为特征，为人类提供更多人工智能服务。在不断改进的市场教育环境下和在不断完善的监管环境下，Web 3.0及其应用场景会逐渐被大众广泛认知和接受。

新媒体营销（New Media Marketing），是与传统媒体营销相对的概念，指利用新媒体平台进行营销的模式，其中包括一系列的营销策略，如内容营销、游戏化营销、裂变营销和大数据营销等。孙岩在《新媒体背景下的营销变革》一文中指出，新媒体营销相较于传统媒体营销更加强调体验性、沟通性、差异性等方面。新媒体营销的盈利模式具有3点共性。①广告向深度和广度发展，一是植入式广告在新媒体营销中的地位更为突出，二是从一对多的广告转变为一对一的"窄告"。②用户订阅（增值服务）成为最终目标。③电子商务的新发展使新媒体的互动性更强，进而使用户与传播者或经销商的互动交易行为更加频繁。

新媒体营销是相对于传统媒体营销而言的，它与传统媒体营销是互补而不是对立的，两者在时空上互补、在服务商上互补。新媒体营销的出现对于企业来说无疑是增加了一个接近用户的工具，企业可利用互联网充分发挥营销活动的体验性、沟通性、差异性、创造性、关联性。

1.1.2 新媒体营销的特点

相较于传统媒体营销，新媒体营销具有以下特点。

（1）应用载体广泛

新媒体营销是以互联网技术为依托的，所有的互联网产品都可以成为新媒体营销的应用载体。新媒体营销的应用载体主要分为PC端媒体和移动端媒体两大类。

PC端媒体：网络媒体的早期形式，大部分的早期新媒体都出现在PC端，为后来的移动端的新媒体营销奠定了坚实的用户基础。

移动端媒体：移动端媒体是以智能手机、平板电脑等移动终端为传播载体的新兴的媒体形态。移动端媒体的最大特点就是具有移动性，可随身携带。正是这一特点让网络媒体得到了更大程度地发展和普及，同时各种手机App层出不穷，遍布各个领域。

（2）准确定位用户

新媒体已经遍布生活的方方面面，如生活娱乐软件"美团"、打车软件"滴滴出行"、即时通信软件"微信"、生活记录软件"抖音"等，用户的生活轨迹几乎都会在新媒体上有所体现。新媒体营销可以通过数据抓取工具来获得用户的消费记录，再通过大数据分析工具来总结用户的特征，为其绘制画像。通过这种方式，企业就可以轻松地找到目标用户，从而通过精准投放广告以获取消费者。这种方式已经十分常见，如你在百度上搜索过手表，那么当你打开淘宝时页面上就会出现关于手表的推荐信息。这种方式其实是一把双刃剑，利在于这种方式能够帮助企业迅速锁定目标用户从而实现精准营销，同时也能够在一定程度上节约搜索成本；弊在于这种方式会让一些用户感觉自己的隐私受到了侵犯，从而对企业或者平台产生排斥感，给品牌造成不利影响。

（3）拉近与用户的距离

相较于传统媒体营销被动、单一的传播方式，企业在新媒体营销中可以通过网络技术与用户进行密切互动，跨越时空距离，使营销效率大幅度提升，同时可以借助市场反馈及时改进产品。例如，很多企业都会开设自己的官方微博账户，这个官方微博账户是企业专门用来和用户进行对话的。企业利用官方微博开展抽奖等一系列活动来增强和用户之间的互动，加强企业和用户之间的沟通，打破了以往的单向输出模式。很多企业会在自己的官方微博或者论坛上优先发布新产品信息，有时还会抽取新产品的体验者，并根据体验者的反馈和意见进行产品的完善。这些举措都在无形之中拉近了企业和用户之间的距离。

（4）营销成本较低

企业利用新媒体营销所花费的成本，一般情况下比利用传统媒体营销所花费的成本低，虽然有些新媒体平台的广告投放价格很高，但是广告产生的效益也很高，所以性价比依然高于传统媒体。企业也可以利用自有新媒体进行营销，不依靠第三方，如创建企业的官方微信公众号，推送与企业相关的新闻等，还可以利用官方微信公众号来优化企业提供给用户的服务。此外，企业还可以运营官方抖音号。这些都是成本较为低廉的新媒体营销模式，却能够产生很高的收益。

1.2　新媒体营销的策划流程与应用领域

1.2.1　新媒体营销的策划流程

新媒体营销策划围绕着确定营销参与者，明确营销目标，制订营销方案，创作营销内容，组建营销团队及评估和调整营销工作展开。新媒体营销策划流程如图1-2所示。

确定营销参与者　→　明确营销目标　→　制订营销方案　→　创作营销内容　→　组建营销团队　→　评估和调整营销工作

图1-2　新媒体营销策划流程

（1）确定营销参与者

实施新媒体营销策略时，应确定新媒体营销参与者，如广告公司、社交媒体运营团队和内容创作者，明确各方角色和任务。广告公司提供专业建议和制作广告，社交媒体运营团队负责吸引互动者，内容创作者创作有吸引力的内容。

（2）明确营销目标

在制订新媒体营销计划前，应明确具体营销目标，如提升品牌知名度、增加网站访问量、提高用户活跃度、提高转化率和销售收入、建立良好客户关系、提高影响力、增加社交媒体粉丝数、提升品牌受欢迎度以及促进口碑传播。这些目标应与企业总体战略一致，支持整体营销策略。同时，应制订时间表，将目标分为长期目标、中期目标和短期目标，确保团队有效地安排资源和优化执行计划，逐步实现目标。

（3）制订营销方案

制订新媒体营销方案时，关键是将营销目标转化为具体行动计划。首先，通过市场调研、数据分析和用户调研了解目标受众，以便精准定位和定制营销策略。其次，确定营销内容的类型和形式，并选择合适的新媒体平台，如知乎、小红书适合图文创作，微信公众号适合定期更新文章，哔哩哔哩和抖音适合发布视频内容。再次，根据平台和内容类型制订运营计划，涵盖发布频率、互动策略、广告投放、内容创作和社群管理等。最后，为营销方案设定合理预算，并确保预算分配到内容创作、推广等关键领域，以实现价值最大化。

（4）创作营销内容

深入了解目标受众，了解他们的需求和兴趣，以便创作吸引人且有价值的内容。内容形式应根据目标受众喜好和营销目标选择，如图片和视频内容或专业领域的文章。内容需创意独特，以吸引目标受众注意并促进互动、分享和讨论，从而提高影响力。保持内容一致性有助于提高品牌知名度。内容创作是一个持续的过程，需要不断监控表现、分析反馈，并根据受欢迎的内容类型和主题进行调整优化。

（5）组建营销团队

组建一个专业团队，包括市场营销专家、内容创作者、设计师和社交媒体管理人员。团队管理层应明确营销目标和战略，提供资源支持，定期审查评估成效，并指导关键决策。营销层负责具体计划执行、社交媒体管理、内容创作发布、数据监测分析，需要具备沟通和创意能力，适应新媒体环境。内容发布者应具备创作知识和想象力，创作吸引目标受众的内容以实现目标。此外，与社交媒体平台合作，利用其推广力，提高品牌曝光度和受众喜爱度。

（6）评估和调整营销工作

定期评估和监测营销工作的效果，根据数据反馈进行调整和改进。使用各种分析工具来评估网站流量、社交媒体参与度、销售转化率等指标，以确定是否达到了预期的目标，并根据结果来调整策略和行动计划。要注重与目标受众的互动，回应他们的意见和反馈，积极与他们建立有效的沟通渠道，以提高其信任度和忠诚度。同时，要密切关注新媒体的发展趋势和变化，不断学习和创新，以保持竞争力。

1.2.2 新媒体营销的应用领域

新媒体营销已经渗透到各个领域，为企业提供了无限的机会，无论是增加销售、塑造品牌形象、提高受众参与度，还是推广娱乐内容，都可能通过新媒体营销取得成功。以下是新媒体营销的一些应用领域。

（1）电商销售

新媒体营销在电商销售领域发挥着巨大的作用。现如今，直播带货已经成为电商销售的主流方式。直播能够更好且近距离地展示商品，同时与消费者的互动性更强，其在线聊天功能，能够实现消费者的实时咨询以及商家的快速回复。消费者通过点击直播间的商品链接就可以直接下单。除此之外，直播带货实现了商品与消费者的直接对接，能够让有意向的消费者享受最大的商品优惠力度，从而实现消费者与商家的共赢。

（2）广告

新媒体为广告行业带来了革命性的变化。在新媒体时代，媒体形式的多样增加了广告投放的选择，新媒体的核心价值就是精确营销，通过细分受众，找到广告主的目标人群，从而最大限度地节约广告主的广告费用。当前是一个信息爆炸的时代，消费者对传统的硬性广告已越来越反感，但对各种软性广告的接受程度较高。广告人员可利用软文信息量大、容易被接受等特点来传播企业或产品信息。

（3）日常娱乐

新媒体娱乐是人们日常生活的一部分。通过社交媒体、视频平台、移动应用等，用户可以随时随地获得各种娱乐内容，如视频、音乐、游戏。这为品牌和内容创作者提供了机会，新媒体内容创作者可以在创作的娱乐内容中嵌入广告或合作项目，以吸引目标受众的注意力。此外，通过参与娱乐领域的社交互动，可以与目标受众之间建立更加紧密的联系。

（4）品牌管理

新媒体对品牌管理至关重要。企业可以利用新媒体平台传递自己的品牌故事、价值观和使命。品牌建设活动可以包括内容营销、在线公关和危机管理。积极通过社交媒体与消费者对话，品牌可以建立强大的在线声誉，提高品牌知名度和消费者忠诚度。品牌管理还涉及监控在线舆论，以确保品牌及时应对负面评论，保持品牌形象的稳定和积极。

1.3　新媒体营销的发展

1.3.1　新媒体营销的现状与创新

新媒体技术的快速发展和普及，构成了当今世界新科技浪潮的重要内容，在人们的经济生活和社会生活中扮演着重要角色。新媒体营销作为一种新兴、快捷、经济、高效的营销方式，引起了企业的普遍关注，并且一直保持着快速发展的势头。

（1）平台变革拉动行业增长，用户规模持续扩大

随着当下互联网技术的高速发展以及商业模式的创新，新媒体平台持续迭代，渠道流量逐渐呈现分散化趋势。根据平台特点与服务内容的不同，当前新媒

体平台主要划分为社交平台、资讯平台、短视频平台、垂直平台、电商平台、直播平台六大类。依赖于通信技术的发展，从最初的1G网络时代只能凭借电话进行简短交流，到现在的5G网络时代能够实现全时段、快捷、高频的音画同步交流，通信技术的不断升级与变革也催生了新一代的新媒体平台，同时也加速了原有媒体平台的变革，推动整个新媒体行业健康、高效地发展。

（2）销售转化链条缩短，自媒体内容影响消费者

新媒体营销时代同时也是电商行业发展的春天，随着各新媒体平台优势逐渐显露，电商平台内容化、内容平台电商化，传播媒体和销售渠道逐渐融合。在传统营销时代，消费者的购买通常是由需求驱动的；而在新媒体营销时代，自媒体通过"种草"的方式实现对消费者需求的影响，销售转化链条开始缩短。

不同于传统营销时代，新媒体营销时代下的传播链路可以灵活变通。一般情况下，新媒体营销时代的传播链路是从广告主发出需求到品牌营销服务商进行整合，再到自媒体账号或相关MCN机构①进行对接，将内容发布至新媒体平台传达给目标消费者，从而达到满足广告主需求的目的（具体见图1-3）。但在实际营销过程中，广告主也可以省略品牌营销服务商整合这一步骤，直接与MCN机构或自媒体账号展开合作，这样不仅可缩短合作进程，大幅提升工作效率，还可以节约广告成本，提高企业盈利能力。

广告主发出需求	→	品牌营销服务商整合	→	MCN机构/自媒体账号对接	→	内容发布至新媒体平台	→	内容传达给目标消费者

图1-3 新媒体营销时代的传播链路

（3）短视频、直播平台推动新媒体营销行业进一步发展

当下抖音、快手等短视频平台的兴起，进一步推动了新媒体营销行业的发展。短视频行业的崛起带来了用户移动端使用时长的进一步增长。广告主投放预算占比也跟随用户时长的增长而增长。相比于长视频，在信息碎片化时代，短视频的传播性更强。短视频已经逐渐成为主流的内容形式，广告主在进行营销方案敲定的时候也更愿意选择定制化的短视频内容。

1.3.2 新媒体营销的发展新趋势

在互联网时代，"80后""90后"已然成为消费主体，随之变化的是创新思维模式、市场消费模式，营销环境随着时代的变革也在悄无声息地发生变化。随着互联网的不断发展，新媒体营销必然成为主流营销模式。综合相关资料来看，新媒体营销的发展新趋势如下。

1. 新媒体将成为未来营销活动的主阵地，内容营销将成为发展要点

随着用户群体的年轻化、互联网的逐步发展，新媒体营销将会是越来越多品牌主的营销选择。与传统媒体相比，新媒体双向传播的特点使得用户与品牌之间的互

① MCN机构指多频道网络（Multi-Channel Network）机构，是专门为创作者提供服务的机构。

动性更强，便于品牌及时得到反馈。利用新媒体平台开展营销活动，有助于品牌建立与用户之间的情感联系，有效刺激用户的购买欲望，营销效果也更易评估。且新媒体平台用户规模不断扩大，主要覆盖消费力强劲的中青年群体。新媒体平台潜在的影响力提供了巨大的营销价值，新媒体营销将成为未来的主流营销模式，各行各业也将继续加大在新媒体营销上的投入。

随着新媒体的普及和新媒体营销案例的增多，用户对新媒体营销的态度变得更加宽容，对新媒体营销的接受度逐渐提高。未来，广告内容是否具有趣味性或将成为决定其是否能有效传达产品信息以及触达用户的主要因素。另外，内容真实性将成为新媒体营销效果的关键影响因素，在保留真实性的基础上深耕内容创作将是新媒体营销未来的发展方向。尤其对于短视频营销，优质内容将成为短视频的核心竞争力。随着5G时代的到来，短视频行业迎来新的发展良机。在新媒体营销方面，视频展示直观全面，即时性强、交互性强等特点与企业营销的目的更加契合。同时，随着大数据以及人工智能技术的进一步应用，视频营销将实现更高的精准性以及互动性，从而达到更好的营销效果。因此，近年来短视频营销逐渐得到企业的青睐，成为新媒体营销的主流方式。短视频属于内容驱动型产物，优质、持续、差异化的内容供给是创作者制胜的关键。技术创新将推动短视频进一步发展，人工智能技术、区块链技术及5G时代的到来，能更好地解决短视频在个性化推荐、版权保护、应用场景等方面的问题。

2. 品牌全域营销模式成为主流

如今随着数字化的普及，企业可以从消费端的前、中、后各环节入手，通过各类媒体触点覆盖更广泛的人群，渗透消费者的生活，从而实现对消费全过程的影响，这样一套完整的推广动作被称为全域营销。单一的互联网营销模式已经很难满足品牌的营销需求，全域营销已成为品牌主乐于选择的新营销模式。

扫码看视频

好特卖：构建全域营销矩阵，实现破圈增长

在全域营销中，品牌主首先借助公域流量向私域流量池引流，通过精准布局营销场景触达目标用户，有效扩大品牌私域流量池。将用户引流至私域流量池，品牌主实现与用户的高频互动，增强用户黏性，激发用户的复购意愿。再通过私域反哺公域实现闭环，即挖掘私域流量的数据价值和社交价值，助力公域营销投放。在这样一个循环的全域营销场景中，一方面能够产生更多的UGC（User Generated Content，用户生成内容）反哺公域，另一方面通过私域积累的消费者数据，指导品牌主在公域的营销投放，提高公域营销效率。通过私域和公域之间流量的相互引导，品牌也能得以持续高效增长。

3. 新媒体营销的行业环境待净化，数据透明化才能促进市场健康发展

数据、流量是评估营销效果的核心指标。然而"买粉""买赞""刷评论"等行为扰乱了营销效果的评估，数据掺水、流量泡沫的存在会使营销价值的衡量出现偏差。随着科技的发展，人们在数据分析过程中已经能够成功识别部分数据造假的情况，推进新媒体营销相关数据透明化将有利于市场的健康发展。

本章小结

　　本章内容是全书的起点，主要用于帮助读者理解什么是新媒体营销、新媒体营销的特点，以及新媒体营销的发展新趋势，这些都在为学习后面的章节做铺垫。本章的内容虽然较少，但是需要读者细细研读。无论是想要了解新媒体营销的读者，还是想要从事新媒体营销工作的读者，都要从基础内容学起，只有掌握本章的内容，才能更好地学习新媒体营销。另外，读者要注意，新媒体营销只是互联网时代产生的又一种营销模式，其涉及的营销理论和本质并没有发生变化。要想更全面地学习营销学，还是要研读专业的营销理论书籍。

扫码看视频

从萌物到爆款，Jellycat的新媒体奇幻之旅

课后习题

一、名词解释

新媒体　新媒体营销

二、单项选择题

1. 以下不属于新媒体的是（　　　）。

　　A．报纸　　　　　B．微信　　　　　C．微博　　　　　D．抖音

2. 以下不属于新媒体营销特征的是（　　　）。

　　A．应用载体广泛　　　　　　　　B．准确定位用户

　　C．拉近与用户的距离　　　　　　D．营销成本较高

3. Web 3.0时代的网络结构是（　　　）。

　　A．去中心化　　　　　　　　　　C．中心化

　　C．分布式、多中心　　　　　　　D．以上都不是

4. 以下不在新媒体营销时代的传播链路上的是（　　　）。

　　A．广告主　　　　B．MCN机构　　　C．自媒体账户　　D．生产商

三、多项选择题

1. 新媒体营销策划流程包括（　　　）。

　　A．确定营销参与者　　　　　　　B．组建营销团队

　　C．设置营销广告　　　　　　　　D．明确营销目标

2. 新媒体营销的盈利模式具有3点共性，分别为（　　　）。

　　A．广告向深度和广度发展

　　B．用户订阅（增值服务）成为最终目标

　　C．用户与传播者或经销商的互动交易行为更加频繁

　　D．营销成本较高

3. Web 3.0时代的特征包括（　　　）。

　　A．可读　　　　　B．可写　　　　　C．可拥有　　　　D．可想

4. 新媒体营销的应用领域包括（　　　）。
   A. 电商销售　　　B. 广告　　　　　C. 日常娱乐　　　D. 品牌管理
5. 新媒体的营销策略包括（　　　）。
   A. 游戏化营销　　B. 裂变营销　　　C. 社群营销　　　D. 地推

四、复习思考题

1. 新媒体营销具有什么特点？

_____

_____

2. 试述传统媒体营销体系失效的表现。

_____

_____

3. 试述新媒体营销的发展新趋势。

_____

_____

学以致用

实训题目1： 使用DeepSeek助力挪客新媒体营销策略生成

品牌背景

挪客（Naturehike）创立于2010年，是中国本土极具潜力的户外品牌。其品牌定位为中高端，专注于为户外运动爱好者打造高品质、高性能且兼具时尚设计的户外装备。产品覆盖露营、徒步、登山等多个领域，涵盖帐篷、睡袋、背包、户外服装及各类配件。品牌目标用户为18-45岁，热爱大自然、追求户外探险体验，注重产品品质与功能，同时对时尚设计有一定追求，乐于在社交媒体分享户外生活的人群。近年来，随着露营市场的起伏，挪客积极调整策略，在巩固露营装备优势的同时，拓展徒步、户外服饰等品类，试图通过开设城市体验店等方式提升品牌影响力。

任务要求

使用DeepSeek生成新媒体营销策略，为挪客设计一套全面的新媒体营销方案。方案需涵盖精准定位目标用户群体、制定内容创作与传播策略、规划互动策略以及塑造品牌形象等方面。同时，要紧密结合当下热门的户外相关话题或事件，提升品牌在新媒体平台的影响力与传播效果，助力挪客在竞争激烈的户外市场中进一步巩固地位，吸引更多新用户。

操作提示

1. 明确使用目的。利用DeepSeek分析目标用户在各类户外运动场景中的痛点，如露营装备的便携性差、徒步鞋的舒适性不足；挖掘他们对新兴户外玩法、热门户外地点的兴趣点；研究目标用户在社交媒体平台（如小红书、抖音、微博等）的活跃时间、互动习惯、关注话题等行为特征。依据挪客的品牌定位与产品创新优势，提炼出产品的尖叫点，如独特的帐篷搭建设计、高性能的户外服装面料，并结合市场情况策划能够引发广泛传播的品牌爆点。

2. 确定营销目标。短期目标是借助当下热门户外话题或事件，在新媒体平台实现品牌曝光量的显著增长，吸引大量新用户关注，尤其是对户外装备有新需求的年轻消费群体。长期目标是通过持续的新媒体营销，建立活跃且忠诚度高的品牌社群，增强用户对挪客品牌的认同感与归属感，使挪客成为用户在选择户外装备时的优先考虑品牌。

3. 构建DeepSeek指令。根据品牌定位与目标，输入指令（示例）：挪客是中国本土中高端户外品牌，产品涵盖露营、徒步、登山等领域的装备及户外服装。目标用户为18-45岁热爱户外运动、追求品质与时尚，且乐于在社交媒体分享户外生活的人群。需通过新媒体营销巩固品牌地位，提升品牌影响力。请结合当下热门户外话题或事件，设计包含以下内容的新媒体营销策略：（1）精准的目标用户定位分析，细分不同户外运动场景下的用户特征；（2）社交媒体内容主题与形式，如小红书爆款图文主题、抖音短视频系列创意；（3）互动策略，包括线上活动策划（如户外摄影大赛、装备使用分享会）、社群运营方法（如社群规则制定、话题引导）；（4）品牌形象塑造方案，融入品牌创新理念、发展历程的传播方式。

4. 打开DeepSeek页面，输入指令并发送，如图1-4所示。

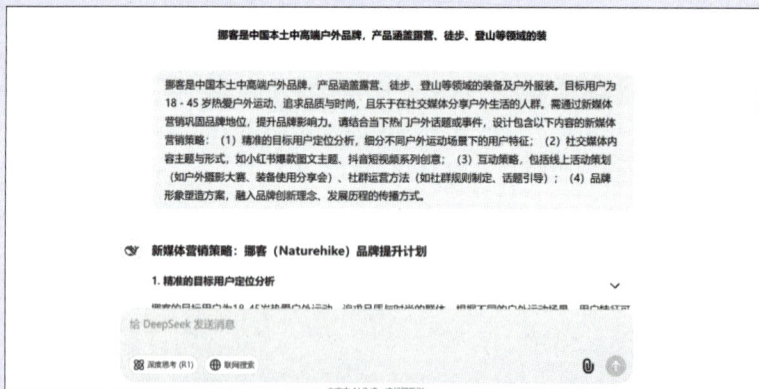

图1-4 DeepSeek回复挪客的新媒体营销策略

实训题目2：揭秘新媒体——开启对一个品牌新媒体营销的实地调查
实训要求

1. 选择当地的一个知名品牌，实地调查该品牌在线上是如何进行新媒体营销的。

2. 通过网上调查、实地考察、问卷调查等形式收集该地新媒体营销的信息。

3. 通过这次实地调查提出自己对新媒体营销的一些想法。如果你要进行新媒体营销，你会做哪些准备？

第2章
新媒体营销思维

知识框架图

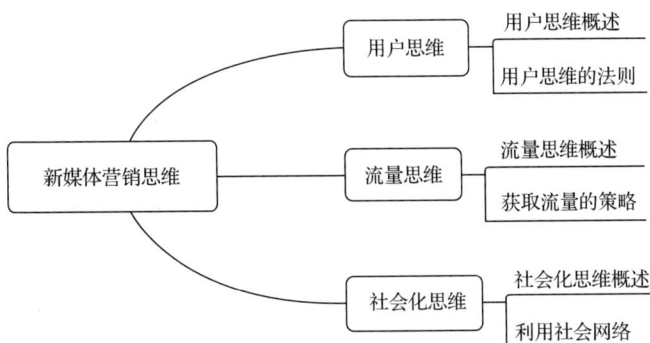

知识目标

1. 了解各类新媒体营销思维。
2. 掌握各类新媒体营销思维的相关概念和运用方式。

技能目标

1. 知晓如何运用新媒体营销思维。
2. 能够运用新媒体营销思维向企业提供新媒体运营建议。

案例导入

《小红花 不怕晒》——小小的头像，大大的营销

小红花是用户通过参与捐款、捐步、公益答题等行为助力腾讯公益项目所获得的奖励。每一朵小红花都代表着一次善举，然而长期以来，用户往往并不会注意到自己在不知不觉中攒下了多少朵小红花，很多人从来不知道自己曾用善意悄悄积攒了一片花海。

诞生之初，小红花是用户做公益的记录；2022年年初，用户可以直接用自己的小红花进行捐助，这进一步降低了做公益的门槛；2022年年末，小红花头像的出现，则让更多人看见好事。从记录好事，到做好事，再到传扬好事，小红花从功能机制到表征内涵的逐渐完善，使其成为腾讯公益和用户之间的情感连接。

用头像做营销，一般在微信平台较为常见。不仅参与门槛低，而且展示周期很长，

在微信上，很多人并不会经常换头像，但偶尔希望能给自己的头像进行一些简单装饰。因此，一个小小的头像，就成了展示自我的窗口。

微信头像上的这朵醒目的小红花，是在社交平台上实现裂变传播的重要因素。《小红花不怕晒》活动上线5天，媒体曝光量2.1亿次、朋友圈互动量202万次、超过16万名微信用户晒出了自己的小红花头像。其宣传海报截图如图2-1所示。不仅如此，活动还被新华社、央广网、中国通讯社、中国报道网、中国网等280家官方媒体报道。

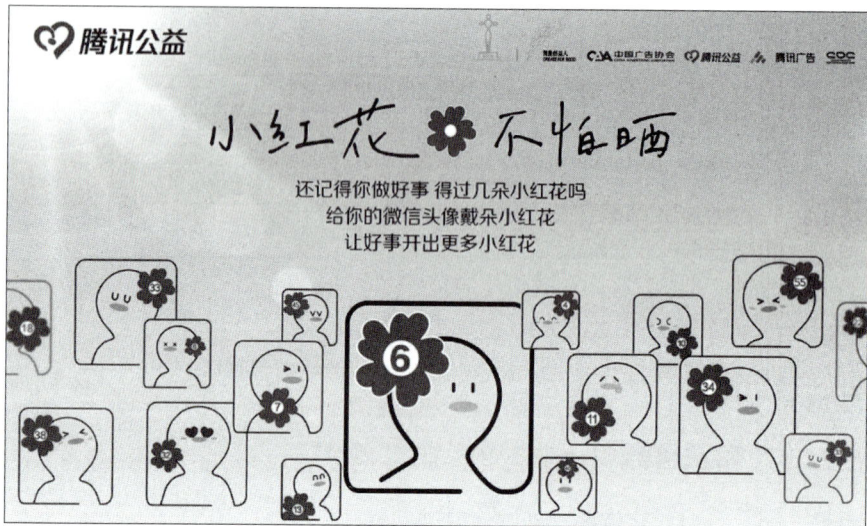

图2-1　腾讯公益《小红花 不怕晒》宣传海报截图

借助新媒体，腾讯公益创造性地改变了传统公益的方式，使每个人都可以直接参与公益活动，并且获得了强大的传播效力。在这一过程中，腾讯公益运用了怎样的新媒体营销思维呢？这些新媒体营销思维又是如何体现在活动中的呢？

本章将从用户思维、流量思维、社会化思维3个方面入手，介绍在新媒体时代营销人员应当具备的各类思维，从而帮助营销人员更好地进行商业实践，紧跟时代发展脉络。

2.1　用户思维

在市场经济条件下，用户思维是各行各业生存的基本法则。企业不考虑用户所需，闭门造车，即便用尽心思，提供的产品也难以被用户接受。因此，企业必须花更多的时间和精力读懂用户思维，精准地把握用户的真实需求。

2.1.1　用户思维概述

新媒体时代的来临，将用户的重要性提升到了新的高度。由于新媒体时代"人人皆可发声"，用户在商业中的参与度和影响力得到了空前的提升，在企业及其营销活动中有了更大的话语权。因此，营销人员必须具备用户思维。简单而言，用户思维就是"以用户为中心"，站在用户的角度考虑问题，时刻为用户着想，针对用户的个性化、细分化需求，提供具有针对性的产品或服务，真正做到"用户至上"。

1. 不同时代下营销思维的变化

由于商业领域受生产力和社会经济技术条件不断变化的影响，一直处于发展之中，不同时代下营销人员的思维也因此各有不同。在生产力落后的时代，"卖方市场"处于绝对的主导地位，需求远远大于供给，产品只要生产出来就会拥有市场。因此，营销人员几乎不需要从用户的角度进行思考，即不需要具备用户思维，拥有的是与之相对的生产者思维。这一时代的典型代表就是福特T型车，作为第一款真正走入大众家庭的汽车，市场对福特T型车有着十分强烈的需求，以至于福特公司根本无须考虑其他要素，只需生产，就能获得源源不断的利润。当时福特公司的总裁亨利·福特的一句名言——"任何顾客都可以将这辆车漆成任何他所需要的颜色，只要它是黑色的"，就从侧面反映了当时的营销人员对用户思维的不重视。

而在市场经济飞速发展、社会生产力不断提高的今天，生产力相对过剩，消费市场在整体上已经转变为"买方市场"。面对激烈的竞争，企业只有使出浑身解数来满足用户各式各样的需求，才有可能从众多的竞争者中脱颖而出。这就要求营销人员必须具有用户思维，从用户的角度审视产品，并采取行动以满足用户的需求，同时吸引新的用户和维护现有用户。

2. 新媒体时代的用户思维挑战

新媒体的发展给营销人员带来了新的机遇和挑战。一方面，营销人员可以利用新媒体渠道与用户建立更加即时、紧密的联系，通过新媒体营销活动与用户进行更多的互动，从而获取更多的第一手需求和反馈信息，推动产品和营销策略的改进；另一方面，用户同样可以利用新媒体渠道发声，曝光其在消费、使用产品或享受服务的过程中遇到的问题，而这些负面信息一旦发酵，就有可能引发企业的公关危机，对企业的发展产生不利影响。因此，如今的营销人员必须从用户的角度进行思考，既要满足用户的多样化、个性化需求，也要防止用户在消费、使用产品或享受服务的过程中可能出现的负面情绪对企业的营销活动造成负面影响。

3. 用户思维的关键目标

为了在激烈的市场竞争中取得成功，营销人员应该围绕以下三大目标来运用用户思维。

（1）满足用户需求：根据用户的需求和体验，提供个性化、有针对性的产品或服务。

（2）吸引和保留用户：通过营销活动和沟通，吸引新用户并维护现有用户。

（3）预防公关危机：时刻关注用户的反馈和意见，及时做出回应和反馈，避免负面情况对企业的影响。

总而言之，用户思维已经成为现代营销的核心理念之一，对企业来说至关重要。只有从用户角度思考和行动，才能满足用户需求，改善用户体验，并在激烈的市场竞争中脱颖而出。

2.1.2 用户思维的法则

扫码看视频

胖东来的用户思维 "吸粉秘籍"

为了更好地掌握和运用用户思维，企业需要遵守相关的法则。培养和运用用户思维的方法很多，可谓"百家争鸣，各有所长"。本小节将介绍3个法则以供大家参考。

1. 得大众者得天下

大众消费者的经济水平和购买力都较为有限，但却有着极为庞大的数量和稳定的需求，因此作为一个消费群体，他们有着强大的消费能力。对于任何一个企业而言，大众消费者是消费主力军，他们的购买力和影响力都是不容小觑的。在新媒体时代，大众消费者拥有了更多的发声机会和渠道，也就凭借其庞大的数量拥有了更大的影响力。大众消费者的发声往往能够获得广泛的关注和认同，可以对企业的营销活动产生至关重要的影响。处理好和大众消费者的关系，既可以有效地保障企业利益，又可以获得良好的社会效应。

对于营销人员而言，关注大众消费者有着重大的意义。他们或许千人千面，但又千人一面，值得在营销过程中给予极高的重视。小米在智能手机刚刚兴起、价格居高不下的2011年前后，敏锐地察觉到了这一当时的"高端商品"在大众市场的巨大消费潜力。通过良好的市场运作、营销活动和产品研发，小米推出了小米1这款主打超高性价比、瞄准大众市场的产品，使得更多的普通用户用得起智能手机，引起了购买热潮。时至今日，凭借多年以来在中低端市场上累积的声望，小米在国内智能手机市场中占据了不小的份额，成为互联网和硬件行业举足轻重的力量之一。

受限于经济水平，大众消费者难以购买和消费高端产品，但却对这类产品有着向往，因此常常寻求替代品以满足自身需要，并追求产品的高性价比，希望用小钱办大事。因此，在面对此类消费者时，营销人员可以从群体的共性出发，以高性价比作为卖点，推出低价的产品，并采取配套的营销策略，强调高性价比、突出实用性，从而获得消费者的青睐。由于目标市场中消费者数量众多，针对大众消费者的产品可以迅速实现薄利多销，从而在这一消费主力军中占据较大的份额，实现"得天下"。尤其是对于需要迅速占领市场、实现盈利的企业而言，制造中低端产品所需付出的成本相对较低、市场需求相对较大，更有利于打开销路、迅速实现盈利，实现企业目标。

2. 提供参与感

参与感指的是用户不仅出现在产品的最终购买、使用环节，更参与到产品研发、设计、营销等环节中，从而对产品、企业及其营销活动产生的特殊情感。向用户提供参与感也是用户思维的一个重要法则。

通过参与，用户会对企业和产品赋予更多的情感，发自内心地对企业和产品产生信赖感、忠诚感，在未来的实际购买和口碑传播中，都会给予该企业更多、更好的反馈，并有可能成为企业的忠实用户。而企业也可以从用户参与的过程中收获更多的创意和信息，用以完善产品、推进营销活动的开展。

在新媒体时代，用户有了更多的参与渠道，也有着更强的参与热情、意愿和能力。例如，众包、体验、论坛等方式的出现和完善，让有想法、有能力的用户可以参与产品制作的整个流程，为用户参与提供无限的可能性。利用互联网、新媒体强化用户的参与感，可以为企业培育优质、忠诚的用户群体，帮助企业进一步完善自身，实现良性发展。

小米在向用户提供参与感方面走在时代和行业的前列。几乎从小米进入大众视野开始，甚至在小米手机发布之前，其推出的小米社区就成了大众关注的焦点之一。当时小米社区不仅是一个让用户日常聊天、交流使用感受的平台，更是一个让用户向研发工程师进行反馈、参与产品设计过程的平台。秉承着"小步快走，快速迭代"的思想，当时小米的手机系统MIUI几乎每周都会更新，而大部分功能更新的创意都来源于小米社区的用户。小米社区的用户在使用过程中发现的不足或者对此提出的建议，可以通过小米社区直接进行反馈，并最终由工程师进行可行性筛选和技术实现，从而为小米生态添砖加瓦。小米社区的用户在参与研发、系统更新的过程中，也变成了企业新媒体营销的参与者，由此会产生强烈的参与感。面对由自己提出并最终被实现的建议，用户往往有着十分强烈的分享意愿，乐于主动进行口碑传播，企业也由此提升了自身和自身产品的社会影响力，可谓一举多得。

通过引导参与，营销人员可以迅速拉近企业与用户之间的距离，让用户以一种"主人翁"的心态对待产品，从而提高用户对企业的忠诚度，提高企业的美誉度，形成用户思维，在新媒体时代实现更好的营销效果。

3. 用户体验至上

依据马斯洛的需求层次理论，人们在最基础的需求得到满足之后，就会追求更高级的需求的满足，在消费领域同样如此。随着购买能力的上升，用户不再局限于满足最低层次的需求，而开始更加关注产品的附加价值，尤其是在购买、使用产品时的体验，这也向新媒体时代的营销人员提出了新的挑战。

用户体验至上的核心，不是营销人员做了什么，而是营销人员让用户感受到了什么。事实上，用户体验是一种十分主观的感受，是用户在接触、购买、使用产品或者享受服务的整个过程中形成的综合体验。不同的用户面对同一对象，可能会产生不同的体验。要形成好的用户体验，营销人员一定要重视细节，哪怕是一些认为普通用户不会在意甚至不会注意的细节。

例如，以往的视频软件的视频切换方式往往是割裂化的，即用户观看完一个视频后，需要回到主页，再点击新的链接，才能观看下一个视频，这在使用过程中给用户带来了不便。而抖音等App使用的瀑布流浏览方式改变了以往的切换方式，页面会随着用户的下拉不断出现新的内容，从而营造连续的观看体验。这种方式既方便了用户的浏览，带给用户更好的使用体验，又延长了用户的使用时间，这便是设计人员在用户体验方面做出的改进。

很多时候，产品的设计人员和营销人员提出了非常好的创意，并设计出了相应的功能，意图优化用户的体验。但在产品推向市场、用户实际使用的过程中发现，用户并没有如他们预想的那样来使用产品的功能，最终导致设计出来的功能实际上是无效的，这样既浪费了设计成本，也没有给用户带来良好的体验。这一问题其实源于相关人员缺乏用户思维，在设计和制造的过程中仍然是从生产者的角度进行思考的，盲目断定用户的使用方式，而非真正地站在用户的角度思考；或者并未设计好符合用户使用习惯的功能，从而导致用户不会使用该功能，甚至给用户造成了不必要的困扰。为了解决这一问题，给用户带来更好的体验，相关人员应当把自己想象成用户，并依据用户的思考方式和行为方式进行使用演练，发现用户在使用过程中可能的需求和实际使用的方式，从而对功能加以完善。同时，在产品的试验、试用阶段也应当邀请用户进行体验，让用户提出相关意见，从而更加合理地设计功能，优化用户体验。

案例分享

小米SU7：科技与生态链的"驶"者

随着科技的飞速发展，智能电动汽车行业正迎来一场前所未有的变革。在这场变革中，小米以其独特的用户思维，推出了首款电动汽车——小米SU7（见图2-2）。作为一款集科技与生态链于一体的智能电动汽车，小米SU7的问世，不仅展示了小米对科技创新的执着追求，更彰显了其以人为本的经营理念。

图2-2 小米SU7

第一，科技与用户体验的结合。

小米SU7充分体现了科技与用户体验的结合。从智能驾驶到车联网系统，小米SU7将科技与用户体验相结合，为用户提供更加智能化、便捷化的驾驶体验。例如，智能驾驶辅助功能、自动泊车、车道保持辅助等，都为用户带来了前所未有的驾驶体验。

第二，生态链整合，全场景智能生活体验。

小米SU7接入小米生态链，为用户提供全场景智能生活体验。用户在家中、办公室和车上都可以享受一体化的智能服务，这极大地提升了用户的生活品质。例如，用户可以在家中通过智能音箱控制汽车的一些功能，或者在驾驶过程中使用车载系统接听电话等。

第三，用户至上的设计理念。

小米SU7在产品设计上充分体现了用户至上的理念。通过对用户需求的深入调研，小米SU7在细节上做出了许多创新。例如，车内空间的布局设计更加人性化，座椅舒适度、噪声控制等方面都力求达到最佳。

2024年3月28日晚间，首款小米汽车正式发布，价格揭晓，21.59万元至29.99万元，28日晚10点开始订购。官方数据显示，小米汽车发布后销量火爆，4分钟订购数量突破1万辆，7分钟突破2万辆，27分钟突破5万辆。在上市24小时后，小米SU7订购数量突破88 898辆。

"这是一份沉甸甸的信任，我们一定要把产品做好、品质做好、服务做好，不辜负大家的信任。很多很多年以后，我们一定都还会一直记得今天：小米汽车正式登场，智能汽车真正的变革正式开始。"雷军表示。

小米以其独特的用户思维，成功地将科技与生态链融入汽车产品，为用户带来了全新的驾驶体验。

2.2 流量思维

互联网争夺的是流量，不论是对于平台还是企业来说，流量都非常重要。

2.2.1 流量思维概述

流量思维是指在价值链的各个环节中，都要以"流量多少"为核心来思考问题。营销人员在开展营销活动的过程中，需要注重带给企业、产品的流量有多少，将更多的用户关注度引导到所营销的对象上。

"流量"这一概念是随着互联网的发展而流行起来的，与之相对应的传统概念是"客流"。在互联网领域，简单而言，流量就是浏览量、互动量。流量越高，说明营销活动所触达的用户就越多，营销活动的效果也就越明显。随着互联网的发展，"流量"这一概念也在不断地发展变化。忠诚度高的粉丝群体开始成为流量中最为坚实的一部分，随之而来的粉丝经济能够带来巨大且长期的经济效益。因此，在流量思维的指导下，粉丝经济思维也成了新的营销发力点。

从本质上讲，粉丝经济是由粉丝、名人及第三方企业支撑起来的新型经济形态。名人是商业价值的承载体，粉丝是商业价值的实现者，第三方企业是商业价值的投资者和受益者。在商业环境下，粉丝经济可以细分为两种表现形式：一是企业聘请名人为企业和产品代言，从而吸引该名人的粉丝，为企业和产品引流，最终取得粉丝经济带来的巨大利益；二是将企业自身名人化，利用企业自身的特性或高管的个人魅力吸引粉丝，如小米公司就以其独特的产品和个性，吸引了一大批忠实的"米粉"。与强调数量的传统的流量经济概念有所不同的是，粉丝经济主要关注的是流量的质量，即粉丝群体强大、稳定的购买力和较高的忠诚度。对于忠实粉丝而言，只要是企业推出的产品，他们都会在第一时间购买，从而为企业带来稳定的收益，这也正是企业希望通过粉丝经济获得的能够为企业带来稳定的现金流的用户。

在新媒体时代，众多企业通过广泛的发声渠道，开展着十分激烈的流量争夺战、粉丝争夺战，其目的就是更多地获取用户的注意力。通过微博、微信，企业可以和普通用户进行广泛的交流，而通过论坛、专属App，企业和用户之间的交流可以更加深入。新媒体时代的营销人员必须培养流量思维和粉丝经济思维，从而获取更好的营销效果。

2.2.2 获取流量的策略

为了更快、更多地获取流量，企业往往愿意使用"免费"或"低价"的方式，免费或者以极低的价格向用户提供产品或服务，以换取用户的大量关注。免费，就是新媒体时代获取流量的一大撒手锏。

首先需要说明的是，在这里所讨论的"免费"并不仅仅代表完全免费，也包括用户不直接为产品付出金钱成本。为了获取"免费"的产品，用户可能需要付出非货币成本，如提供个人信息、关注企业的微信公众号、为企业进行口碑传播等。虽然从本质上讲，获取"免费"的产品是需要付出一定成本的，但对于用户而言，只耗费时间或者提供信息，可以看作是免费的。"免费"对用户有着十分强大的吸引力，也就成为企业迅速获取流量的一大策略。

在商业领域讨论免费策略的作品《免费：商业的未来》一书中，美国《连线》杂志主编克里斯·安德森认为，新型的"免费"并不是一种左口袋出、右口袋进的营销策略，而是一种把产品或服务的成本压低到零的能力。在20世纪，"免费"是一种强有力的推销手段；而在21世纪，它已经成为一种全新的商业模式。

那么究竟什么是"免费"的商业模式呢？根据《免费：商业的未来》，这种新型的"免费"商业模式是一种以计算机字节为基础建立的经济学。如果某样东西成为软件或其他形式的数字化产品，那么它的边际成本和价格也会不可避免地趋近于零，因为软件的生产不过是代码的复制粘贴而已，几乎不存在额外的成本。在数字经济、电子商务等新兴方式的助推下，这种趋势正在催生一个体量巨大的新经济，这也是史无前例的，在这种新经济下，产品基本的定价就是"零"。因此，企业和营销人员就可以利用"零成本"实现"零价格"，进而实现"免费"的商业模式，吸引到足够多的用户，从而获取更多的流量。

对用户来说，"免费"是一种全新且具有吸引力的商业体验；而对企业来说，"免费"更多指的是一种新时代的生存法则，是获取流量的"快速通道"。尤其是对于提供数字化产品的企业而言，由于额外的边际生产成本几乎等于零，企业就可以用免费的方式将产品推向市场。免费方式的应用十分广泛。一些企业通过免费的信息来获得用户的关注，如搜狐、哔哩哔哩等都是利用免费的信息来吸引并获取用户的。还有一些企业通过免费的工具来获取用户，如网易、腾讯通过提供免费的邮箱服务来获取用户。电子游戏分销平台Epic为了迅速获得市场份额，就推出了常态化的赠送游戏活动，用户几乎每周都可以在该平台上领取免费的游戏。借助这一市场活动，Epic在仅仅一年左右的时间内，市场占有率就成了业界第二，获得了极大的成功。当面对免费的产品时，很少有人会不动心，借助新媒体所能实现的病毒式传播也会给企业带来大量的关注和海量的流量。即使用户最终没有购买，免费的方式也已经为营销活动带来了巨大的流量，让企业获益匪浅。而传统行业因受限于成本，可能无法将产品以免费的形式提供给用户。但在营销的过程中，传统行业的企业应当灵活应用"免费"的商业模式，将一些价值不高的产品赠送给用户，以获取用户的好感，也可以借此交换一些信息或邀请用户进行口碑传播，从而为企业未来的营销活动打下良好的基础。

案例分享

百果园流量池引起购水果热潮

百果园作为一家水果连锁零售品牌，深知流量对企业品牌塑造的重要性。为了实现从公域到私域的引流，其成功地建立了一套庞大的流量池系统，以提高用户黏性和忠诚度。

百果园的流量池主要依托门店社群和企业微信号，其将每家门店的社群作为私域流量池。当用户前往门店购买或自提商品时，导购员会引导他们加入社群，从而实现从公域到私域的引流。这一策略不仅使百果园能够在公域占据用户心智，还能在私域提高用户黏性。

值得一提的是，百果园是首个在业内提出公域流量与私域流量应该互相转化的水果连锁零售品牌。其认为，品牌在商品力和服务力足够强大时，应该欢迎用户从私域到公域，让他们了解更多关于产品和供应链等的丰富内容。

为了进一步提高流量池的规模和影响力，百果园借助抖音等新媒体渠道开拓新市场。通过与抖音合作，他们在新市场实现了快速渗透，提升了用户对品牌的好感度。例如，在烟台市，百果园的一家门店加盟商借助抖音的影响力，将自己变成了当地的"网红"。这一事件进一步证明了借助抖音可以加速新品牌在新市场的布局，为品牌打造流量池提供机会。

通过线上线下一体化的建设，百果园进一步扩大了流量池。其通过重塑门店端，实现了多家门店的库存共享，并且允许在线上购买的积分用于线下消费。这种整体思路的运用，在满足用户多样化需求的同时，提高了用户黏性和忠诚度。

可以说，百果园打造的流量池系统是其成功的关键之一。通过建立庞大的门店社群和借助抖音等新媒体渠道的推广，百果园实现了从公域到私域的引流，并在下沉市场取得了显著成果。这一举措为其他企业在新媒体营销中打造流量池提供了有益的启示。

2.3 社会化思维

有了新媒体，人与人之间的联系会更加紧密，每个人也可以更好地融入社会网络。对于企业而言，如何利用好新媒体所带来的社会化契机，实现在社会网络之中更快、更好地传播信息，就成了当务之急。

2.3.1 社会化思维概述

社会化思维是指组织利用社会化工具、社会化媒体等，重塑企业和用户的沟通关系、组织管理方式和商业运作模式的思维方式。

在传统商业中，由于沟通渠道和方式的限制，用户多以个人的方式出现，以点的形式存在，与企业之间的关系是上下游的买卖关系，缺乏双向的互动和沟通；一个个用户往往是一座座孤岛，各用户之间也缺乏横向交流。而在新媒体出现后，商业的社会化进程显著加快。通过互联网，用户与企业之间、用户与用户之间形成了各种各样的联系，形成了网状的社会化结构，即社会网络。在新媒体助力下的社会网络中，用户与企业可以顺利地进行双向交流、协作，二者之间的关系从原来的垂直交易关系变为水平互动关系；用户与用户之间也可以更好地横向交流，形成具有影响力的社群。

对于营销人员而言，社会化思维意味着要关注用户群体的力量，注重企业与用户之间的互动和联系。具体而言，可以从以下3个角度来理解社会化思维。

1. 基于平等的双向沟通

对于用户而言，新媒体的出现极大地拓宽了个人的发声渠道，"人人都是自媒体"，用户的地位提高，从单向接收信息变为双向交流信息。用户希望自己能够与企业平等对话，进行互动交流，以传达自己对产品的需求和建议。

企业则需要积极满足用户的沟通需求、善于倾听、引导用户说真话、营造平等沟通的氛围，借此不断完善企业产品、改善用户关系，并最终树立良好的社会化形象和清晰的品牌形象，为企业的营销活动奠定良好的基础。

2. 基于社会网络的口碑传播

过去，用户之间缺乏良好的沟通，关于产品的讨论也往往局限于口耳相传。而在新媒体时代，一个用户针对某一产品的发声，可以基于社会网络迅速传播开来，形成链式传播，最终可能演化为一场病毒式营销。因此，营销人员需要认真研判用户的社会网络特点和传播效力，适当借助用户的力量推动企业的口碑传播。

以往的社会营销主要体现为熟人营销，他们相互信任，因此企业容易形成良好的口碑。而在社会网络中，人与人之间由于并不熟识，所以相对缺乏信任。但如果企业针对在社会网络中具有较高地位、可信度较高的用户开展营销活动，那么该用户就有可能传播自身良好的体验，这有助于企业获取该社会网络内其他人的认可，从而实现口碑传播。

3. 基于社群的品牌共建

随着互联网的不断发展，"社群"这一新渠道应运而生。例如，小红书、豆瓣等成为人们获取信息的重要渠道，展现了极高的价值。电商的核心竞争力在于用户的聚合和信息的互通，通过创建社群，有相同经历、相同需求的用户会自发地在社群内参与讨论，形成良好的社会化营销环境。未来，营销可以围绕社群展开。企业可以通过社群将目标用户联系起来，让其成为品牌的拥护者和信息的传递者。微博、微信等渠道也有助于用户快速找到自己感兴趣的社团和小组，与同好们进行交流。而通过打入这些社群，与用户"做朋友"，企业就可以迅速获取目标用户的信息，同时积极开展营销活动，最终获得良好的营销效果。

2.3.2　利用社会网络

社会网络是指社会中的行动者及行动者之间的关系的集合，强调每个行动者与其他行动者之间都存在着一定的关系。社会网络的表示方法为节点图，即由多个点（即行动者）和各点之间的连线（即行动者之间的关系）组成的集合。用点和线的形式来表示社会网络，可以简洁形象地展示社会网络的结构，便于对其进行分析、理解和研究。社会网络分析者通过建立这些关系模型，力图描述群体结构，并研究这种结构对群体功能或者群体内部的个体的影响。图2-3所示为社会网络示意图。

图2-3　社会网络示意图

社会网络中基本的要素是点（即行动者）和线（即行动者之间的关系）。在社会网络中，任何一个社会单位或者实体都可以看作一个点，也就是一个行动者，既可以是个人、家庭，也可以是企业，还可以是社会组织、城市，当然也可以是每一个社群的成员或社群本身。而社会网络中的每个行动者则通过各种关系联系在一起，形成点与点之间的连线，从而建立起一个个社会网络。也就是说，有了个体和个体之间的关系，才有了社会网络。因此，个体和个体之间的关系就成了社会网络的研究重点。目前，社会网络的研究范围几乎涵盖了社会生活中各式各样的范式，具有极高的普适性，可以给企业的营销活动提供丰富且有效的参考。

社会网络在人们的生活中扮演着相当重要的角色，是人们与社会产生联系的重要途径，也是社会活动实际开展的载体。因此，通过研究和分析社会网络，除了能发现个体的社会网络特征，还能够了解许多社会现象。社会网络分析是研究社会主体之间的关系的一种方法，可用来探讨群体中个体与个体之间的关系以及由个体关系所形成的结构及其内涵。而通过研究与分析社会网络，我们能够获取个体所处的社会网络的信息，甚至能够进一步观察并了解社会网络特征。

每个人都同时扮演多个社会角色，如子女、父母、员工等，因此，每个人都必然同时处在多个社会网络之中，并在不同的社会网络中扮演着不同的角色，发挥着不同的作用。借助网络的力量，如今人们不仅处于家庭、学校、工作等传统的社会网络之中，还可以在微博、抖音等新媒体平台上加入一个个小圈子，形成以共同爱好为主题的新的社会网络。这些新的社会网络极大地丰富了人们的精神生活和与社会产生联系的方式，甚至成为个人生活中必不可少的组成部分，而这些内部同质化程度极高的社会网络，则给予了企业极好的营销契机。尤其是以喜好、兴趣为主题的群体，其成员往往有着相似的消费偏好，可以实现品牌和产品"一传十、十传百"的营销效果，是进行口碑营销、病毒营销的良好载体和渠道。

营销人员要培养社会化思维、撬动社会网络，在投放广告时就必须考虑渠道和受众的特点。因此，希望在新媒体渠道进行广告投放的企业，既要充分了解新媒体渠道的特点，对症下药，采用合适的广告方案和设计，又要了解新媒体用户，尤其是目标群体的特点和社会网络，从而实现精准投放。据此，企业的营销人员可以从以下两个方面入手，利用社会网络更好地开展营销活动。

1. 提高营销活动的精准性和触达率

一直以来，广告的精准性和触达率都是企业在开展营销活动时要重点关注的。正如著名广告人约翰·沃纳梅克所说："我知道我的广告费有一半被浪费了，但遗憾的是，我不知道是哪一半被浪费了。"在新媒体时代，这一问题同样存在。为了更好地利用新媒体平台进行营销，企业应当仔细寻找合适的平台，不可盲目撒网，而应有的放矢，依据企业自身特点、平台特点和用户特点进行选择。

在新媒体时代，平台之间存在着巨大的差别，这就要求企业更加精细地经营内容，树立为用户创造价值的理念。另外，还要注意平台之间资源的整合和协同，因为不同平台的用户有着不同的特点，所以企业需要有针对性地投放内容。一方面，企业通过提供超预期的优质服务吸引用户并增强其黏性，然后利用用户的社会网络进行广告传播，平台用户既是广告的传播主体又是广告的受众；另一方面，做好用户数据库管理，除了可以为用户提供服务，还可以帮助企业做好营销支持，提高广告的附加值。企业应当针对不同的平台、不同的用户群体，并结合新媒体平台的特点，开展有区别的营销活动，从而提高广告的精准性和触达率，节省"被浪费的那一半广告费"。

2. 提高营销活动的可信度与有效性

在新媒体时代，用户群体所获取的信息不仅来自平台，还来自群体内部的其他成员。通过强弱不等的连接，用户可以从社会网络中的其他行动者处获得不同的信息。但处于不同社会网络不同位置的个体，所能够接收和传播的内容的深度、广度和影响力却有着巨大的差别。

因此，除了着重在各平台开展投放广告等营销活动，企业还应当注重用户在社会网络内部的力量。如果能够让用户成为营销活动的传播者，企业就能够深入社会网络的核心，并借助那些具有影响力的用户传播信息。这种口碑传播不仅能够提高营销活动的可信度，还能够增强其有效性。当下，与用户共同创造和分享有价值的内容，已经成为开展营销活动的关键。通过鼓励用户参与、发挥创造力和分享观点，企业可以制定更接地气、更具吸引力的营销策略，从而建立起更真实、更紧密的品牌和用户关系。

从传播形式来看，广告主要分为"硬广"和"软广"。"硬广"如果具有吸引力、表现力及创意，并且能够体现受众的主体性意识，就能使用户乐于接受并形成传播效应。而"软广"则包括软文、话题广告以及刺激用户参与的传播方式，其在用户社群内发挥的作用是值得我们关注的。

企业如果能够有效地辨别并寻求某社群内的达人进行合作，就可以有效推动营销信息在社群内部的传播。例如，有许多企业希望通过百度贴吧、豆瓣等新媒体渠道开展营销活动。除了寻求平台方进行"硬广"投放，它们常常会找到与产品相关的贴吧、小组，并直接与"吧主""组长"合作，投放"软文"或进行口碑传播，利用达人在社群内的影响力推进营销活动的开展，从而提高营销活动的可信度与有效性。

📖 案例分享

真诚为策，美团买药的社会化关怀

在这个注意力分散的时代，简单明了的营销内容能够帮助品牌吸引关注、建立联系。美团买药一直以真实故事为核心，通过真诚与用户心灵互通，赢得了越来越多用户的认可。2022年8月，他们以儿童用药安全为核心，推出了一则名为"宝宝喊妈治愈实录"的广告。这则广告通过真实故事和儿童的声音记录，与目标人群建立了情感联系，并将儿童用药安全与品牌利益相结合。

该广告通过喊妈行为深入亲子生活，触动了目标群体，强调了儿童用药安全的价值观，同时突出了美团买药作为24小时在线购药平台和提供医生在线问诊开方的优势。广告上线后收到了很多好评，这要归功于美团买药的真诚付出和实际行动。他们与多家线下连锁药店合作，在用户线上购药后30分钟内送达，为用户提供便利。这项服务解决了用户夜间购药不便的问题，得到了众多用户的认可和支持。

在当今营销环境中，品牌与用户有效沟通的关键是真诚。美团买药以真诚为策略，通过与大众沟通时不做任何虚假包装，传递真实的品牌形象和理念，让用户感受到美团送药的温暖。这种真诚和负责任的态度提高了用户对品牌的好感度，当用户下次急需用药时，他们会迅速想起美团买药。美团买药依靠自信和真诚赢得了用户的认可，并获得了良好的口碑传播效果。

美团买药的成功案例给其他品牌带来了启示：通过社会化思维和真诚的营销手段，品牌能够成功与消费者建立联系。同时也向其他品牌传达了一个重要的信息，即品牌发展不仅是为了盈利，还应该关心和满足用户的需求，只有这样才能赢得用户的信任和支持。

本章小结

　　在新媒体时代，每个营销人员都面临着新的机遇和挑战。如何在和过去完全不同的商业环境中更好地开展营销活动，成为新媒体时代的当务之急。通过培养用户思维、流量思维、社会化思维，营销人员可以更好地利用新媒体催生的新技术、新机遇，推动企业与用户之间进行深度沟通，构建良好关系，从而获取更好的发展。本章围绕3种新媒体营销思维，结合相关概念、方法和案例进行阐释，供读者依据自身需求和新媒体营销的发展，采用适当的方式、选取适当的操作方法开展营销活动，发挥新媒体营销的巨大价值。

解锁Lululemon的新媒体"运动密码"

课后习题

一、名词解释

用户思维　流量思维　社会化思维

二、单项选择题

1. 新媒体营销思维出现的背景是（　　　）。
   - A. 新媒体的普及
   - B. 卖方市场出现
   - C. 传统媒体回暖
   - D. 买方市场式微

2. 以下不是用户思维的法则之一的是（　　　）。
   - A. 得大众者得天下
   - B. 大规模投放广告
   - C. 提供参与感
   - D. 用户体验至上

3. 流量思维的重大策略之一为（　　　）。
   - A. 收缩产品线
   - B. 专精长尾市场
   - C. 免费
   - D. 更换市场定位

4. 社会化思维的理论依托是（　　　）。
   - A. 长尾效应
   - B. 黑天鹅效应
   - C. 马斯洛的需求层次理论
   - D. 社会网络

5. 营销人员在开展新媒体营销活动时，最需要关注与（　　　）的关系。
   - A. 竞争品牌
   - B. 供应商
   - C. 公司管理层
   - D. 用户

三、多项选择题

1. 常见的社会化媒体包括（　　　）。
   - A. 微博
   - B. 微信
   - C. 豆瓣
   - D. 百度贴吧

2. 新媒体时代营销人员应当具备的思维包括（　　　）。
   - A. 用户思维
   - B. 品牌思维
   - C. 社会化思维
   - D. 流量思维

3．用户思维的关键目标包括（　　　）

A．满足用户需求　　　　　　　　B．吸引和保留用户

C．预防公关危机　　　　　　　　D．拉近与用户的距离

4．"免费"的表现形式包括（　　　）。

A．直接赠送　　　　　　　　　　B．以用户的信息作为交换

C．用口碑传播获取　　　　　　　D．以用户的时间作为交换

四、复习思考题

1．用户思维出现的背景是什么？

_____

_____

2．社会网络的概念是什么？

_____

_____

3．可以从哪些角度来理解社会化思维？

_____

_____

学以致用

实训题目1：使用DeepSeek助力MOVA品牌营销

品牌背景

MOVA成立于2024年5月，是智能家电领域的新兴品牌。其产品线丰富，涵盖扫地机器人、洗地机、吸尘器等多种品类。在2025年1月的国际消费电子展上，MOVA展示了超20件旗舰产品与11项首创技术。品牌定位为全球化高端科技企业，目标用户是25~45岁的城市消费者，他们追求高品质、科技感，乐于分享新鲜事物。作为新品牌，MOVA急需借助新媒体营销提升知名度与市场占有率。

任务要求

运用DeepSeek工具，紧密结合新媒体时代的用户思维、流量思维、社会化思维，为MOVA制定一套全面且具有针对性的新媒体品牌推广策略。该策略需覆盖品牌形象塑造、用户互动增强、流量获取与转化等关键环节，并策划至少一个具备强大传播爆点的社会化营销活动。

操作提示

1．明确使用目的：借助DeepSeek深入剖析目标用户的痛点，如传统清洁家电清洁效果不佳、操作复杂、功能单一等；挖掘用户的兴趣点，如对高科技智能家电的体验渴望、对创新家居生活场景的追求等；同时，研究用户的社交行为习惯。基于用户思维，从用户的实际需求出发，生成贴合用户痛点与兴趣的品牌内

容创意；从流量思维角度，思考如何运用这些内容吸引目标用户流量；从社会化思维考虑，构思能够激发用户之间互动交流与社交传播的活动架构。

2. 确定营销目标：短期目标是通过策划具有话题热度的社会化营销活动，迅速提升MOVA品牌的曝光度，吸引大量潜在用户流量；长期目标是基于社会化思维，构建活跃且忠诚的品牌社群，培养用户对MOVA品牌的高度忠诚度，塑造良好的品牌口碑，实现品牌的可持续传播与稳健发展。

3. 构建DeepSeek指令：依据品牌定位与目标，输入指令（示例）： MOVA是成立于2024年的高端智能家电品牌，产品覆盖扫地机器人、洗地机等多品类，拥有多项首创技术。目标用户为25-45岁城市消费者，追求高品质、科技感生活，乐于分享。现需结合新媒体营销的用户思维、流量思维、社会化思维，制定新媒体品牌推广策略，内容包括：（1）塑造品牌形象的社交媒体内容主题与形式（图文、长短视频等），突出如何从用户需求出发；（2）设计提升用户互动的方法与活动，体现社会化思维；（3）规划流量获取与转化策略，说明流量来源与转化路径；（4）策划一个具有传播爆点的社会化营销活动，结合用户痛点与兴趣点，预估传播效果。

4. 打开DeepSeek页面，输入指令并发送，如图2-4所示。

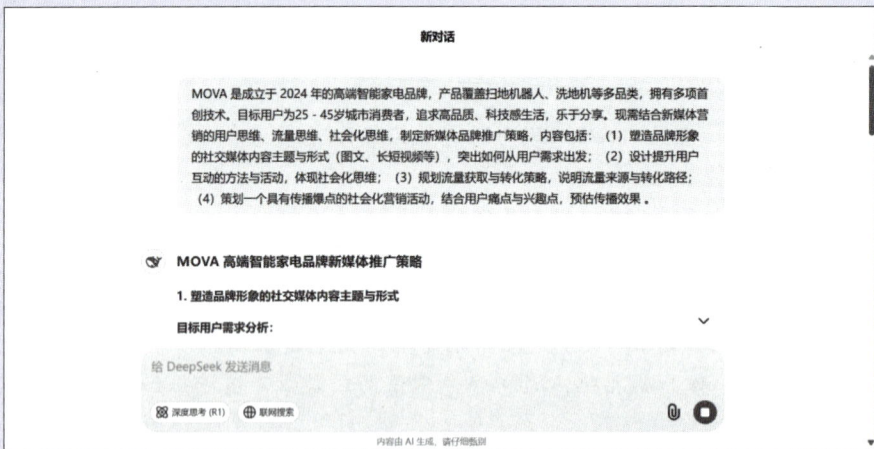

图2-4　DeepSeek回复MOVA的新媒体品牌推广策略

实训题目2：创意大赛——基于新媒体营销思维的品牌推广策略设计

实训要求

1. 选择一个你感兴趣的现有品牌，并说明选择理由和该品牌的目标市场。

2. 分析该品牌目标用户群体的特征、兴趣、需求和购买行为等信息。

3. 假设你是该品牌的新媒体营销总监，基于用户思维、流量思维和社会化思维3种新媒体营销思维，设计一场创意大赛，旨在提高品牌知名度、用户黏性和社交影响力。

第3章
新媒体营销时代的用户与消费者分析

知识框架图

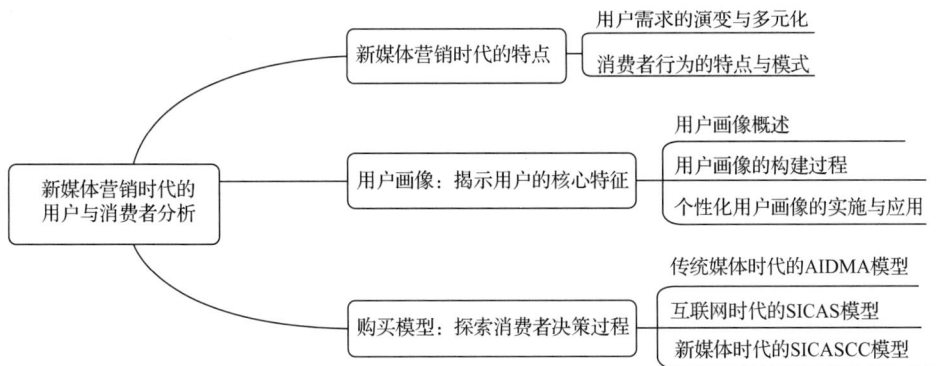

新媒体营销时代的特点 — 用户需求的演变与多元化 / 消费者行为的特点与模式

新媒体营销时代的用户与消费者分析

用户画像：揭示用户的核心特征 — 用户画像概述 / 用户画像的构建过程 / 个性化用户画像的实施与应用

购买模型：探索消费者决策过程 — 传统媒体时代的AIDMA模型 / 互联网时代的SICAS模型 / 新媒体时代的SICASCC模型

知识目标

1. 掌握新媒体时代的用户特点。
2. 理解新媒体时代各种购买模型的内涵。

技能目标

1. 了解用户画像的定义和具体应用。
2. 有能力进行独立的用户画像构建。

案例导入

杭州亚运会营销：安踏"霸屏"成最大赢家

杭州亚运会有两条主线，一条在体育界，另一条在营销圈。吸睛无数的"大莲花"场馆、开幕式累计收视率破10%、抖音和微博热搜不断、中国队创纪录破200金的表现，加之横跨中秋、国庆黄金周，让杭州亚运会成为品牌营销的必争之地。据统计，有175家品牌参与了杭州亚运会的赞助活动。从效果层面来看，"安踏"无疑是整个亚运会期间令人记忆犹新的品牌。安踏何以如此"出圈"？

1. 中国斩金靠实力，安踏"霸屏"用"态度"

从营销视角看，大型体育赛事的商业化运作已经高度成熟。参与企业在营销操盘、资源投入上往往也旗鼓相当。这恰恰说明，在杭州亚运会上安踏取得如此营销成就绝非偶然。原因概括起来无外乎八个字：长期陪伴，坚守初心。在杭州亚运会上的很多赛事中，中国运动员都身穿安踏比赛装备和领奖服完成了自己的摘金之旅，表面上看，是安踏赞助了中国代表团领奖装备和部分比赛装备，以官方身份为中国队提供助力。品牌对中国体育事业长期投入，用品牌理念和优秀的产品覆盖到了运动员生活、训练、比赛、夺金当中的点点滴滴，才能在这场新媒体营销大战中脱颖而出。而安踏坚守体育初心的态度，让所有营销动作化零为整，成为杭州亚运会一道特殊风景线。

2. 一场装备革命，成就冠军印记

为了让中国运动员与世界级的体育科技接轨，安踏在2005年建立了行业第一家国家级运动科学实验室，后续又围绕不同赛事特点建立了对口的专项实验室。

为了让运动员发挥最佳水平，安踏跆拳道鞋以鞋体创新实现了包裹性和踢打稳定性、柔韧度的平衡。鞋身的呼吸孔设计可以有效调节鞋腔温度，提供更稳定的穿着体验。通过参数化设计的人体运动力学鞋底结构，为运动员抓地和旋转提供了有力保障。

3. 全民运动有安踏，勇立潮头正当时

本届亚运会开幕日，一部宣传片《为什么我们需要体育》，用鲜明对比引人思考科技时代体育存在的意义和不可替代性，唤醒了人们内心深处突破极限、超越自我的热情。

安踏回归对体育精神的阐释，也与其"将超越自我的体育精神融入每个人的生活"的企业使命形成共振，获得了运动员、媒体、普通人的认同。

在这一案例中，安踏的具体营销方式有哪些？在杭州亚运会期间，安踏用户的特点是什么？安踏是如何定义用户画像的？

3.1 新媒体营销时代的特点

新媒体营销时代和传统媒体营销时代的用户显然是不同的，新媒体营销时代的用户身上有着不同于传统媒体营销时代用户的行为特征，本节主要讲解传统媒体营销时代和新媒体营销时代的特点。

3.1.1 用户需求的演变与多元化

不同于传统媒体营销时代的目标群体称为"受众"，新媒体营销时代的目标群体被称为"用户"，这种称呼更加突出人的主体意识。随着媒体平台的增加，用户逐渐成为新媒体平台的主要参与者与贡献者。接下来从三个维度，剖析新媒体营销时代的用户需求，并进一步分析用户需求是如何演变的。

首先，从价值维度来看，在传统媒体营销时代，受众为信息的单方面接收者；而在新媒体营销时代，用户既是信息的创造者，又是信息的接收者。美国网络新闻学创始人丹·吉尔默（Dan Ginmor）2002年提出了一个新词"We Media"（自媒体），他指出受众不仅是被动的信息接收者，而且可以变成传播者。移动智能设备的普及与应用支持了自媒体的发展，越来越多的用户参与到信息内容的创作中，由此也产生了用户生成内容（UGC）的概念。从心理学角度来看，UGC

满足了社交、实现个人价值的需求。马斯洛将人的需求划分为五个层次，分别为生理、安全、社交、尊重及自我实现。在人民物质生活水平极大提高的今天，人们基本的生理需求已得到满足，因此更加追求社交、尊重及自我实现需求的满足，UGC不仅改变了传统的信息传播模式，更关键的是激发了个体身上所蕴含的传播力，实现了个人价值的提升。

其次，从便利角度而言，新媒体平台能够打破时间、空间对传播和交往的限制，实现快速交流、自由交往。移动智能设备的普及让人们实现掌上自由，仅仅凭借一部手机或平板电脑便能随时随地满足个人需求。传统的交往与信息的传递总是受到时间与空间的限制，在过去，主流媒体如电视、广播、报纸等往往掌控着信息的传播源头。现如今，微博、微信、抖音、小红书等社交媒体平台为公众提供了更多信息来源，实现了信息交流的便捷性。此外，新媒体平台还为人们创造了既在场又离场的交往场景，即两个人之间的交往既可同时在线进行，又可在一方离线的情况下进行。这样不仅避免了尴尬的情景出现，还能够实现信息资源的互通，降低交流的成本。借助网络媒体，人们的社交范围也逐渐拓宽，人们之间的交往不再局限于熟人之间。通过一段视频或一个信息，人们往往便能结识到志同道合的朋友，因此，新媒体平台极大地满足了公众对便利性的需求。

最后，新媒体营销时代的用户需求还呈现优质特点。虽然新媒体平台的出现极大地提升了用户接收信息的便捷性，但面对来自平台的海量信息时，用户往往也会感受到信息过载的压力。在这种背景下，站在用户角度，替用户思考，帮助用户根据个人偏好筛选个性化信息的平台更能赢得用户的青睐。因此，各平台纷纷投入大量成本不断提升技术，大数据、智能算法成为主流技术趋势。个性化信息推送技术如今成为助力整个互联网产业精准营销的一项核心技术。

3.1.2　消费者行为的特点与模式

1. 行为的特点

随着互联网的飞速发展，"互联网+"模式在企业中的逐渐普及，企业的营销环境发生了巨大的改变，越来越多新的营销模式伴随新媒体产生。但就市场营销的本质（即满足消费者的购买需求，从而使消费者满意）来说，企业营销模式的改变正是源于在新媒体营销时代背景下，消费者的行为和需求的变迁。只有掌握了消费者的行为变迁规律，企业才能及时改变自己的营销模式，赢得消费者的喜爱，进而更好地开展营销活动。

在新媒体不断发展的时代背景下，消费者行为不再只受传统因素的影响，影响消费者行为的还有感性因素，感性因素主要包括以下几个方面。

（1）寻求趣味性

调查数据显示，74%的消费者希望寻求生活中的乐趣，而不少人通过购物来满足这种需求。凯度消费者指数发布的《2020中国消费市场报告》指出，中国消费者价值观正在发生变化，有趣、疗愈的体验成为他们新的追求。"好玩"是这个时代消费者很看重的一个需求，因为"好玩"起到情绪疗愈的作用。

面对互联网带来的海量信息，消费者一般会主动或被动地同时做多件事情。消费者对信息的关联性和趣味性要求大大提高，如果信息无法让他们感受到乐趣，他们的注意力就不会被吸引，这样企业锁定目标消费者的能力越来越弱，这就对企业开展营销活动提出了更高的要求：满足新媒体时代新型消费者需求已成为必然。

抖音的成功很大程度上是因为它包含的内容具有很强的趣味性。抖音通过打造有趣、操作简单的视频模板，吸引了很多消费者。同时，因为其所涵盖的视频拍摄模板比较简单，并且容易上手，所以许多消费者都可以轻松使用并在模板内进行独特、有趣的设计。此外，诸多企业利用抖音开展营销活动，实现业绩提升。在新媒体营销时代背景下，遵循消费者的行为变化规律，利用消费者所青睐的具有趣味性的营销模式进行营销，可以实现良好的营销效果。

（2）注重互动

在大众媒体兴起的初期，企业的营销手段以广告宣传、促销活动为主，消费路径大致为"引起注意—产生兴趣—购买愿望—留下记忆—购买行动"。企业在营销的过程中注重广告的覆盖度、到达率等关键指标，试图在这5个环节对消费者施加影响，目的是让品牌和产品信息尽可能被消费者知晓和记住，以便消费者在展开购买行动时可以联想到这一品牌。这一阶段的消费路径是由企业主导的，消费者在企业施加的影响下，扮演着信息接收者的角色。

然而随着互联网和搜索引擎技术的不断发展，消费路径会自然而然地进入第二个阶段。在这一阶段，消费路径大致为"引起注意—产生兴趣—主动搜索—购买行动—分享"。有别于上一阶段的消费路径，此阶段的消费路径的一大显著特点是，消费者开始主动搜索，努力形成关于产品的完整图像。而在线社区、即时通信工具的出现，为消费者分享产品体验提供了便利；更加真实的口碑信息，为其他消费者的购买行动提供了决策依据。

而目前，互联网高速发展，我们已经步入"互联网+"时代，网络已经成为每个消费者生活中不可或缺的一部分。在这一时期，口碑的传播范围与影响力在逐渐扩大和提高，由此消费路径也就进入第三个阶段，消费路径大致为"感知—兴趣和互动—连接与交流—购买行动—信息分享"。这时消费者会进入一个全新的营销生态系统，不同来源的信息会呈现碎片化趋势。通过各种渠道，消费者能够轻而易举地感知到产品信息的存在，主动地与企业对话、深入了解产品细节，进而实施购买行动。同时，社会化网络还为消费者提供了一个分享产品信息、购物体验的平台，这些口碑信息也就成了其他消费者"感知"的来源。

消费路径的变化，使得现在的营销活动不再是单向的，而是消费者主动与企业进行互动，同时在互动中增强自己的存在感。而这种互动往往是多个主体的互动，它不仅存在于企业与消费者之间，还存在于消费者与消费者之间。互联网的存在缩短了消费者之间的距离，口碑的传播也就不会只停留在面对面的口口相传中。借助互联网，消费者可以多种形式进行产品信息的交换。

（3）追求个性消费

在互联网时代，消费者更加追求个性消费，喜欢新鲜事物，爱好标新立异，希望自己能够与众不同。在工业化时代，消费由生产者驱动，以成本为核心的经营理念强调大规模生产、低价格供应，形成"千人一面""千机一面"的局面。在新媒体营销时代，供过于求，随着人均可自由支配收入的增加、财富的积累，消费者开始追求个性化、差异化，希望体现自己的不同。每一个消费者都是一个细小的消费市场，个性化消费成为消费的主流。所以，要想在互联网时代取得成功，企业就必须思考从产品的构思、设计、制造到产品的包装、运输、营销等方面的差异性，并针对不同消费者的特点，采取相应的措施和方法。

正是因为消费者越来越追求个性化的消费模式，所以近年来定制化的营销模式越来越受到大家的喜爱。无论是定制化的家居服务，还是各大打车软件推出的定制化专车，或者餐馆推出的定制化套餐，都是满足消费者个性化需求的营销策略。

（4）容易过度消费

网络加大了消费者的购买量。网上货架的无限性使得更多长尾产品有机会露出，商家通过大数据分析消费者购买行为后进行精准的交叉推荐，更容易刺激消费者产生新的购买需求。例如，消费者除了要购买数码相机，可能还会购买存储卡和与摄影相关的书籍，这时商家通过交叉推荐，容易产生更多的销售额。

由于摆脱了距离、交通、营业时间等方面的限制，再配合发达的物流体系，地点与区域已不再成为消费者购买产品的限制条件。电子支付方式和现金支付方式相比，前者不容易刺激消费者的自我克制心理，从而提高了每一次购买的随意性，所以有了"剁手党"这一消费群体。导购网站和社交网络的诱导也引发了消费者更多的购买行为。

正是这样的消费者行为变化，使得花呗、京东白条等产品迎来了广阔的市场。

案例分享

元旦三天，收入近60亿元！——"泼天富贵"轮到哈尔滨

"Welcome to东北！松柏欲盖弥彰，大雪落下寒霜，关外飘向北方，苍鹰落在了松花江……"随着这首网络"神曲"的走红，东北文化再次通过各类短视频平台走红。

而在此之前，"不是北欧去不起，而是哈尔滨更有性价比"已经成为网络热梗。这个冬季，东北城市哈尔滨在一众旅游目的地中脱颖而出，成为新晋"顶流"。各大景区人潮汹涌，黑龙江全省开启"待客模式"，用"冷资源"带动"热经济"。2024年元旦假期，哈尔滨实现旅游总收入59.14亿元，同期海南全省旅游总收入24.06亿元，仅从数值来看，元旦哈尔滨旅游收入是海南全省的两倍多。更有网友调侃："作为过冬胜地的海南，挠破头也没想到，自己居然在冬季'输'给了哈尔滨。"

1. "东方莫斯科"，赶上冰雪旅游热

哈尔滨的"火热"并非偶然，是多方因素共同作用的结果。

首先，消费者假期出游热情高涨，人们向往充满烟火气的热闹氛围。其次，哈

尔滨独特的风景文化因素也促使"冰城"大火。哈尔滨街头赭红或墨绿的"洋葱头"大圆屋顶建筑、成排连栋的斜顶洋房，能让游客恍惚自己是否正身处异国他乡，完全符合"东方莫斯科"的称号。在洋房与教堂之外，作为我国重要的工业型城市，哈尔滨还保留了大量工业时代的工厂、车间、宿舍等，这也为这座"冰城"带来了另一番风味。

2. 主打"讨好型"市格

哈尔滨"旅游热"主要得益于南方人的出游。数据显示，2023年12月1日至21日，从北京、上海、广州、深圳、南京、重庆、杭州、成都等城市飞往哈尔滨的航班客座率，达到90%。哈尔滨机场为此还新增了11条国内航线。为了招待好游客，哈尔滨几乎举全城之力。

在公共服务上，考虑到南北温差较大的问题，哈尔滨的机场在行李提取区域增加了12个更衣室；哈尔滨地铁2号线，在太阳岛站到冰雪大世界站之间，开通双向免费通行通道；中国铁路哈尔滨局集团有限公司对黑龙江省内运行的150余列动车组列车，分时段、分区段、分席别提供折扣优惠……为了满足"吃货们"的需求，《哈尔滨日报》整理了哈尔滨市主要早点摊分布位点。微信公众号哈尔滨文旅更是发布了一份6天的详细旅游攻略（见图3-1），覆盖了冰雪之旅、文化之旅、美食之旅，连吃什么、看什么、玩什么、买什么统统帮游客想好，细致到上午进哪个景区、午餐进哪家馆子，为游客提供舒适、轻松的旅游体验。

图3-1 哈尔滨文旅发布的详细旅游攻略

《致全市人民的一封信》，再一次拉高"冰城"的"温度"。信中提到"以客为先、以客为尊、以客为友、以客为亲"，这不仅是政府的号召，后来更成为市民的自发行动。街上热心司机免费接送游客、路边饭店免费提供热水，暖心之举温暖着外地游客的心。一套组合拳下来，效果立竿见影，游客们在各类社交平台上留下了自己的体验——"哈尔滨只有天冷，其余都是热的""很好玩，下次再来""感谢东北的热情招待"等。

面对突如其来的游客流量增长，城市需迅速采取行动，改善公共交通、住宿和餐饮等。让旅游不仅给一座城市带来人气、财气，还能成为城市管理的推进器，提升游客的体验。这样才能为后续的发展积攒力量，也才能把"泼天富贵"接得更稳、留得更久。

2. 新媒体营销时代消费者的行为模式

由于社会化媒体的不断发展，新的媒介和渠道正在产生和发展，从本质来看，在新媒体营销时代，消费者的行为模式可以归结为以下几种。

（1）社交行为

在新媒体营销时代，社交行为的发生地点称为"社会化社区"。社会化社区的定义聚焦于关系以及具有相同兴趣或者身份的人共同参与的社会化媒体渠道。从定义的角度来看，社会化社区具有双向和多向沟通、交流、合作以及经验分享的特点，所有的社会化媒体渠道都是围绕着社会关系建立的，对社会化社区来说，建立和维持社会关系是人们参与活动的主要原因。因此，在社会化社区中，人们的社交行为是最主要的行为模式。

处于社会化社区的渠道有社交网站、论坛和App等，这些渠道都强调在社区背景下个体需要进行沟通、交流和合作，并且强调社会关系在社会化社区中有着非常重要的地位。在新媒体时代，企业可以通过社交网络成为一个积极的参与者，从而达到自己的营销目标。

（2）搜索行为

在新媒体营销时代，消费者处理信息的前提之一就是产生搜索行为。搜索行为的基础是社会化发布。社会化发布旨在将内容传播给受众。社会化发布区域包括下列允许个人和组织发布内容的渠道：博客、媒体分享网站、微博以及信息和新闻网站。在这些网站上发布内容，可以促进消费者产生搜索行为。

对于营销人员来说，利用消费者的搜索行为可以达成以下两个目标：第一，提升品牌信息的曝光度；第二，提升访问量。社会化发布过程类似于传统广告活动中的媒体计划过程。在传统广告活动中，媒体计划决定了活动中的创意内容将如何通过特定的媒体工具（如广播和广告牌）传播给目标受众。媒体计划人员在目标受众到达率、信息曝光量和预期结果方面为广告投放设定需要完成的具体目标。社会化发布过程几乎也是这样的，不同的是，营销人员使用的创意内容不一定是广告（以传统静态或者富媒体的形式），而且内容传播使用的是能够指向内容的导入链接或者链接链条，它们主要来自搜索引擎结果、其他网站和社会化媒体社区。换句话说，传统广告活动使用付费媒体来达到营销目标，社会化发布则基于线上的自有媒体或者免费媒体来达到营销目标。

（3）娱乐行为

在新媒体营销时代，最多的消费者行为是娱乐行为。由于社会化游戏、视频游戏、增强现实游戏可以与新媒体相结合，因此消费者可以在新媒体中获得娱乐的体验。另外，还有一些关注娱乐的包含社会化元素的App和一些包含社会化元素的既可以在计算机上使用又可以在移动设备上使用的社会化软件。社会化娱乐（特别是社会化游戏）是社会化媒体中发展最快的领域之一。

品牌可以采用多种方式来利用社会化游戏开展营销活动。游戏提供了一种受众明确、到达范围广、参与度高且干扰少的营销方法以及品牌与粉丝互动的方法。在这些情况下，品牌可以通过显示广告、游戏赞助以及广告植入等方式在游戏中以及游戏周边产品上投放广告。目前，很多企业都采用了游戏化营销模式，其目的就在于利用消费者的娱乐行为，提升自身产品的曝光度。

（4）购买行为

利用新媒体进行营销的最终目的就在于引导消费者产生购买行为。在新媒体营销时代，消费者的购买行为是指消费者在使用社会化媒体的过程中进行在线购买和辅助销售产品或服务。新媒体商务渠道包括评论网站或品牌的电子商务网站、折扣网站和折扣推送平台（将折扣信息聚合并进行个性化推送）、社会化购物市场（拥有消费者推荐产品、评论和在购物时与朋友沟通等功能的在线商城）和社会化商店（在微信或微博这种具备社会化功能的社交网站上经营的零售商店）。除此之外，企业可以通过微信、微博等的分享功能（消费者用来分享他们正在读的书或做的事）来使传统的电子商务网站社会化。因此，利用新媒体使消费者最终产生购买行为则是企业开展营销活动最重要的目的。

3.2 用户画像：揭示用户的核心特征

扫码看视频

抽象营销如何精准拿捏年轻人

随着互联网和大数据的发展，用户画像应运而生，众多企业利用用户画像来进行精准营销。本节将重点介绍用户画像的定义、构建过程和应用。

3.2.1 用户画像概述

在大数据时代，企业及用户行为不可避免地经历一系列改变与重塑，其中最大的变化莫过于用户的一切行为在企业面前似乎都是"可视化"的。随着对大数据技术的深入研究与应用，企业日益专注于利用大数据来进行精准营销，进而深入挖掘潜在的商业价值。要了解新媒体时代用户的特点，就需要深入探究用户画像的定义，这样企业才能有效进行新媒体营销。

1. 用户画像的定义

用户画像的概念最早是由交互设计之父艾伦·库珀提出的：用户画像是指真实用户的虚拟代表，是建立在一系列属性数据之上的目标用户模型。用户画像又称"用户角色"，简单来说就是根据利用大数据收集的相关用户信息抽象出的一个标签化的虚拟用户模型。用户信息包括用户的基本信息、社会属性信息、心理属性信息、人口统计学信息和一些操作行为信息（如浏览内容、消费行为、社交活动）

等。企业可根据用户的真实数据，构建用户画像，将用户的各项属性和特征抽象为一个个标签，供上游的其他系统使用。特别要注意的一点是，用户画像是将一类有共同特征的用户聚类分析后得出的群组，因此并不针对具体、特定的某个人。

用户画像最初被应用于电子商务领域，它主动或被动地收集用户在网络上留下的种种数据，并将其加工成一系列标签。大家通过下述例子就能充分理解用户画像。假设有一个男性用户，他注册的账号名为××，年龄为25岁，手机号码是159×××××××，他常用的收货地址为香港大学，最近一个月他消费了1万元，消费次数为4次。这时我们已经掌握了他的基本信息，然后根据他搜索浏览的数码和电子游戏类产品信息，可推断出他的喜好；还可以根据他关注的产品价位、他单位时间内在某平台的消费金额、他的消费频次，来大致判定他的消费水平。接着再分析他的购买记录，我们发现他购买的数码产品都是同类型产品里价格比较高的，那么我们就能基本构建出这个人的用户画像了。

构建用户画像的核心工作就是给用户贴标签，标签通常是人为规定的、高度精练的特征标识，如年龄、性别、地域、兴趣等。每个标签分别描述该用户的一个维度，各个维度之间相互联系，共同构成对用户的整体描述。需要注意的是，用户画像其实并不指代具体的某个人，是用来描述这类产品领域的一类典型用户。与此同时，这样简洁、独立的标签，非常适合用计算机进行处理。在没有用户画像的情况下，企业的运营、广告投放、产品功能优化等日常工作可能会凭经验进行，有需要的用户可能没收到推送，而没有需要的用户可能会无端受到打扰，这在对用户造成不便的同时，也在浪费成本，且用户画像的缺失会导致企业无法对营销效果进行准确评估。有了用户画像，这些日常工作会达到事半功倍的效果。

2. 用户画像标签体系

构建用户画像的核心工作就是给用户贴标签，那么有哪些标签可以供我们选择呢？目前主流的标签体系都是层次化的，主流标签体系如图3-2所示，标签首先分为几个大类，每个大类下再逐级进行细分。

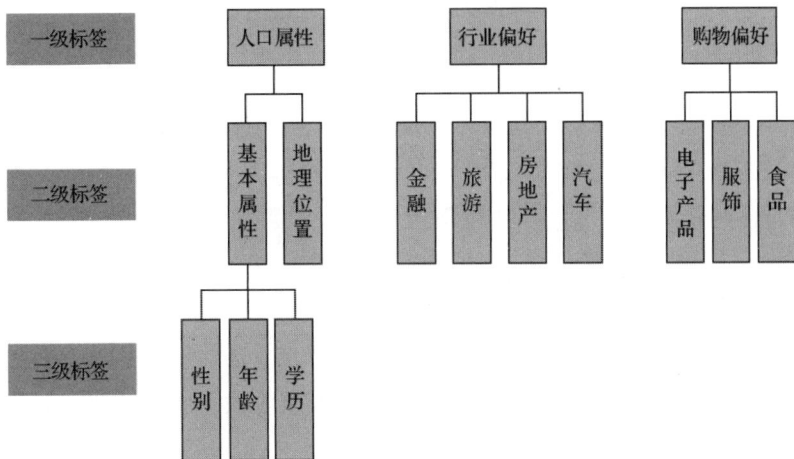

图3-2　主流标签体系

在构建标签时，只需要构建三级标签，就能够映射到一级、二级标签。

一级标签都是抽象的标签集合，一般没有实用意义，只有统计意义。例如，我们可以统计有人口属性标签的用户比例，但用户有人口属性标签本身对广告投放没有太大意义。

用于广告投放和精准营销的一般是三级标签，对于三级标签有两个要求：一是每个标签只能有一种含义，避免标签之间的重复和冲突，便于计算机处理；二是标签必须有一定的语义，方便相关人员理解每个标签的含义。

此外，标签的粒度也是需要相关人员注意的。标签的粒度太小会导致标签没有区分度，标签的粒度过大会导致标签太过复杂而不具有通用性。表3-1所示为几类常见的三级标签。

表3-1 　　　　　　　　　　　　几类常见的三级标签

标签类别	标签内容
人口标签	性别、年龄、地域、受教育程度、出生日期、职业等
兴趣特质	兴趣爱好、常用App/网站、浏览/收藏内容、互动内容、品牌偏好、产品偏好等
社会特征	婚姻状况、家庭状况、社交/信息渠道偏好等
消费特征	收入状况、购买力、已购产品、购买渠道偏好、最后一次购买时间、购买频次等

3. 用户画像标签分类

构建用户画像时使用的标签差异较大，但大致可分为3类，3类标签属性如图3-3所示。第一类是人口属性标签，这类标签比较稳定，一旦建立很长一段时间基本不用更新，标签体系也比较固定；第二类是兴趣属性标签，这类标签随时间变化得很快，有很强的时效性，标签体系也不固定；第三类是地理属性标签，这类标签的时效性差异很大，如GPS标签需要实时更新，而常住地标签一般几个月不用更新。

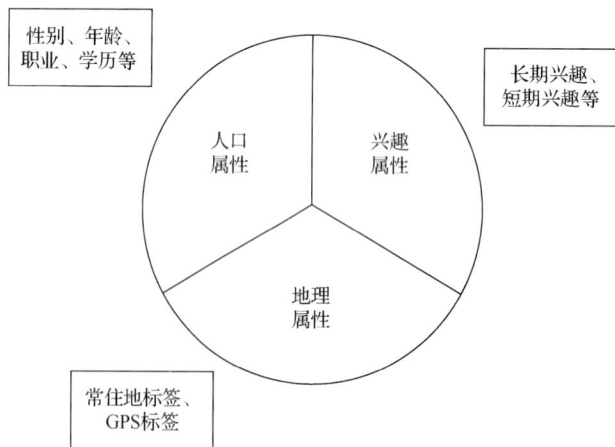

图3-3　3类标签属性

（1）人口属性

人口属性包括性别、年龄、职业、学历、人生阶段、收入水平、消费水平、所属行业等。

很多有社交属性的产品（如QQ、微信等）都会引导用户在注册时填写基本信息，这些信息就包括年龄、性别等人口属性，但完整填写个人信息的用户只占很少一部分。而对于无社交属性的产品（如输入法、团购App、视频网站等），用户信息的填写率非常低，有的甚至不足5%。

（2）兴趣属性

兴趣属性是互联网领域使用最广泛的标签，互联网广告、个性化推荐、精准营销等各个领域最核心的标签都是兴趣属性标签。兴趣属性标签主要从用户海量的行为日志中进行核心信息的抽取、标签化和统计，因此在构建用户兴趣属性标签之前需要对用户行为进行内容建模。

内容建模需要注意粒度，粒度过小会导致标签没有泛化能力和使用价值，粒度过大会导致标签没有区分度。

（3）地理属性

地理属性标签一般分为两个部分：常住地标签和GPS标签。两类标签的差别很大，常住地标签比较容易构建且比较稳定，而GPS标签则需要实时更新。

常住地包括国家、省（区、市）、城市3级，一般只细化到城市粒度。对常住地的挖掘基于用户的IP地址，先对用户的IP地址进行解析，对应到相应的城市，再对用户所在城市进行统计就可以得到常住地标签。

用户的常住地标签不仅可以帮助企业统计各个地域的用户分布，还可以帮助企业结合用户在各个城市的出行轨迹识别出差人群、旅游人群等。

GPS信息一般从手机端收集，但很多App没有获取用户GPS信息的权限。能够获取用户GPS信息的App主要是高德地图等出行导航类App，而其他App收集到的用户GPS信息比较少。

4．用户画像的作用

（1）精准营销

因为经济的发展，物质匮乏离我们越来越远，目前市场上同一种产品可能有上百个品牌，在这种情况下，企业不可能再像以前那样粗放式经营，只能从用户出发，对不同类型用户有针对性地提供个性化服务，实行精细化运营。

（2）用户洞察

用户画像还是企业进行数据分析的关键要素，企业在进行研发或者活动策划时，通常都会借助用户画像来分析用户的核心需求，以这些需求为基础，产出符合用户预期的产品，开展满足用户需求的活动。

在实际业务中，企业不可能做到对每个用户进行调研，这时用户画像就是用户的最佳代表。

（3）产品设计

产品生产出来是卖给用户的，那用户为什么要选择某企业的产品，因为产品满足了用户的需求。企业应把合适的产品卖给需要的人。

用户画像就是探究用户需求的最好窗口，在当下越来越多的企业把用户需求放在核心位置。企业需要对获取的各种用户数据进行分析，做出预判，初步搭建用户画像，进行用户喜好、功能需求统计，从而设计制造更加符合核心需求的新产品，为用户提供更加良好的体验和服务。

（4）数据应用

用户画像是很多数据产品的基础，诸如耳熟能详的推荐系统，丰富的内容基于一系列与人口统计相关的标签，如性别、年龄、学历、兴趣偏好等，这些标签帮助企业进行推广投放。

近些年，依靠强大的推荐算法在市场上火起来的软件越来越多就是精准营销、精细化运营发力的证明。如今，为每个用户有针对性地提供服务的推荐算法已经全面占领了视频、小说、音乐、购物等绝大部分平台。

企业和营销人员想要精准抓住受众群体，并能够以差异化的服务制胜，用户画像将是一个寻找目标用户、联系用户诉求与设计方向的有效工具。运用此工具，企业除了能够准确了解现有用户，还可以通过广告营销获取具有相似特征的新用户。对用户画像的概念、标签及其分类我们已经有所了解，那么具体该如何构建用户画像呢？

3.2.2 用户画像的构建过程

1. 明确用户画像的构建目的

在产品设计以及营销活动开展的初期，明确用户画像的构建目的是基础且关键的一步。企业构建用户画像要明确期望达到的运营或营销效果，从而在构建标签体系时对数据深度、广度及时效性方面做出规划，以确保底层设计科学合理。

2. 数据采集和筛选

只有在客观真实的数据基础上构建的用户画像才有效。在采集数据时，企业需要根据用户画像的构建目的采集多维度的数据，如行业数据、用户总体数据、用户属性数据、用户行为数据、用户成长数据等，并通过行业调研、用户访谈、用户信息填写及问卷调查、平台前台和后台数据收集等方式获得数据。在采集到的数据中可能存在非目标数据、无效数据及虚假数据，因而企业需要过滤原始数据，去除会造成用户画像不准确的干扰因素，筛选出有效、真实的基础数据。

3. 数据预处理

数据预处理包括数据清洗、数据结构化处理、数据合并等基础工作。数据清洗主要是过滤无效或者虚假数据，若针对特定的业务系统（如用户画像），数据清洗还包括过滤非目标数据；而数据结构化处理、数据合并等工作则需要结合具体业务和应用场景，从而整合出用户信息雏形。

4. 将数据标签化并赋予其权重

数据标签化能够将原始数据转化为特征，是关于转化与结构化的工作。在这一步，企业需要剔除数据中的异常值并将数据标准化。将得到的各项用户信息映射到对应的标签上，且给各个标签赋予相应的权重，权重值的计算是用户画像标签体系得以成功构建的关键。标签的选择会直接影响用户画像的丰富度与准确度，因而数据标签化需要与产品自身的功能与特点相结合，力求做到准确、丰富、立体。

5．生成用户画像

在每个用户的所有信息转化为标签并得到权重值以后，所有标签合并起来即可组成用户画像。最终生成的用户画像数据每日计算更新，然后再根据各业务应用场景的不同需求进行调整和对接，如与会员运营平台、广告运营平台等打通，为之提供决策支撑。

把用户的基本属性（如年龄、性别、地域等）、购买能力、行为特征、兴趣爱好、心理特征、社交网络大致标签化之后，用户画像基本成型。用户画像无法完整地描述一个人的所有特征。因此，企业既应根据变化的基础数据不断修正用户画像，又要根据已知数据来抽象出新的标签使用户画像越来越立体。针对目标群体进行分析时，企业可以根据用户价值来细分核心用户、评估某一群体的潜在价值空间，以制定有针对性的运营策略。这正是用户画像的价值所在。

3.2.3　个性化用户画像的实施与应用

1．个性化推荐

在新媒体时代铺天盖地的信息洪流中，营销人员要做的就是吸引用户的注意力。一款App的用户量动辄成千上万，用户与用户之间千差万别，更重要的是，如今各种信息过载，那么挑选用户喜欢的内容并将其及时推送到用户面前，是一款App成功的关键。一个好的个性化推荐系统还能大幅提升用户体验。对于一些电商类产品，个性化推荐能够减少马太效应和长尾效应对其的影响，使产品的利用率更高。因此，基于用户画像进行个性化推荐就显得十分有必要了。

网易云音乐的推出其实比其他很多音乐App都要晚，却成为众多用户喜爱的音乐App之一，这是因为它很早就推出了个性化推荐功能。图3-4所示为网易云音乐手机端的首页，可以看到"每日推荐"排在首位，从此处可以看出个性化推荐功能在产品中的重要性。相较于其他音乐App，网易云音乐采用了"乐库+播放器"模式，这无疑是网易云音乐的又一次个性化创新，它摆脱了一般音乐App的固定模式。

"每日推荐"会根据用户平时听的歌曲、喜爱的歌曲、收藏的歌曲，每天给用户推荐不同的符合其品位的歌曲。而且用户听得越多、收藏得越多，平台给用户推荐的歌曲会越符合其品位。

除此之外，一般音乐App引进歌曲时，都会有歌曲自带标签，而网易云音乐不仅有歌曲自带标签，还加入了"歌单标签"。用户在新建歌单时，可以选用

图3-4　网易云音乐手机端的首页[1]

---

[1] 书中所涉及软件PC端、手机端截图只进行展示说明，因软件经常更新，可能存在截图与软件实时页面不一致的情况，但因不涉及软件操作，不影响读者学习，特此说明。

标签，这些标签涵盖语种、风格、场景、情感、主题5个方面。网易云音乐的"歌单标签"如图3-5所示。有时，这些标签也用于平台对用户进行歌单推荐。用户可以选择想要的标签，编辑自己的"歌单广场"。歌单里的歌曲，或多或少地带上这些标签，后台通过综合计算再进行推荐，也就能满足用户对新鲜感和多样化的追求。

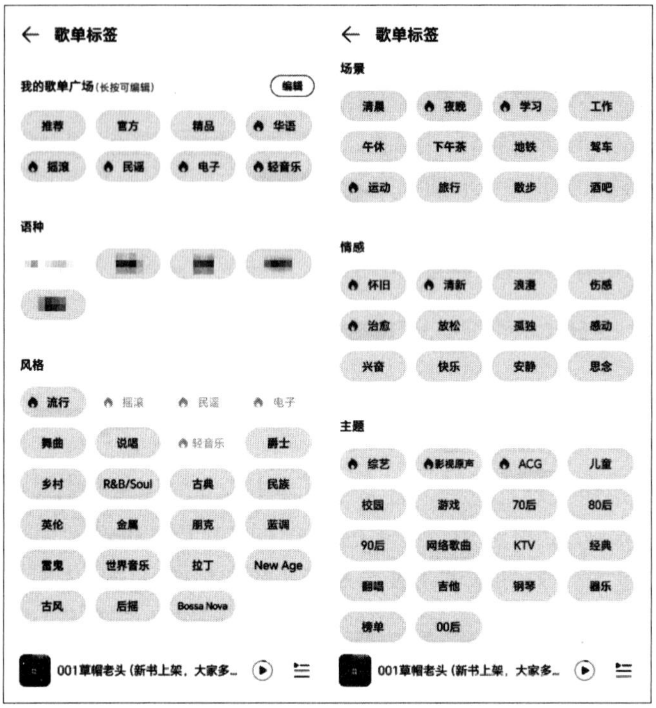

图3-5　网易云音乐的"歌单标签"

如此一来，每当网易云的个性化推荐系统给用户推荐了一首触动其心灵的歌曲时，用户的黏性无疑会增强。例如，歌单的个性化编辑和推荐，会让用户更频繁地使用网易云音乐；另外，个性化推荐会加速歌曲、产品传播，每当用户收获一首符合自身品位的歌曲时，就有可能对歌曲、产品进行分享。

2. 广告精准投放

任何一款App最终要解决的问题都是如何实现商业变现，承接广告是App普遍采取的商业变现方式之一。移动互联网和大数据技术的快速发展极大地冲击了传统广告广撒网的投放方式，当传统的广告投放方式已无法满足精准营销的需求时，那么主流方式必将是基于用户的喜好与特性投放广告。该承接什么样的广告、如何让广告主信服App能带来收益、如何合理投放广告都是一款App要解决的问题。因此，对用户有所了解就显得尤为重要，如男性用户偏多还是女性用户偏多，用户年龄分布、家庭收入、消费水平和消费记录如何，用户有没有什么特殊的偏好等。当有了完整的用户画像并对用户的这些信息都一清二楚以后，就可以满足广告主的各种投放需求（如广告主只想吸引喜欢看综艺节目的用户），也可以精准投放广告。

例如，电商App内banner（横幅）等黄金位置的广告展示，站外渠道如App的开屏广告、视频前贴片广告等，基于用户画像去指导广告的投放，不仅能够降低成本，还可以大大提高点击率及转化率，提升广告的整体投放效果。图3-6所示为抖音App的开屏广告，即抖音App启动时展现的广告，该广告在App启动时播放5秒。抖音App的开屏广告支持定向投放，目前支持地域、性别等基础定向。广告主可以根据目标用户、目标市场等进行定向投放，使广告曝光更有效。将目标用户设定为特定区域的用户的广告主，在选择开屏广告时，可使广告在指定区域内展现，以提升曝光的精准度。

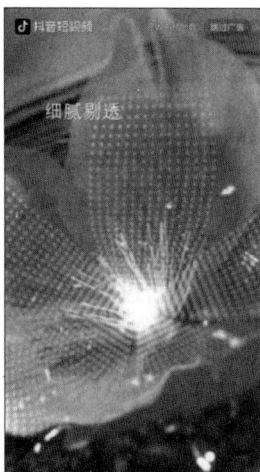

图3-6　抖音App的开屏广告

3. 精细化运营

随着产品功能的不断丰富和用户的不断增多，用户的需求与产品的功能需要精准匹配。而精细化的运营就是通过用户分群，为不同需求的用户匹配不同的服务和内容，从而满足其个性化的需求，以更好地完成运营中的拉新、促活工作。无论产品在哪个发展阶段，在进行精细化运营时都应该应用用户画像。用户画像可以帮助企业改变以往闭门造车的生产模式，通过事先调研用户需求，设计和制造更适合用户的产品，从而完善产品运营，提升用户体验。有了用户画像的帮助，运营就可以从粗放式转为精细化，企业就可以将用户群体细化，辅之以发短信、推送、发邮件、举行活动等手段，驱之以关怀、挽回、激励等策略。例如，资讯类App经常推送用户可能感兴趣的内容，以确保在用户通知栏中展现的大多是用户感兴趣的内容，使App在提升用户活跃度的同时避免打扰用户。而购物类App则可以根据用户的购买类型和习惯，推荐相关类型的产品，甚至用户可能感兴趣的其他类产品。

3.3　购买模型：探索消费者决策过程

购买模型是指从企业的角度出发，构建用来描述消费者从关注产品到最终产生购买行为的一系列过程的模型。在不同的媒介传播时代，消费者的购买模型有所不同，那么从传统媒体时代到互联网时代再到如今的新媒体时代和大数据时代，消费者的购买模型究竟有哪些呢？

3.3.1　传统媒体时代的 AIDMA 模型

"AIDMA"模型分为5个阶段，即吸引注意力（Attention）、激发兴趣（Interest）、刺激欲望（Desire）、形成记忆（Memory）、促成消费行为（Action）。具体而言，AIDMA模型可以引导营销人员把潜在消费者的注意力吸引到产品上，逐渐对产品产生兴趣，进而采取技巧刺激消费者的购买欲望，在合适的时机达成交易。图3-7所示为AIDMA模型。

图3-7　AIDMA模型

在这个模型下，消费者从注意产品、产生兴趣、产生购买欲望、形成记忆到做出购买行为，这一过程主要由传统广告、活动、促销等营销手段所驱动，而传统媒体时代的AIDMA模型的核心在于借助媒体进行传播并要成功地宣传。目前该模型被广泛地应用于广告领域，因为它能够帮助企业充分了解消费者的感知和注意力。根据AIDMA模型，企业可以对症下药、有的放矢，设计出符合消费者的品位和喜好的广告，从而利用广告有效推进企业营销战略的实施。

1. 吸引注意力（Attention）

吸引注意力（Attention）作为上述模型之基础，是启动整个AIDMA模型的"金钥匙"，它是指企业通过广告、促销等精心策划的营销活动来引起消费者对产品、服务或者品牌的注意、认识和了解，如国美电器和苏宁易购节日期间的促销活动。这种营销活动可以引起目标群体中大多数人的注意，也可用于强化消费者对产品或服务的认知。在这一阶段，企业开展营销活动的主要诉求是吸引消费者的注意力。

2. 激发兴趣（Interest）

消费者注意到营销活动所传达的信息之后，是否对产品、服务或品牌产生兴趣，这是相当重要的问题。以往的营销案例说明消费者在购买某种产品或服务的时候，真正购买的是其对自身的价值，而并不是该产品或服务所具有的特色，即购买该产品或服务切实提高了消费者的效用值。因此营销活动必须具备独特的销售主张，以激发消费者的兴趣。

展示与示范，以其直观、真实、个性化的优势，能够引发消费者的需求联想，因此成为AIDMA模型第二阶段经常使用的手段。在此阶段，企业一方面要熟悉自身优势，另一方面要留心消费者的喜好，在找准自己能给消费者带来的核心利益后，向消费者证明企业向消费者推荐的营销信息，正好是消费者自身所需的。一般情况下，消费者兴趣的产生通常是由于营销活动能够提供某种提高其生活质量的利益，因此如何让消费者产生兴趣与产品或服务及消费者所得利益有重大的相关性，而消费者本身对产品或服务是否关心与重视则是另一个关键问题。

3．刺激欲望（Desire）

刺激欲望（Desire）是指消费者如果对获得营销活动所提供的利益有非常强烈的冲动，就会产生购买该产品或服务的欲望。欲望其实就是一种想拥有该产品或想消费该服务的心态。兴趣与欲望有时只有一线之隔，如果在消费者产生兴趣的一瞬间，企业使其由兴趣转化为其内心的渴望，那么开展营销活动就会事半功倍。消费者接收到营销活动所传达的信息之后，可能会对产品或服务产生一定的兴趣，但不一定会产生购买欲望，因此在营销活动中，企业务必强化消费者对产品或服务的购买欲望。

心理动机，作为刺激欲望的主要因素，往往以较为隐蔽的形式存在。在具体情境中，分析消费者的心理活动，找寻其产生兴趣的根本动机，如求名、求利、求新、求美、求胜等，才能投其所好，激发其购买欲望。

4．形成记忆（Memory）

形成记忆是指企业通过广告对产品独特卖点的反复强调使消费者形成对该产品的深度认知。当消费者对某产品产生强烈的购买欲望时，首先会采取货比三家的做法，此时印象最为深刻的是其最希望购买的产品。但是如果消费者的经济能力不足，很多时候只会压制对某产品的购买欲望。在这一阶段需要注意的是，企业产品营销效果具有延迟性——消费者并非在营销活动之后立即购买，而是形成记忆，在之后的某个情境中受到一定刺激后购买。

5．促成消费行为（Action）

促成消费行为（Action）是指在营销活动中促使消费者产生消费行为。促成消费行为是整个营销活动中最为重要的一个阶段，潜在消费者受文化、环境、经济、时机等因素的影响，纵使对产品或服务有了注意、兴趣和欲望，到最后也可能不会产生任何消费行为。因此，为了加速消费者行动，企业必须采取有效的措施，鼓励有需求的消费者消费。把产品销售出去才是企业营销活动的最终目的。

3.3.2　互联网时代的 SICAS 模型

在飞速发展的互联网时代，消费者从获取产品信息到最终产生购买行为的决策过程也发生了改变，这一决策过程可概括为SICAS模型，该模型包括互相感知（Sense）、产生兴趣和互动（Interest & Interactive）、建立连接与互相沟通（Connect & Communicate）、产生购买行为（Action）、分享（Share）几个阶段。图3-8所示为SICAS模型。

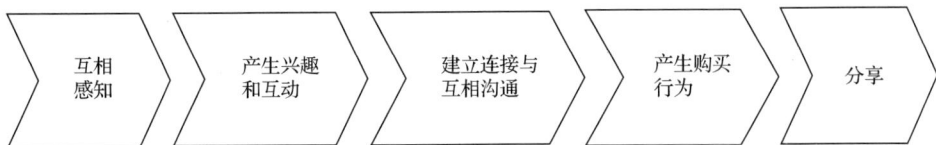

图3-8　SICAS模型

SICAS模型表明，在互联网时代，消费者在接触到产品或服务的信息，采取购买行动后，还会进行信息分享，从而影响其他消费者。在SICAS模型的每一个阶段，消费者都有可能产生独特的体验；而在分享（Share）阶段，消费者可以通过网络媒体等实现体验的分享。

SICAS模型是2011年由中国互联网络信息中心（China Internet Network Information Center，CNNIC）和DCCI互联网数据中心提出的，不同于AIDMA模型注重以媒体为中心的决策过程，SICAS模型更加注重以人为中心的决策过程，这正是Web 2.0时代导致消费者行为模式变化的主要因素。首先，社交媒体平台方便了人与人之间的交流与互动，借助社交媒体，人们可以实现即时互动、高效且有效地接触到新鲜事物。在Web 2.0时代，消费者通过互联网所能接触到的产品越来越多，因此，广告主首先需要吸引消费者的目光，通过与消费者建立连接与互动，促使其产生购买行为并增强复购意愿与口碑效应。中国互联网络信息中心的调查显示："网民使用互联网的主要用途之一是对产品、服务等的信息检索。"另外，论坛、博客等媒体平台的普及，增加了人们发布信息的渠道。于是，消费者在消费的过程中，还可以作为发布信息的主体，与更多的消费者分享信息，为其他消费者的决策提供依据。社会化媒体中的信息通过互动和讨论的方式快速传播，其中，影响消费者购买的品牌信息成为企业与消费者之间的关键纽带。这些品牌信息，无论是消费者主动获取的，还是消费者主动发布的，都会深刻影响消费者行为。企业在营销过程中应该密切关注此类信息。

消费者从被动接收产品信息，开始逐步转变为主动获取产品信息，SICAS模型强调消费者在注意产品并对其产生兴趣之后的互动与连接（Connect & Communicate），以及产生购买行为之后的信息分享（Share）。互联网为消费者主动获取信息提供了条件，使消费者有机会从多种渠道获得详尽的专业信息，进行相对"明白"的消费。究其根本，SICAS模型更加注重企业和消费者之间的互动，这是一种双向传播与交流的营销传播过程以及行为消费过程。

总之，由于消费者行为模式的改变，企业需要不断调整营销战略与营销模式，并通过社会化媒体营销获取新的营销竞争力。或许在这一方面，华为的营销方式可以给我们一些新启示。

案例分享

华为Mate 60：未发先售的新媒体营销传播解析

2023年8月29日中午，几乎在没有任何官方预热信息的情况之下，5G版华为Mate 60手机横空出世。没有海报预热，没有发布会的铺垫，未发先售。Mate 60系列一经上市即掀起购买热潮。开售以后，线下华为门店再现排队盛况，而线上每天开放两次的官方商城购买入口也几乎是"开售即罄"，可以说是"一机难求"。这一"未发先售"的营销策略在整个手机行业内实属罕见，彰显了华为独特的营销智慧。

策略一：保持"沉默"，借第三方之力宣传新品

华为选择保持"沉默"，借第三方之力宣传新品，收获更高的关注度。在官方未公开关键信息的情况下，部分数码科技博主自发地发布开箱、拆解视频，进一步提高产品知名度。这种引人猜想的策略让消费者积极参与并共同探讨，形成口碑式营销。

策略二：与京东互动

京东成为营销中的重要角色。京东与华为官方互动，引发网友讨论。此外，华为与同行OPPO的"杠上"也成为热门话题，获得"双赢"结果。这些互动不仅提高了新品的曝光度，也促进了品牌的传播。

华为Mate 60的营销策略在新媒体时代取得了巨大成功。借助与合作伙伴的互动，华为成功打破了传统手机营销的常规，引领了一场全新的营销风潮。其他手机品牌可以借鉴华为的经验，注重与合作伙伴展开互动营销，从而制定更具吸引力和影响力的营销策略，赢得消费者的喜爱和信任。

3.3.3　新媒体时代的 SICASCC 模型

上文介绍了AIDMA模型和SICAS模型，这两种模型的产生和发展都有着不同的时代特点。但是在新媒体时代，又出现了新的问题，如消费者如何与社会化媒体中的其他消费者建立关系？如何与企业建立进一步的关系？上述两个模型并未解答这些问题。因此，随着新媒体时代的到来，SICASCC模型应运而生。

1. SICASCC模型的概念

在消费者完成购买和分享（SICAS模型）后，企业还需要完成以下两个步骤。

（1）人群聚类（Cluster）

人群聚类是指在线社区内消费者与其他持有相似态度或价值观的消费者产生相似性效应，最终这些消费者可以聚合为兴趣相同或者价值观相似的亚群体。特别是当一个消费者的观点得到了社区内其他消费者的认同时，他们的关系便会更进一步，形成相对紧密的亚群体。

（2）企业承诺（Commitment）

消费者购买了企业的产品，并进行分享之后，会认识其他消费者，他们会通过人群聚类形成亚群体，此时企业便是这个亚群体的纽带。企业承诺主要以情感为枢纽。接受了企业承诺的这部分消费者为了不失去在产品中投入的成本，会选择继续留在这个群体中，并且会主动替企业进行口碑营销，共创价值。这种企业承诺具体的作用就是使消费者继续参与企业活动，并且主动对企业的产品或服务进行分享和传播。

2. SICASCC模型中消费者角色的变化

在介绍了SICASCC模型中的后两个"C"之后，我们可以发现，消费者相对于企业的角色正在不断发生转变，SICASCC模型中消费者角色的变化如图3-9所示。

47

新媒体时代的
SICASCC模型

消费者角色

互相感知 Sense	⇒	
产生兴趣和互动 Interest&Interactive	⇒	关注者
建立连接与互相约定 Connect&Communicate	⇒	
购买行为 （Action）	⇒	购买者
信息分享 （Share）	⇒	认同者
人群聚类 （Cluster）	⇒	
企业承诺 （Commitment）	⇒	共生者

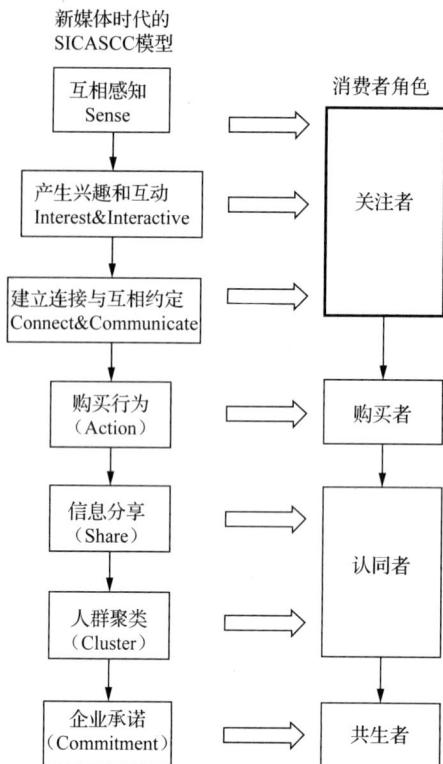

图3-9　SICASCC模型中消费者角色的变化

（1）关注者

在新媒体时代，消费者可以通过多种渠道接触和了解企业品牌或产品的各种信息。除了传统媒体，移动互联网也为消费者提供了新的内容形式和渠道。消费者一旦对企业品牌或产品产生注意，就会主动利用搜索工具进一步了解相关信息，成为企业的关注者。

（2）购买者

消费者在关注企业品牌或产品后，会通过多种渠道对信息进行收集、分析和比较，进而选择和购买产品。购买方式有很多，如线下购买和线上购买。新媒体的产生和发展，为消费者的购买行为提供了更多的便利。

（3）认同者

消费者在产生购买行为之后，会在企业的论坛或者社交平台上分享自己的购买经验与体验。在分享过程中，消费者如果发现有人对自己的经验和体验产生了一定的认同，则会产生共鸣，进而形成小群体，即亚群体。又或者，消费者在一次或多次购买后，会对其满意的产品或契合其个性的产品产生认同感，进而在品牌社区或者社交平台进行更多次的信息搜索，并表达自己的观点。在这个过程中，亚群体中的所有人均会对企业的品牌或产品产生相似的认同感，进而培养很多忠诚用户。

（4）共生者

由于消费者对企业的品牌或产品存在一定的认同感，因此，当企业的产品、服务或品牌需要完善时，消费者会在品牌社区中主动参与企业开展的相关活动，共同促进产品的迭代升级。在新媒体时代，UGC是一种新的互联网内容生产方式，一般情况下，消费者只要将自己原创的内容上传到互联网平台，原创内容就有机会被大规模传播和应用。由于消费者对企业品牌或产品有一定的认同感，此时企业通过与消费者进行合作，可以获得新的产品升级思路，进一步赢得消费者的认同。

SICASCC模型是新媒体时代下的一种新的消费者购买模型，它对消费者从注意到购买，再到分享之后，如何与社会化媒体中的其他消费者建立关系，以及如何与企业建立进一步的关系进行了详细的阐述。该模型中的"人群聚类"和"企业承诺"两个步骤，揭示了消费者在购买和分享后，与企业及其他消费者之间的互动关系。

在新媒体时代，消费者角色的变化也得到了进一步的体现。消费者不再仅仅是产品的接受者，而是逐渐成了品牌的传播者、产品的共创者以及企业的合作伙伴。他们在购买产品后，会在社交平台上分享自己的体验，与其他消费者建立关系，同时也会关注企业的最新动态，参与到企业的活动中，与企业共同创造价值。

通过SICASCC模型，我们可以更好地理解消费者在购买和分享后与企业及其他消费者之间的关系，以及消费者角色的变化。这对企业在新媒体时代下制定更加精准的营销策略、提升品牌影响力、促进产品销售以及提高消费者忠诚度等方面都具有重要的指导意义。

本章小结

在新媒体时代，消费者行为模式发生显著变化，包括寻求趣味性、注重互动等。企业需要不断创新营销策略，充分利用新媒体平台，实现与消费者的深度互动，提高品牌影响力。用户画像可以帮助企业实现精准营销和数据应用，提高运营效率和用户体验。AIDMA模型、SICAS模型和SICASCC模型分别为传统媒体时代、互联网时代、新媒体时代消费者的购买模型。

扫码看视频

短剧"吸睛"，
电商"吸金"：
立白香氛的
双赢秘籍

新媒体时代的消费者角色发生了显著变化，成为品牌的传播者、产品的共创者和企业的合作伙伴。企业可以通过运用AIDMA模型、SICAS模型、SICASCC模型进行精准营销，同时结合用户画像，提出相应的新媒体营销策略，以提高品牌影响力和销售业绩。

课后习题

一、名词解释

用户画像　AIDMA模型　SICAS模型　SICASCC模型

二、单项选择题

1. 传统媒体时代的购买模型是（　　　　）。
   A．AIDMA模型
   B．AISA模型
   C．SICAS模型
   D．SICASCC模型

2．AIDMA模型中的"A"是指（　　　　）和（　　　　）。

    A．Admin、Access

    B．Attention、Action

    C．Access、Action

    D．Aware、Attention

3．AIDMA模型中的"I"是指（　　　　）。

    A．Important

    B．Impact

    C．Interest

    D．Input

4．互联网时代的购买模型是（　　　　）。

    A．AIDMA模型

    B．AISA模型

    C．SICAS模型

    D．SICASCC模型

5．新媒体时代的购买模型是（　　　　）

    A．AIDMA模型

    B．AISA模型

    C．SICAS模型

    D．SICASCC模型

6．SICAS模型中的"S"是指（　　　　）和（　　　　）。

    A．Search、Share

    B．Search、Switch

    C．Sense、Share

    D．Seek、Switch

三、多项选择题

1．SICASCC模型中"CC"的概念是（　　　　）。

    A．人群聚类

    B．激发兴趣

    C．企业承诺

    D．信息分享

2．用户画像的构建过程包括（　　　　）。

    A．数据采集

    B．数据挖掘

    C．规则挖掘

    D．验证模型

    E．生成用户画像

3．新媒体时代的消费者行为特点包括（　　　　）。

    A．寻求趣味性

    B．注重互动

    C．追求个性消费

    D．容易过度消费

    E．注重产品质量

4．SICASCC模型中消费者的角色包括（　　　　）。

    A．关注者

    B．购买者

    C．认同者

    D．共生者

四、复习思考题

1．如何运用AIDMA模型进行营销？

_____

_____

2．如何运用SICAS模型进行营销？

_____

_____

学以致用

实训题目1：使用DeepSeek助力坚果投影品牌营销

品牌背景

坚果投影作为智能投影领域的知名品牌，自成立以来始终专注于投影技术研发与产品创新。旗下产品涵盖智能家用投影仪、激光电视、商务投影仪等多个系列，凭借出色的画质表现、智能的交互体验以及时尚的外观设计，在市场中占据重要地位。其目标用户广泛，主要包括年轻的科技爱好者、追求高品质家庭娱乐的消费者以及有移动办公需求的职场人士，年龄大致在20-45岁之间。这些用户对科技产品兴趣浓厚，注重产品的性能、功能多样性以及外观设计，乐于在社交媒体分享使用体验与新奇产品。

任务要求

运用DeepSeek工具，紧密围绕新媒体营销时代的用户与消费者分析知识，对坚果投影品牌的用户需求、行为、画像及购买决策过程展开深度剖析，并据此制定极具针对性的新媒体营销策略。策略制定需全面涵盖用户需求挖掘、精准用户画像构建、基于购买模型的营销策略规划等关键环节，同时结合新媒体时代用户特点设计有效的互动策略。

操作提示

1. 明确使用目的：借助DeepSeek深入分析坚果投影目标用户在新媒体营销时代需求的演变与多元化态势，例如对投影仪便携性、更高分辨率、智能生态融合等方面需求的变化。细致研究用户行为特点与模式，包括在电商平台的搜索、对比、购买行为，以及在社交媒体上对投影相关内容的关注、分享、讨论行为等。基于这些分析，构建精准的用户画像，深度挖掘用户核心特征，如年龄分布、职业类型、消费能力、兴趣爱好、社交媒体使用习惯等。

2. 确定营销目标：短期目标是通过精准洞察用户需求与行为，迅速制定能够吸引潜在用户目光的新媒体内容策略，提升品牌曝光度。长期目标是依据用户购买决策模型，全面优化品牌营销全流程，精心培养用户忠诚度，推动品牌持续稳定增长。

3. 构建DeepSeek指令：根据品牌定位与目标，输入指令（示例）：坚果投影是智能投影领域知名品牌，产品覆盖家用、商用等系列。目标用户为20-45岁，包含科技爱好者、家庭娱乐追求者及职场人士。请结合新媒体营销时代用户需求演变、行为特点、用户画像构建及购买决策模型（SICASCC模型），对坚果投影品牌进行分析并制定新媒体营销策略，内容包括：（1）深度挖掘目标用户需求及变化趋势；（2）构建精准用户画像，详细说明画像构建过程及核心特征；（3）基于购买模型制定从吸引用户到促进购买的营销策略；（4）结合新媒体时代用户特点，设计增强用户互动的策略。

4. 打开DeepSeek页面，输入指令并发送，如图3-10所示。

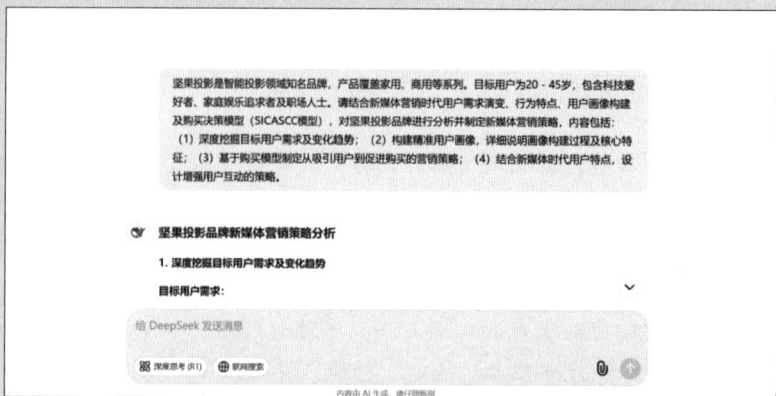

图3-10　DeepSeek回复坚果投影的新媒体营销策略

实训题目2：基于用户画像和购买模型，设计新媒体营销策略

实训要求

1. 根据用户需求的演变与多元化及用户行为的特点与模式，分析目标受众的核心特征。

2. 构建目标用户的画像。

3. 基于传统媒体时代的AIDMA模型、互联网时代的SICAS模型及新媒体时代的SICASCC模型，探索目标用户的决策过程。

4. 结合用户画像和购买模型，提出相应的新媒体营销策略。

策略篇

第 4 章
连接：流量池 + 产品

知识框架图

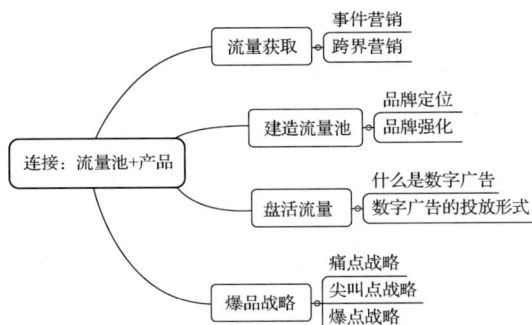

知识目标

1. 掌握获取流量、建造流量池及盘活流量的主要方式。
2. 了解事件营销的概念和模式，以及跨界营销的概念和类型。
3. 理解品牌定位、品牌强化的要点和方法。
4. 掌握数字广告的要点和投放形式。
5. 了解打造爆品的 3 个战略。

技能目标

1. 能够利用本章的知识分析企业获取流量、建造流量池的方式，并提出意见和建议。
2. 能够结合盘活流量的知识，分析企业在流量利用上存在的问题，并提出意见和建议。
3. 能够结合爆品战略对企业的产品推广提出相应的改进措施。

案例导入

新年就要新借势——苏宁武汉中南店在元旦迎开门红

双旦促销季，是一年的结束，更是新一年的开始，每到这个时候，都有不少企业希望借节日热点，开展活动迎开门红，通过融入节日氛围的巧妙的营销策略，来吸引消费者的注意力，传递企业文化，塑造企业品牌形象，借势造势。

在大众消费行为愈加理性的情况下，以往的一些节日营销手段已然难以奏效。而苏宁武汉中南店（以下简称"武汉中南店"）的员工们在线上线下、店内店外同步推广宣传，另辟蹊径。

1. 身着花棉袄，开启新年新盼头

武汉中南店在2024年元旦协商选出花棉袄作为新年专属战袍（见图4-1），营造温暖的节日氛围，也给顾客营造一个喜庆的选购环境。在新年来临之际，红红火火给一年收尾，喜迎来年。

图4-1　身穿花棉袄的员工们

在宣传层面，武汉中南店上线"跨年狂欢"系列短视频，以"跨年"为主线，通过外拓回顾、门店布展、邀约、年味营造等多个场景策划出趣味短视频，并借用花棉袄创意元素。凭借喜庆的衣服、张灯结彩的场景、有趣的歌词曲调，视频浏览量突破2000次。

2. 专人专项，多渠道获客引流

武汉中南店利用元旦自带的热度，营造门店活动氛围，从着装到布展再到整体宣传，面面俱到。对于此次活动，其在门店布展上利用拉花、灯笼、新年贴纸等元素进行装饰，让进店顾客感受到新春气息，也给商场增添不少温暖。门店在主要社交平台（抖音、小红书、微信视频号）发起跨年狂欢等相关话题。在内容策划上，互联网小组成员发散思维、花样频出，色彩搭配吸引眼球，衍生了一系列创意海报、视频及文案，凭借其趣味性和易传播性，提升门店曝光率，吸引顾客的注意力和引导流量。

在互联网时代，武汉中南店的流量转化无疑是值得我们学习和参考的。那么企业究竟是如何通过流量和用户建立联系的？流量池和产品在其中扮演着什么样的角色？本章将解答以上这些问题。

4.1 流量获取

在互联网时代，各个企业都在努力建造自己的流量池，建造流量池的首要步骤就是流量获取，因为有流量才有流量池。本节将介绍两种较为常规的流量获取方式。

4.1.1 事件营销

如今，事件的发酵速度非常快，所以事件营销可以说是一种快速获取流量的方式。

1. 什么是事件营销

事件营销起源于20世纪80年代的美国，它是由西方传播学家伊莱休·卡茨和丹尼尔·戴扬合著的《媒介事件》一书中的"媒介事件"一词逐渐发展而来的。在这一概念提出之后，广告界和营销界逐渐开始重视媒介事件的特点和价值，并在实践中不断完善这一概念，继而有了如今的事件营销。

到目前为止，事件营销还没有形成科学、完整的理论体系，对事件营销概念的界定也存在着不同的看法。综合国内外学者对事件营销的定义，国内学者骆靖等人在2012年对事件营销给出了被大多数学者所认同的定义：事件营销，是企业通过策划、组织和利用具有新闻价值、社会影响以及名人效应的人物或事件，吸引媒体和消费者关注，以提高企业或产品的知名度、美誉度，树立品牌形象，并最终促成产品或服务销售的营销方式。

2. 事件营销的模式

事件营销主要有两种模式：借势模式和造势模式。

（1）借势模式

借势模式是指企业借助已经发生并受到目标消费者关注的事件，寻找、创造企业与事件的某个关联点并嵌入其中，以媒介的传播作为桥梁来进行产品的宣传，从而实现将公众对热门事件的关注转变为对企业的关注。

借势模式具有投入成本低、操作便利等优势，是目前企业进行事件营销时最常采用的模式。该模式又可以根据载体事件的不同，细分为借用社会重大事件型、借用社会问题型、借用热门影视娱乐作品型等。

① 借用社会重大事件型。这类事件多是积极正面的，有利于国家发展和社会稳定，公众对其普遍重视、关注和了解，如北京奥运会、上海世博会、杭州亚运会等。

② 借用社会问题型。社会发展的过程就是一个利益重新分配的过程，在这个过程中许多新的矛盾会产生，许多陈旧的观念会得到革新，许多新的问题也将会被放大，这些社会问题都是公众所关注的。

③ 借用热门影视娱乐作品型。企业利用当下热播的电视剧、电影，名人的音乐作品、综艺作品等对企业的产品进行宣传，主要形式包括赞助、请名人代言、冠名等。

（2）造势模式

造势模式是指企业为了进行产品宣传，主动制造一些符合企业、品牌和产品特色，满足自身发展需求的话题和事件，通过传播，使之成为公众所关注的热门话题和事件。

造势模式下的事件营销必须遵循创新性、公共性和互惠性原则。创新性是指企业制造的话题、事件必须有亮点，要么能取悦消费者，要么能让消费者产生共鸣，只有这样才能获得公众的关注。公共性是指企业制造的话题必须有一定的受众基础，避免缺少双向互动。互惠性是指此次事件营销不仅要为企业自身带来利益，还要站在消费者的角度，满足消费者的某种诉求。这种诉求不仅应包括企业产品给消费者带来的好处，还应包括企业产品带给消费者心理上的抚慰等，从而实现企业和消费者双赢，这样企业才会获得公众的持续关注。

4.1.2 跨界营销

1. 什么是跨界营销

"跨界"一词最早出现在篮球领域，原指运球的一种方式，20世纪开始逐渐被引入营销界，如今跨界营销已成为众多企业青睐的一种营销模式。跨界营销就是在市场调研的基础上，根据不同行业、不同产品、不同偏好的消费者之间所拥有的共性和联系，使一些看似毫不相干的元素互相融合、互相渗透，在为消费者提供产品原有价值的同时给其带来附加价值，彰显一种新锐的生活态度与审美方式，并赢得目标消费者的好感的营销模式。企业通过这种营销模式与同行业或者其他行业的企业合作，为共同的消费群体创造更多的价值，实现流量共享，最终达到共赢的目的。2023年，瑞幸咖啡和贵州茅台的联名就是一次典型的跨界营销。

📖 **案例分享** ———————————————————

贵州茅台与瑞幸咖啡"醇香联名"，年轻消费者的"品质新体验"

2023年9月4日，贵州茅台与瑞幸咖啡联名的"酱香拿铁"一经推出就冲上了微博热搜榜。不少年轻人表示："人生中的第一杯茅台是瑞幸咖啡给的。"

据官方介绍，"酱香拿铁"使用白酒风味厚奶，含53度贵州茅台酒，酒精度低于0.5度。这意味着它不容易让人醉倒，但却保留了茅台独特的酒香。在价格方面，消费者使用相关优惠券后，"酱香拿铁"的到手价预计19元/杯，价格不算高。

在当今注意力稀缺的时代，为何瑞幸咖啡的这次营销引人瞩目？

瑞幸咖啡善于捕捉用户的注意力，从短期联名合作吸引眼球到长期持续释放能量。其营销策略既能抢夺用户的关注度和流量，又能通过一系列精心设计的营销活动叠加效应。瑞幸咖啡在争夺注意力和建立长期传播效应方面都有明确的目标与计划。

在短期吸引方面，瑞幸咖啡通过各种联名活动赢得消费者关注，每一次联名都充满看点和趣味。例如，与《哆啦A梦》联名让消费者感受穿越时空的乐趣，以及与贵州茅台合作等，都获得了巨大声量和影响力。在长期品牌建设方面，瑞幸咖啡注重细节，通过各类限定和季节性产品吸引消费者。同时，瑞幸咖啡还具备敏锐的市场洞察力，与知名运动员签约，并结合重要体育赛事，不断释放品牌活力。此外，瑞幸咖啡通过跨界合作实现突破不同圈层的营销，每次联名都能巧妙地引发话题讨论，获得高流量。品牌本身拥有年轻化基因，善于利用年轻人关注的元素，每一次跨界合作都帮助品牌提高知名度和曝光度。

最重要的是，除了出色的营销策略，瑞幸咖啡还依靠优质产品获取消费者好感。品牌拥有强大的产品研发团队，推出多款新品，以高"颜值"、口味独特和季节限定原材料吸引消费者，形成忠诚用户群。产品的品质是品牌长期吸引用户的关键，而视觉冲击和口感享受则构成了品牌的竞争力，帮助品牌在社交媒体时代脱颖而出。这种综合营销策略让瑞幸咖啡在市场上保持竞争力，吸引用户并保持用户对品牌的忠诚。

瑞幸咖啡和贵州茅台的合作值得我们学习。接下来让我们进一步了解跨界营销。

2. 跨界营销的类型

（1）促销跨界

跨界营销最常见的类型就是促销跨界。促销跨界是指企业通过与其他不同行业的企业的短期合作，对共同的消费群体进行重新定位，以共同提高销量为目标的一种营销模式。而在促销跨界中，最受企业青睐也最有效的方式就是联合创意，即双方共同想一些创意、做一些活动，对产品进行促销宣传。在很多情况下，如果企业之间的合作内容有创意，就能带来一些流量及关注，效果往往也会比普通的广告投放好。

（2）产品跨界

产品跨界是指借助不同行业的概念、功能、技术来创造新的产品或者对现有产品进行升级，又或是研发有别于本企业主流产品所在行业的其他行业的产品。产品跨界主要有以下两种方式。

① 改变产品的价值属性。改变产品的价值属性主要是指在原有产品的基础上附加属性或者强化产品的其他属性，使产品焕发新生，树立全新的产品形象，在不同的领域拓展市场。

② 不同企业合作研发新产品。企业可以和同行业或者其他行业的企业进行合作，优势互补，借鉴不同的产品理念，为用户带来全新的体验和感受，这种产品跨界往往伴随着技术跨界。

（3）渠道跨界

渠道跨界是指两个或多个不同行业的企业或品牌基于渠道共享进行合作。随着"互联网+"时代的到来，线下渠道不断与线上渠道进行跨界融合，原有的常规渠道向新的移动互联网渠道进行拓展，逐步形成全方位、立体化的渠道体系。渠道跨界主要有两种方式。第一种方式是渠道和平台共享，即具有相似的目标消费群体的不同品牌交换并共享渠道和平台，让目标用户能够广泛接收品牌信息。第二种方式是线下渠道与线上渠道融合。线下渠道的价值在于能够为用户提供切实的体验和服务；而线上渠道则能够让用户享受足不出户的便捷服务，既能节约用户的时间又能缩短距离。二者相得益彰，共同打造全新的渠道生态圈。

4.2 建造流量池

在"流量为王"的互联网时代，有人提出了"流量池思维"这一概念来帮助企业实现快速发展。流量池思维是指获取流量，通过流量的存续运营，再获取更多的流量。

品牌能够解决消费者的认知问题、信任问题，某些品牌甚至具有很强的韧性和生命力，能够提升消费者的忠诚度。只要品牌能够占领消费者的心智，那么知名度、美誉度、忠诚度自然会提升，流量池也就围绕着品牌建立起来了。本节将主要从品牌定位和品牌强化两个方面阐述企业应如何建立自己的品牌，从而建造属于自己的流量池。

📖 案例分享

马应龙：四百年老字号焕发新生机

在过去的几年里，马应龙以其独特的品牌经营战略和创新的营销举措，成功地让中华老字号焕发新的活力。通过守正出奇的思维与实践，马应龙打造了具有自身特色的"三维立体"品牌宣传推广新模式。

一、传承非遗文化，打造品牌流量池

马应龙与湖北省博物馆合作推出国潮妆奁礼盒"楚盒·妆奁"（见图4-2）——以湖北省博物馆国宝级文物"彩绘人物车马出行图圆奁"为原型，结合荆楚特色青铜器纹饰元素设计而成。该礼盒上线后，在社交媒体上引发了热烈的讨论，总曝光量超过1亿次。随后，马应龙再次联合黄鹤楼推出荆楚联名系列礼盒"楚盒·鹤礼"，进一步强化了品牌与文化的联系。

图4-2 马应龙"楚盒·妆奁"海报

二、创意广告传播出圈

马应龙与叫兽易小星团队合作拍摄了一系列创意广告，其中一部分作品反响很好，如《屁股欢乐颂》和《两瓣人生》。此外，马应龙还将创意推广拓展到外太空，为其产品"麝香痔疮栓"量身定制了一部科幻大片，成功吸引了广泛关注，整体播放量超过1100万次。2022年，马应龙为麝香痔疮栓量身定制了一部科幻大片，将治痔产品通过科幻大片宣传，将原本生硬的产品植入隐藏在各种彩蛋和细节之中。宣传片《一颗子弹的使命》上线一周就受到各方关注，界面新闻、网易新闻等各方媒体先后报道，整体播放量超过1100万次，"马应龙科幻大片上线"微博话题曝光量超4000万次。

三、多场景品牌自营，实现品效合一

马应龙结合场景开展品牌自营，在品牌传播的同时注重转化实效。自2020年开始，直播带货发展迅速，成为火热的营销方式。马应龙积极响应政府号召，进入直播带货领域。一是锁定头部"网红"资源。在直播平台与头部主播合作，倾力推荐马应龙眼霜，多次单场成交过万单，推荐单品入选天猫眼霜热销榜单。二是建立直播化营销场景。为构建与消费者的互动桥梁，马应龙在直播带货的同时布局品牌自播，在公司内部孵化直播创业团队，进行自播。

总而言之，马应龙通过传承文化、创意广告传播以及多场景品牌自营等手段，成功地将自身打造成一个充满活力和创意的老字号品牌。

那么，企业该从哪些角度入手，去建立自己的流量池呢？让我们带着这个问题继续学习。

4.2.1　品牌定位

1.　什么是品牌定位

"定位"（Positioning）一词最早见于1969年阿尔·里斯和杰克·特劳特在《行业营销管理》上发表的《定位：同质化市场突围之道》，引起了学界的关注。1972年，两位作者又为杂志《广告时代》撰写了题为"定位时代"的系列文章，"定位"这一概念开始受到广泛关注。1981年，这两位作者在其经典著作《定位》一书中指出，"定位是在拥挤的市场上与目标客户进行沟通的工具"，这一观点在美国企业界引起了巨大轰动，由此也使世界营销理念发生了翻天覆地的变化。品牌定位就是在定位的基础上对品牌进行设计，从而使其能够在目标消费者心目中占据一个独特的、有价值的位置的过程。

2.　品牌定位的策略

（1）对立型定位

对立型定位是指企业选择接近现有竞争者或与现有竞争者重合的市场位置，与现有竞争者争夺同样的消费者。对立型定位是强竞争性导向（非消费者需求导向），突出自身与竞争对手有显著差异的定位策略，适合所在市场已经相对饱和、后发创业的品牌。从形式上讲，对立型定位往往在广告语言上会使用"更""比""没有""增加"等词以及"不是……而是……"等句式来体现对比优势，让消费者产生该品牌更胜一筹的联想。

例如，农夫山泉的广告语"我们不生产水，我们只是大自然的搬运工"，强化了其天然矿泉水的定位，让消费者在直观感受到产品价值的同时，也对其他矿泉水品牌产生消费怀疑；针对竞争激烈的牛奶市场，特仑苏"不是所有的牛奶都叫特仑苏"这一广告语彰显了品牌的自信。

（2）USP定位

20世纪50年代初，美国学者罗瑟·瑞夫斯提出USP（Unique Selling Proposition）理论，即向消费者传达"独特的销售主张"。从理论上讲，对立型定位也是一种USP定位（人无我有），但从实践上讲，我们一般说的USP定位更强调产品具体的特殊功效和利益。从表现形式上看，USP定位最容易形成的就是场景型口号，即在某种场景（或问题）下，你应该立即选择我的产品，"……就用……"是USP定位常用的句式。

在实践中，USP定位应用得很多，案例数不胜数。例如，斯达舒的广告语"胃痛、胃酸、胃胀，就用斯达舒"就是USP定位的典型案例，明确场景、明确产品利益，让消费者一听就明白，一对应症状就能联想到产品；OPPO手机的广告语"充电5分钟，通话2小时"也应用了USP定位，突出了其快充功能；士力架的广告语"横扫饥饿，做回自己"，体现该品牌始终坚持的是抗饥饿食品定位……总之，USP定位基本着眼于某个强大的产品功能，对其进行包装，给消费者留下鲜明的印象，建立竞争壁垒。

（3）升维定位

与对立型定位的思维方向正好相反，同样是竞争，采用升维定位的品牌不跟竞争对手在同一概念下进行差异化较量，而是直接升级到一个更高的维度，开拓新的市场。简而言之，升维定位就是在定位过程中，创造或者激发新的需求，让消费者觉得这个产品不同于同一品类的其他产品，从而使这个品牌成为该品类的典型代表。在表现形式上，升维定位通常会使用"重新定义×××"等比较夸大的字眼。虽然这些广告语看起来大而空，但消费者通常有趋强、好奇、选更先进产品的心理，所以这些广告语也会产生较好的效果。

4.2.2 品牌强化

有了品牌定位还不足以让消费者快速认识品牌、记住品牌，所以在完成品牌定位之后，企业还需要对品牌进行强化。我们都知道，消费者记忆图片、音频、肤感、味道的能力远比记忆文字的能力强得多，所以本小节就从视觉强化、听觉强化和触觉/嗅觉强化三个方面对品牌强化进行讲解。

1. 视觉强化

麦当劳的"M"标志、肯德基的老爷爷形象、腾讯QQ的企鹅图标……一想到这些品牌，你的脑海中是不是就自动浮现了对应的画面呢？好的视觉符号在消费者随意一瞥时就能给其留下深刻印象。品牌的视觉符号包括产品Logo、产品包装和代言人3个部分。

（1）产品Logo

产品Logo是品牌的视觉标志，一般分为文字Logo和图形Logo。无论是哪一种Logo，都应尽量简化设计，让消费者所见即所得。此外，Logo所包含的信息不宜过多。

Logo设计除了在文字、图像方面有讲究，其配色同样很重要。现在各个企业的Logo设计都存在一个趋势，就是Logo使用纯色，让品牌有一个鲜明的主题色，这个主题色同样也是消费者对品牌的记忆点。例如，不少消费者熟悉的蒂芙尼蓝、阿玛尼红等（见图4-3）。需要注意的是，色彩本身给人的感觉（如黑色给人神秘感、橙色给人活泼感、金色给人高贵感）也会赋予品牌不一样的个性，在选择配色时应注意配色要与品牌定位相匹配。

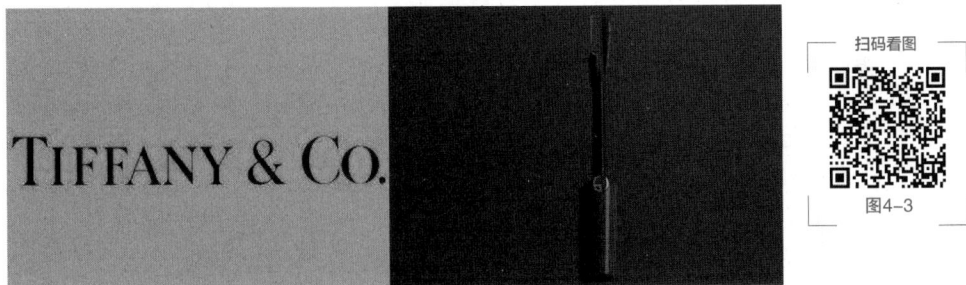

扫码看图

图4-3

图4-3　蒂芙尼蓝、阿玛尼红

（2）产品包装

产品包装不仅是品牌最重要的免费广告载体，也是消费者消费的衡量因素之一，所以企业需要花费大量精力研究产品包装。

首先，产品的特殊造型本身就是一个强有力的视觉符号，也就是说产品即包装。例如，可口可乐的曲线瓶、Christian Louboutin口红的萝卜造型等。这些经典造型突破了常规造型，所以有很高的辨识度。图4-4所示为Christian Louboutin口红。

图4-4　Christian Louboutin口红

其次，要注意主题色的运用。和产品Logo一样，产品包装应尽量坚持一个主题色，与产品形状、Logo、视觉图形等形成产品的专属个性，从而形成视觉优势。例如，王老吉的红色、可口可乐的红色、雪碧的绿色。

最后，与产品有关的视觉图形的运用也很重要。视觉图形也被称为"辅助标识"，用于进一步增加和具象化产品特点，有时候甚至比产品Logo本身更加重要，还可能成为整个包装的核心亮点。例如，椰树牌椰汁的包装被不少消费者吐槽，称其毫无美感，但这个包装给人以强烈的视觉冲击，所以其包装讨论度很高，不少网友还利用这一包装进行创作，从而提升了椰树牌椰汁的品牌辨识度。图4-5所示为椰树牌椰汁的包装。

图4-5 椰树牌椰汁的包装

（3）代言人

代言人可以给品牌带来流量，有助于企业打造市场符号。但在"流量为王"的时代，一个名人可能代言了数十个品牌，导致消费者很容易产生记忆混乱。所以在选择代言人的时候，要注意名人形象与品牌个性的匹配度，塑造代言人与企业产品特点的强关联性，尽量与他们的其他代言区别开来。

请名人为企业代言虽然能使品牌宣传达到很好的效果，但也存在着代言费昂贵、存在信用危机等风险，所以企业还可以选择其他人作为代言人。例如，企业高层管理人员和创始人成了不少企业的品牌符号，让企业高层管理人员和创始人作为代言人，除了成本低，还具有区别度高、个性独特、信任背书强有力、广告公关能够一起抓等优势，如雷军等企业家都为自己的品牌代言。

除此之外，选择员工作为代言人也是一个大趋势，尤其是在服务行业，服务人员凭借其真实感、专业感，通过视觉形象包装，就可以成为企业的一张优秀的名片。这样做的优势除了成本低，还能够让消费者了解服务背后的真心与艰辛，能够拉近企业与消费者之间的距离，让消费者更直接地感受到服务的价值。例如，京东红故事就是用一系列色差构图来表现身穿红色服装的京东送货员，传达京东物流人员任劳任怨的精神和京东服务人员的敬业与专业精神，从而与消费者进行情感上的沟通。图4-6所示为京东红故事。

图4-6 京东红故事

2．听觉强化

（1）品牌口号

好的定位一定要匹配好的口号，以便于品牌的传播。企业在设计品牌口号的时候，不能太过于书面化，要尽可能地贴近消费者的生活，也要在口号中向消费者传达品牌的信息，尽量弱化广告腔，不要说大话、空话，更不要说消费者听不懂的话。

例如，OPPO手机的广告语"充电5分钟，通话2小时"用数据说话，简单直接；饿了么的广告语"饿了别叫妈，叫饿了么"，能够让消费者快速记住。

（2）品牌韵曲

韵曲是指既吸引人又容易让人记住的、简短的韵文或歌曲，常在广播或电视广告的结尾部分出现。韵曲的设计需要遵循短小精悍的原则，这样才能起到用声音唤起消费者记忆的效果。例如，京东广告最后的女声"京东"。

3．触觉/嗅觉强化

（1）触觉强化

人的皮肤是非常敏感的，同时人的触觉也是有记忆的。物体的触觉属性主要有质地、硬度、温度和重量4种，光滑或粗糙、软硬、冷热和轻重等都会影响消费者对产品的感知，进而使消费者产生对品牌的记忆。例如，消费者触摸到柔软的物品会感到舒适和放松，那么床上用品品牌就可以在广告或实体店中重点打造柔软触感的体验，让消费者自然产生对产品和品牌的联想。再如，很多高端手机都会设计成磨砂质感且有一定的重量，就是因为这两种触感都能给人以安全、可靠、严肃和有格调的感觉。

触觉还会和其他感官产生交互作用，进而影响消费者的联想与记忆。例如，触摸物体时往往伴随着声音，我们会通过触摸运转时的洗衣机以及听其工作声音来判断洗衣机的质量。

（2）嗅觉强化

嗅觉会唤起人们内心深处的记忆，大家是否遇到过这样的情况：空气中突然飘来的味道让自己觉得似曾相识，还会唤起内心深处的某种情感，甚至让你想起某个人等。对于品牌而言，嗅觉是很好的记忆点，咖啡店里总是有浓浓的咖啡香气，火锅店里总是弥漫着锅底的香味，香水柜台也有着品牌特有的香水味……嗅觉强化也要突出品牌的特点，否则无法准确地唤起消费者的品牌记忆。

4.3 盘活流量

企业在运用一系列方法获取了流量，并建立了自己的品牌流量池之后，接下来要做的就是盘活流量。这个词听起来很抽象，简而言之就是将现有的流量作为工具，以获取更多的流量，形成品牌流量池的良性循环。裂变营销和数字广告是两种盘活流量的方式。本节主要介绍数字广告，裂变营销的内容在后续章节会有详细讲解。

4.3.1 什么是数字广告

在新媒体时代，媒介形态更加多元化，数字化技术已渗透到企业发展的许多方面。作为营销手段之一的广告也受到了很大的影响，广告主、广告受众、广告内容、广告形式以及广告投放媒介等方面都发生了相应的改变。

北京大学传播学教授陈刚等在数字技术不断发展的趋势下重新对广告进行了定义：广告是由一个可确定的来源，通过生产和发布有沟通力的内容，与生活者进行交流互动，意图使生活者发生认知、情感和行为改变的传播活动[①]。数字广告作为广告的一种类型，具备广告的基本功能，特指以数字媒体为载体的各种广告。

4.3.2 数字广告的投放形式

1. 搜索引擎营销

搜索引擎营销（Search Engine Marketing，SEM）是基于搜索引擎平台的网络营销方式，它利用用户对搜索引擎的依赖和使用习惯，在用户检索信息的时候将信息传递给目标用户。SEM的基本思想是让用户发现信息，并通过点击链接进入网页，进一步了解所需要的信息。企业通过搜索引擎进行付费推广，让用户可以直接与企业客服人员进行交流，了解企业产品或服务，从而达成交易。SEM具有使用范围广、用户主动性强、竞争性强、动态更新等优势，但使用成本较高。

SEM的主要流量来源是各大搜索引擎。根据移动互联网端的推广渠道不同，数字广告大致可以分为关键词广告和展示类广告两类。前者主要包括百度搜索广告、搜狗搜索广告、360搜索广告、神马搜索广告等；后者主要包括百度联盟广告、搜狗联盟广告等。SEM广告的展现形式多种多样，主要包括文字链、图文、横幅广告、视频等。

2. 应用商店优化

应用商店优化（App Search Optimization，ASO）就是利用应用商店里的排名和搜索规则，让企业自有的App在应用商店、排行榜和搜索结果中的排名提高的过程。ASO可以提高企业App的曝光度，同时可以在用户搜索相关行业词时起到拦截其他App的作用。由于ASO面对的是主动搜索的用户，所以用户更加真实、精准，且用户有真实的使用需求，通过投放这类广告获得实际流量的可能性更大。

企业可以从以下4个方面来实施ASO策略。第一，App名称应该由主标题和副标题组成。例如，搜索音乐类App时，网易云音乐的名称是"网易云音乐-音乐的力量"等，"主标题+副标题"的形式能让用户更快地了解App的特征，也能帮助企业自有的App在同类App中脱颖而出。第二，对App的描述。对App的描述包括两个部分：一个是App名称下的一句话简介，另一个是打开App详情页之后的详细介绍。前者应该具有高度概括性和"吸睛"的作用，后者则应该尽可能详尽地展

---

① 陈刚，潘洪亮.重新定义广告——数字传播时代的广告定义研究[J]. 新闻与写作，2016（04）：24-29.

示App的特点。第三，App的图标。这部分内容已在4.2.2小节介绍过，此处不再叙述。第四，App的截图及视频。这部分内容应该尽可能体现App特有的风格，或简洁或华丽，或画风精美或音乐动人，总之要能够体现差异，同时要将App的使用方法融入其中，降低用户的使用难度，提高用户下载App的可能性。

3. 原生广告

原生广告（Native Advertising）出现于2012年，它不仅是一种伴随着智能手机以及移动互联网发展浪潮而流行起来的新型广告形式，还是一种让广告作为内容的一部分植入实际页面设计的广告形式。例如，当用户在手机上"刷"微博时，某个产品的广告会以博文的形式出现在用户的微博界面中；当用户在手机上看新闻时，某个产品的广告会以新闻报道的形式出现在浏览界面中。也就是说，原生广告是指在不破坏用户体验的情况下将广告呈现在用户面前。

原生广告的形式不受标准限制，可随场景而变化，主要包括视频类、表情类（将广告信息制作成各种表情等）、游戏关卡类、信息流类（以智能推送的方式出现在社交媒体用户的朋友圈动态中的广告）、手机导航类等。

4. LBS定投广告

LBS（Location Based Service）意为基于位置的服务，LBS定投广告就是指利用LBS技术，通过移动互联网设备将广告投放给信号覆盖周边的人群。这项技术对有线下实体店铺的企业而言有很好的宣传效果，该技术还可以同原生广告形式相结合，达到投放更加密集、变现效果更好的目的。

以瑞幸咖啡（以下简称"瑞幸"）为例，瑞幸的线下门店选择了以单点为核心的LBS定投广告形式，投放渠道为微信朋友圈，覆盖范围是以门店为中心的商圈、居民区。瑞幸将广告设计成朋友圈动态，风格简单大方，在目标用户群体"刷"朋友圈的时候将广告投放到他们的手机上，并在广告中嵌入优惠券领取的链接，广告下方则是附近门店的地址。这样的广告吸引了用户的关注，数据显示，瑞幸的LBS定投广告点击率达3.5%，领券率超过40%。图4-7所示为瑞幸在微信朋友圈投放的LBS定投广告。

图4-7　瑞幸在微信朋友圈投放的LBS定投广告

4.4　爆品战略

过去的企业依靠大规模批量化生产某一单品、以渠道作为企业的核心竞争力之一就能在市场上立于不败之地。但是在互联网时代，只有掌握了用户价值取向才能拥有流量，拥有了流量才能建立自己的商业模式。在这样的背景下，爆品、口碑、用户成为企业的制胜法宝。何为爆品？爆品就是"引爆"市场的口碑产品。本节将主要介绍打造爆品的3个战略——痛点战略、尖叫点战略、爆点战略，三者相互组合、层层递进，是企业打造爆品、获取流量的可行战略。

扫码看视频

思念食品的爆品策略

4.4.1　痛点战略

1. 什么是痛点

痛点多是指尚未被满足的，而又被广泛渴望的需求。通俗地讲，痛点就是在沙漠里渴了却没有水，在大海里航行却没有指南针……痛点是一切产品研发的基础，痛点也是一切产品创新的基础，找不准用户的痛点，也许就是产品失败的源头。

过去的市场对产品的要求并不高，如果用百分制衡量营销4P（产名、价格、促销、渠道）中各个因素的重要性，那么产品做到60分，渠道做到90分就能够在市场上久盛不衰，所以企业对用户需求的挖掘并不深。但是在互联网时代，企业必须对用户需求做深度挖掘，将产品做到接近100分才能赢得市场。只有抓住用户的痛点，产品才有被"引爆"的可能。

2. 如何寻找痛点

（1）寻找市场风口

有这样一句话：站在风口，猪也能飞起来。由此可见市场风口的重要性，寻找市场风口也是寻找、触及用户痛点的第一个法则。从用户的角度思考，风口就是国民性痛点，是绝大多数用户最迫切的需求。在互联网时代，企业如果能找到一个国民性痛点，就能够迅速打造一款爆品。这里主要介绍以下3个寻找市场风口的关键点：市场的深度和广度、消费频率、标准化。

① 市场的深度和广度。在寻找市场风口的时候，企业需要重点考虑市场的深度和广度。有的企业一味追求创新和小众，最终的结果可能是吸引了一小部分人，而与大众市场脱轨，花大价钱打造了产品但是买单的人少之又少。"又肥又大"的市场才是真正的风口，因为这样的市场体量大，不怕没有受众。很多人创业时首先会想到衣食住行，就是因为这些都是很大的市场，是每个人的刚需。

② 消费频率。寻找市场风口的第二个关键点就是用户的消费频率。企业找到用户高频消费的产品才能占领市场。

饿了么就是靠高频消费发展起来的。在过去没有人看上外卖这个市场，外卖更多是小饭店、夫妻店爱做的生意，因为客单价太低、利润少。但是饿了么看中了这个市场的巨大价值，因为外卖的消费频率很高。饿了么由上海交通大学的几名学生在2008年创立，一直主攻高校外卖市场。对于高校学生而言，外卖需求是一大痛点，因为学校食堂满足不了学生多样化的餐饮需求。食堂限定营业时间、不提供送餐服务、食物品种单一，学校周边的小餐馆也需要更低成本的信息发布和送餐平台，这些都是外卖得以发展的重要原因。

③ 标准化。提到爆品，大家可能会想到独特、创新等词，但是标准化是产品得以"引爆"的关键，如果只走小众化的创新道路，产品就只能在小众市场发展，无法达到"引爆"市场的效果。从标准化程度的角度来看，所有的产品和服务都可以分为3类：标准品，如手机、化妆品等；半标品，如衣服、鞋子等；非标品，如家具等个性化产品。标准品是针对非标品而言的，因为很多传统的线下产品都是非标品，要将这类非标品标准化很难，但是一旦成功就能带来意想不到的效果。例如，爱空间是一家互联网家装公司，它开创了标准化家装的先河，为用户提供标准化的家装方案。爱空间官网页面如图4-8所示。

图4-8 爱空间官网页面

（2）寻找用户的一级痛点

风口是打造爆品的必要条件，但不是充分条件。事实上找到风口的企业也有可能失败，关键的原因就是没有增强用户黏性。换句话说，就是留存率低，用户来了但是又走了，没有盘活流量。所以，寻找痛点的第二个关键点就是寻找用户的一级痛点。

何为一级痛点？一级痛点和痛点又有什么联系呢？用户的痛点就像一个金字塔，有多级。一级痛点就是用户最关键、最迫切的需求，也是促使用户产生购买行为的最重要的因素。用户的一级痛点跟马斯洛需求层次理论提到的需求的5个层次有着相似之处，其分为3个层次，即性价比、高格调、粉丝模式。

① 性价比。用户喜欢追求性价比。提高性价比就是很好的解决方案。大家可能会认为性价比高就是便宜，但提高性价比的关键并不在于降低价格，而在于提高产品的性能，企业要用高性能来提高用户的感知价值。

② 高格调。用户在追求性价比的同时还十分注重产品的格调，这是一种更高层次的消费维度，能够在精神和情感上满足用户的需求，增强用户对产品的认同感。当产品形成了特有的格调时，这个产品就有了区别于其他产品的特质，这也

是爆品所必须具备的条件。

③ 粉丝模式。企业追求的最高层次就是将用户变成产品的粉丝，让用户成为产品的拥护者、宣传者。

小米手机的MIUI系统在发展早期靠的是100个铁杆粉丝，这100个铁杆粉丝就是被赋予"特权"的那一批人。这100个铁杆粉丝可以参与MIUI系统的设计、研发、改进等，他们是MIUI系统的首批使用者，小米内部称其为"100个梦想赞助商"。得益于滚雪球效应，100个铁杆粉丝受"特权"的驱动，带动身边更多的人成为小米的用户，雪球越滚越大，"引爆"的是用户参与体验创新的兴趣。这样的模式给小米带来了最初的一批"米粉"，而作为产品的研发者、共创者，这批粉丝的忠诚度可想而知。在这些人的带动下，小米的粉丝模式就逐渐形成了。

4.4.2　尖叫点战略

1. 什么是尖叫点

尖叫点体现了产品的口碑。尖叫点是产品最突出的优势和亮点，能给用户带来良好的体验。

2. 如何寻找尖叫点

接下来将主要介绍3种寻找尖叫点的工具：流量产品、产品口碑、快速迭代。其中流量产品创造高用户价值，快速迭代创造高公司价值，产品口碑介于二者之间，是连接二者的桥梁。

（1）流量产品

流量产品是指能够获取大量用户的产品。流量产品不一定是爆品，打造爆品的关键不是低价，但是打造流量产品的关键是低价，甚至是免费，流量产品依靠低价或免费来获取大量的流量。流量产品可分为以下两种类型。

① 互联网企业的流量产品。互联网企业打造流量产品最常用的方式就是免费和补贴。首单免费几乎是所有互联网企业的基本招数，如瑞幸的首单免费方式就是用户分享给好友之后，可免费再得一杯饮品。容量为10 400毫安的小米移动电源才卖69元，小米插线板也只卖49元，这些都是小米采用补贴方式打造的流量产品。于互联网企业而言，打造流量产品最重要的目的不是盈利，而是引入流量，打开了流量的入口之后企业才有后续的发展。

② 传统企业的流量产品。流量产品并非互联网企业的专属产品，传统企业也可以打造流量产品。某家居公司就是打造流量产品的高手，它很注重把握用户的痛点，且很多产品是低价产品。此外，该家居公司在产品陈列方面也很有讲究，每隔几米就摆放一个流量产品，如拉克桌（最低售价33元）、布朗达碗（4件最低售价7.9元）、平底锅（仅售7.9元），保证消费者不会空手而归。

（2）产品口碑

口碑体现了产品超越用户预期。好产品不一定有口碑，便宜的产品不一定有口碑，又好又便宜的产品也不一定有口碑，唯有超过了用户预期的产品才会有口碑。要想打造产品口碑，需要注意两个要素：病毒系数、超预期的用户体验。

① 病毒系数。病毒系数用于描述用户在使用一个产品时，有多大的可能性将其分享给另外一个用户。用户的裂变分享能够引发病毒式传播，病毒系数越大的产品越有可能被推广。

② 超预期的用户体验。对于企业而言，打造超预期的口碑就是"让用户舒服"。海底捞无疑是这方面的佼佼者，海底捞的服务超越了用户预期，让用户觉得物超所值，引起用户的自发传播。口碑的核心是超预期，就是企业做的事情超越了用户认为其该有的水平。

（3）快速迭代

快速迭代就是根据用户的反馈，不停地进行产品的迭代和更新。快速迭代对软件产品而言是非常重要的，硬件产品同样也需要加快迭代速度。快速迭代也是一种试错机制，可以快速纠正产品的失误，所以快速迭代无疑是让用户自己找自己的痛点，比起企业在黑暗中摸索，用这种方式找痛点更加直接、更加准确，也为口碑的打造提供了用户基础。

小米针对MIUI系统建立了一个每周迭代的机制。每周迭代的那天，变成了小米一个非常重要的节点，即"橙色星期五"。MIUI系统开发版每周五下午5点发布，在周五更新完成后，小米会在下一周的周二让用户提交四格体验报告，这样就能有效监测哪些功能是用户喜欢的，哪些功能用户觉得很糟糕。小米更新MIUI系统后开展的用户意见征集活动，很多时候都会有10万多名用户参与。利用这些用户的反馈，小米手机的MIUI系统能够快速、精准地完成更新，更新之后优化了用户的体验，接着小米会继续收集数据，准备下一次的迭代，这样的良性循环不仅能优化用户的体验，还能极大地增强用户黏性、提高用户忠诚度，小米的粉丝模式也因此能够长久地存续下去。

4.4.3　爆点战略

1. 什么是爆点

要打造爆品，找到用户的痛点是油门，找到产品的尖叫点是发动机，而爆点就是"引爆"用户口碑、打造爆品的放大器。爆点是"引爆"用户口碑的最直接的触发机制，若说"万事俱备，只欠东风"，那么爆点就是东风。

爆点战略的核心是通过互联网"引爆"用户传播的能量，而爆点的核心就是精准。对于企业而言，更省力也更精准的广告投放方式就是将广告投放至社群。社群聚集了具有相似需求的用户群体，社群让企业的营销传播有的放矢，小米就是典型的例子。

2011年小米手机1推出时，用户的痛点就是智能手机都是"伪智能"，性能不够好。小米手机1找到的产品尖叫点是我国首款双核1.5 GB智能手机，售价1999元。2011年8月，小米开展了一个爆点营销活动，主题为"我是手机控"。当时的小米几乎没人知道，那么它该如何"引爆"口碑呢？小米想到的办法是让用户晒自己用过的手机。由于当时微博上的传播载体以纯文字加图片为主，如果只是让大家来晒手机，参与成本太高。为此，小米开发了一个"我是手机控"的页面生成工具。用户可以很方便地生成自己专属的手机编年史，再点击"分享"就可以发到微博上。这个活动上线当天，分享次数就突破了10万，"我是手机控"话题在微博上有超过1700万条讨论，而小米没有花一分钱的广告费。接下来我们来看一下春节档热门电影《热辣滚烫》，看看贾玲是如何塑造爆点的。

📖 **案例分享**

现象级营销：《热辣滚烫》缘何领跑春节档?

2024年春节档以80.16亿元人民币的总票房以及1.63亿的总观影人次，创下历史新高。其中《热辣滚烫》以其真诚的表达、动人的故事吸引超6800万人次走进电影院，一路领跑，成为2024年春节档的最大赢家。

据灯塔专业版数据，截至2月27日18时，电影《热辣滚烫》在正式上映18天后票房破33.2亿元，跻身中国影史票房前20名，斩获2024年春节档票房冠军、中国影史春节档剧情片票房冠军。在社交平台上，该片更是持续保持高热度，俨然有全民热议之势。

1. 再赢一次的逆袭故事

《热辣滚烫》改编自日本电影《百元之恋》，影片采取观众喜闻乐见的"先喜后燃"的二段式叙事，以春夏秋冬为线串联起女青年杜乐莹经历亲情、爱情、友情的多重背叛，以打拳实现自我蜕变从而重塑人生的故事。

影片不断衍生众多话题——到底什么是赢？怎样才能爱自己？精准把握观众痛点，也在给予观众力量的同时传达"再赢一次"的电影主题。

2. 长线布局、环环相扣的电影营销

据猫眼专业版数据，《热辣滚烫》曾登上微博热搜榜，众多媒体、娱乐号、博主深度挖掘影片看点。

大年初一，《热辣滚烫》发布主演正面海报，各大媒体的采访也按照宣传节点依次发出。《热辣滚烫》讨论量持续走高，微博搜索量、讨论量大幅领先同期影片，百度、微信指数均断层第一。与主演有关的减重话题吸引众多观众为好奇心买单。

观众由好奇心驱使，被励志剧情吸引，再由影片延伸到爱自己等社会话题。《热辣滚烫》成为一个放大镜，观众们应邀观影。

《热辣滚烫》中乐莹从迎合他人到追求自身内在力量，这样的逆袭故事迎合了社交媒体上许多流行的话题，精准击中了很多观众，尤其是女性观众的心理，她们期待从电影里找到走出困境的方法或者汲取面对生活的力量。浓烈的情绪由拳拳到肉的真实击打传递给观众，并在影片上映后通过不断宣传和营销，在网络上发酵，引发更多关注和讨论。

2．如何打造爆点

爆点战略的布局主要有3个关键要素：核心族群、用户参与感及事件营销。事件营销的相关内容在4.1.1小节已经进行了详细的讲解，接下来主要讲解核心族群和用户参与感这两大关键要素。

（1）核心族群

核心族群是在用户细分的基础上产生的，是企业的目标用户群体中与企业战略方向、产品功能、产品风格等最符合的，且能够影响其他用户的那群用户。核心族群对企业的意义就是，通过小众（核心族群）影响大众，通过大众"引爆"互联网。例如，小米的核心族群就是"米粉"，京东的核心族群是IT行业的工作者……针对不同的核心族群进行有针对性的营销，有助于达到"引爆"市场的目的。

（2）用户参与感

找到产品的核心族群后，最重要的就是提升用户的参与感。在网络上，用户参与就是一种能量交换。当用户分享视频或图片时，他不仅分享了这件事，还分享了他对这件事的情感反应。谷歌发布的报告表明，这种能量交换每天都会发生数亿次，不管是发帖、评论还是点赞，在新视觉文化中，用户可以赠送彼此小礼物或与其他用户共享快乐瞬间。

提升用户参与感的有效方法之一就是给予用户仪式感，以用户为中心设计营销的每一个环节，不再简单地传递信息或销售产品，而是推出仪式化的活动，持续与用户进行行为上、精神上的互动。

爆品战略中的痛点战略、尖叫点战略、爆点战略并不是相互割裂的，而是相互配合、层层递进的，但其核心都是"以用户为中心+创意"。作为给企业带来流量的战略之一，爆品战略需要跟本章前几节内容（流量获取、建造流量池、盘活流量）结合起来，才能发挥最大的作用，才能让企业的流量池"永不干涸"。

本章小结

互联网时代是注意力稀缺的时代，流量获取成为企业制胜的关键。对于现在的企业而言，如何获取流量、稳定流量、盘活流量是制定营销战略时需要考虑的重要问题。本章首先介绍了企业获取流量的两种有效方式——事件营销和跨界营销，具体介绍了它们的概念等。在此基础上讲解了企业应如何建造自己的流量池——品牌定位和品牌强化。在获取流量之后，企业下一步要做的便是盘活流量，即"用流量生流量"，企业可以从数字广告方面入手，将手中的流量盘活，保证流量池的持续运营。在互联网时代，除了上述方式，用爆品战略打造爆品也是获取流量的方式之一。要打造爆品，应抓住用户痛点、产品尖叫点和爆点，三者相互配合、层层递进。读者在学习本章内容时切忌生搬硬套，不能将上述方法或战略割裂开来，而是要灵活运用，将它们作为有机整体进行学习。

扫码看视频

伊利优酸乳
"巴黎形特别
像大使"营销
活动案例分享

课后习题

一、名词解释

事件营销　跨界营销

二、单项选择题

1. 借助社会热门事件开展营销活动的营销方式是（　　　　）。

    A. 跨界营销　　　B. 事件营销　　　C. 裂变营销　　　D. 社群营销

2. "累了困了，喝红牛"属于（　　　　）。

    A. 升维定位　　　B. 对立型定位　　C. USP定位　　　D. 竞争型定位

3. 以下不是爆品战略内容的是（　　　　）。

    A. 痛点战略　　　B. 一级痛点战略　C. 尖叫点战略　　D. 爆点战略

4. 利用手机应用商店里的排名和搜索规则，让企业自有的App在应用商店、排行榜和搜索结果中的排名提高，属于（　　　　）。

    A. SEO　　　　　B. SEM　　　　　C. 原生广告　　　D. ASO

三、多项选择题

1. 事件营销主要模式有（　　　　）。

    A. 借势模式　　　　　　　　　　B. 明星流量模式

    C. 造势模式　　　　　　　　　　D. IP联名模式

2. 跨界营销的主要类型为（　　　　）。

    A. 促销跨界　　　B. 产品跨界　　　C. 文化跨界　　　D. 渠道跨界

3. 下列属于品牌强化中视觉强化的有（　　　　）。

    A. 品牌口号　　　B. 产品包装　　　C. 代言人　　　　D. 产品Logo

4. 数字广告的主要投放形式为（　　　　）。

    A. SEM　　　　　B. ASO　　　　　C. 原生广告　　　D. LBS定投广告

5. 爆点战略的布局主要有3个关键要素，分别是（　　　　）。

    A. 核心族群　　　B. 用户参与感　　C. 事件营销　　　D. 跨界营销

四、复习思考题

1. 事件营销的模式有哪些？请分别举例。

2. 品牌定位的策略有哪些？请分别举例。

3. 如何才能准确地找到用户的一级痛点？

学以致用

实训题目1： 使用DeepSeek工具辅助助力轻氧新媒体营销

品牌背景

轻氧是一个新兴有机护肤品牌，主打天然植物成分与科技融合，产品涵盖洁面、精华、面霜等，定位中高端纯净美妆，目标用户为25-40岁的都市女性，他们注重成分安全、环保可持续的生活方式。品牌计划通过新媒体营销提升知名度，强化"纯净、高效、可持续"的品牌形象。

任务要求

使用DeepSeek生成新媒体营销策略，为轻氧设计社交媒体传播计划，需覆盖流量获取、品牌强化、爆点打造等环节，并结合事件营销或跨界合作策略。

操作提示

1. 明确使用目的：利用DeepSeek分析目标用户痛点（如成分安全焦虑、环保需求），生成针对性内容创意与传播策略。结合爆品战略相关知识，设计产品推广的尖叫点与爆点。

2. 确定营销目标：短期目标是通过事件营销提升品牌曝光，吸引精准流量。长期目标是建立品牌流量池，增强用户黏性，传递可持续理念。

3. 构建DeepSeek指令：根据品牌定位与目标，输入指令（示例）：轻氧是一个有机护肤品牌，产品主打天然植物成分与科技融合，目标用户为25-40岁注重成分安全与环保的都市女性。需通过新媒体营销提升品牌知名度，强化"纯净、高效、可持续"形象。请结合事件营销、跨界合作、爆品战略（痛点、尖叫点、爆点），设计包含以下内容的新媒体策略：（1）社交媒体内容主题与形式（如短视频、图文）；（2）跨界合作方案（需说明合作品牌与联动形式）；（3）爆点事件策划（需结合用户痛点与品牌调性）。

4. 打开DeepSeek页面，输入指令并发送，如图4-9所示。

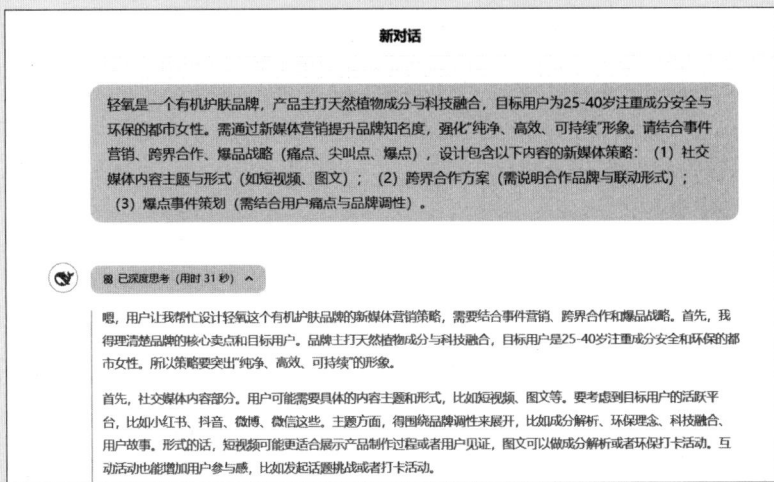

图4-9 DeepSeek回复轻氧的新媒体策略

实训题目2： 流量大爆炸——从0到1建造私域流量池

实训要求

1. 了解私域流量池的运营逻辑，从引流路径设计、持续内容输出、裂变增长活动这3个方面，拆解私域用户持续增长背后的逻辑。

2. 对热点进行关注，重点分析快速走红的企业是如何建造自己的流量池的。

3. 尝试制造一个爆点、热点，并通过视频、图文等形式表现出来。

第5章
体验：游戏化营销＋内容营销

知识框架图

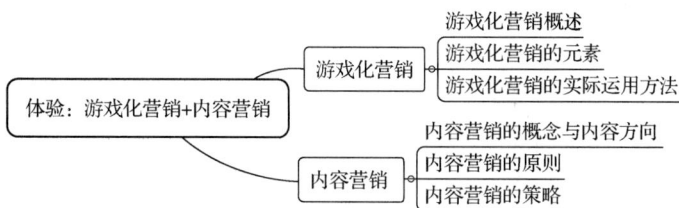

知识目标

1. 掌握游戏化营销的概念。
2. 明确游戏化营销的实际运用方法。
3. 了解内容营销的概念与内容方向。

技能目标

识别企业的内容营销活动，掌握内容营销策略。

案例导入

认养一头牛"云养牛"游戏化营销思路

在传统乳企占据绝对优势的情形下，作为一个互联网新兴品牌，认养一头牛以互联网、数字化的营销手段与消费者建立强联系，从产品思维转向用户思维，以用户为中心，在这一红海市场中得以存活与发展。

1. 游戏化营销，竞速突围

在认养一头牛的营销中游戏化营销可谓功不可没。认养一头牛打造了"云牧场"小游戏（见图5-1），基于品牌理念、核心卖点以及营销诉求，将养牛过程游戏化，让用户化身奶牛场主，通过饲养奶牛，收集牛奶赚取积分，再通过积分兑换实物和游戏专属优惠券的玩法，快速吸引用户，并深度绑定用户，实现以低成本打造高质量私域。

2. 生动打造"云认养"模式，让品牌"认养"模式深入人心

从成立以来，认养一头牛便以独特的"认养"模式快速"出圈"。为了使这一品牌理念深入人心，认养一头牛在"云牧场"小游戏中会提供多个奶牛品种供用户挑选，而奶牛宝宝被领养后会根据用户的指令到牧场的各个分区活动，如在牛舍睡觉与在食堂进食、在休息区玩耍社交，并在挤奶大厅产出牛奶。这种玩法不仅增强了用户的养殖专属感，更让品牌"认养"模式深入人心，深化用户对品牌的认知和认同。

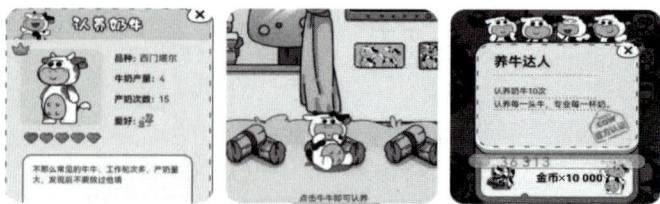

图5-1　认养一头牛"云牧场"小游戏

3. 一物一码+互动游戏营销，快速打造私域

不少品牌需要一些低成本、高标准、快交付的游戏互动产品，将游戏与相关节日、营销节点结合，实现和互联网时代用户的在线化连接，快速沉淀私域、提升品牌用户运营指标和传递品牌价值。

这类品牌就可以选择数字化工具——一物一码（见图5-2）。一物一码通过在产品上使用二维码，能够快速实现品牌和用户的连接。

图5-2　认养一头牛"一物一码"营销

品牌能够通过不同的扫码模板，如刮刮卡、消消乐、抽奖转盘、集字抽奖、期期抽奖、每日签到等，根据不同节日、重大营销节点推出与之匹配的促销活动来制造热度，快速提升销量。

如今私域获客成本越来越高，转化率却越来越低，品牌的用户和销量增长都遭遇了瓶颈，更加精细化的运营策略就成为重中之重。而天生具备娱乐价值的游戏化营销方式，无疑成为吸引用户的优选。随着互联网的发展及各类营销工具的升级，企业对游戏化营销的运用更为丰富和多样，用户对这种有参与感、有趣的方式也表现出极大的热情。那么游戏化营销究竟是什么呢？企业应该怎样策划游戏化营销呢？游戏化营销的元素又包括哪些呢？本章将对这些问题进行解答。

5.1　游戏化营销

古往今来，人们总是在尝试用各种方法让生活变得有趣，如举办各种比赛，或者给自己定一个小目标并设置相应的奖励等，这些将游戏融入现实生活的行为就是营销的体现。本节将先对游戏化营销的概念进行介绍，然后介绍游戏化营销的元素和实际运用方法。

5.1.1 游戏化营销概述

人们对游戏的热情从未消退，而对营销活动往往无感甚至拒绝。为什么？因为用户认为大多数营销活动对自己来说没什么价值。用户价值等于用户感知价值减去用户感知成本。用户知道企业开展营销活动的目的无非是促使用户消费产品或服务、提升用户对品牌的认同感或满足企业的其他经营需求，即用户基本了解自己会付出什么。但是用户如果没有感受到功能价值、情感价值、社会价值等任何一个方面的感知价值有所提升，就会认为这种活动对自己没什么价值，也就不会参与这种活动。如果把游戏元素融入营销过程，营销活动就可以用游戏化的方式得到更多用户的关注和喜爱，从而提高用户的感知价值以及参与程度。游戏化营销便由此产生。

游戏化营销是指企业将游戏思维和机制融入营销活动，使用户产生游戏体验，进而提高用户价值。其中游戏体验是游戏化营销的重点。很多时候，人们并不是沉迷于游戏本身，而是喜爱游戏带来的体验。各种各样的游戏会相应地带给用户多种体验，同时用户为了获得更好的体验也会集中注意力，快速熟悉游戏规则和游戏技巧。所以企业在进行游戏化营销的时候应该运用各种游戏元素，让用户获得游戏体验，从而更加积极地参与营销活动。

除了十分典型的游戏化方式，讲故事的方式也能够在一定程度上起到游戏化的作用，这种方式往往能让用户更迅速地进入情境，将自己带入人物角色。2024年七夕节之际，敦煌市博物馆与美团外卖的跨界合作，便是一次成功的尝试，他们共同推出了短片"从未展出的宝藏"。这部短片，如图5-3所示，巧妙地将日常生活的点滴浪漫与博物馆的深厚文化底蕴相融合。短片通过外卖员的独特视角，揭示了每一份外卖背后隐藏的温馨故事，这些故事如同博物馆中未被展出的珍贵藏品，被赋予了特别的情感价值和象征意义。观众在观看过程中，仿佛穿梭于一个充满爱与奇迹的博物馆之中，每一帧画面都让人感受到情感的细腻与真挚。

图5-3 "从未展出的宝藏"

家对于我们来说是情感的寄托、心灵的港湾，是一种无可替代的存在。故事中的青岛姑娘是千千万万离家奋斗的青岛人的缩影，她因为鲅鱼水饺而感受到家乡味道。这样一个故事让用户产生了想获得家乡味道的需求，进而产生了购买鲅鱼水饺的欲望，因为视频最后提到：正宗鲅鱼水饺，淘宝有售。"淘宝二楼"活动开始之后鲅鱼水饺的销量得到很大提升，一反淡季销量低迷的状况。

将游戏化元素融入营销活动可以增强人们对这种活动的喜爱。具体而言，游戏化营销的优势是提升用户参与度、增强用户黏性、培养用户的使用习惯等。

游戏化营销可以提高用户的参与程度。人的大脑本身就渴望解决问题、得到反馈，所以也会渴望获得游戏提供的愉快体验。这种渴望促进游戏的吸引力形成，也促使人们参与游戏。当在营销中使用游戏化方式时，用户不再被动地接收各种关于产品的枯燥信息，而是主动参与游戏，在轻松愉快的氛围中完成对产品或服务的认知和消费。乐事为了向用户传达"天然""健康"的信息，在"开心农场"游戏中植入自己的产品。在"开心农场"里，用户可以选择种植天然的土豆，然后把成熟的土豆通过"薯片加工机"制作成薯片，并以出售或赠送的方式把薯片分享给好友。用户通过这个游戏加深了对乐事的了解，同时对乐事的喜爱度和购买意愿都得到了提升。

对于企业而言，游戏化营销最主要的目的是增强用户黏性。蚂蚁森林是支付宝为首期"碳账户"设计的一个公益活动。首先，用户可以在蚂蚁森林中选择自己想要种植的树苗，如梭梭树、沙柳或樟子松等。之后，用户每天可以通过行走、支付、使用共享单车、收取好友能量等行为获得能量，能量收集和积累可以帮助游戏中的虚拟小树成长。小树长大（能量积累到一定程度）后，平台就会在内蒙古阿拉善盟、鄂尔多斯、巴彦淖尔和甘肃武威等地区实际种下一棵树。图5-4所示为蚂蚁森林页面。

因为能量每天都会形成，所以用户很容易养成登录支付宝的习惯。同时，因为蚂蚁森林与支付宝的其他功能（如交水费、网络购票、订外卖等）相互关联，这在一定程度上也提高了用户对其他功能的使用频次。这样的关联不仅增加了游戏的价值，也使用户可以在一个平台解决自己的其他问题，从而增加用户在该平台停留的时间。

图5-4　蚂蚁森林

营销活动一般都会以企业目标为导向。在进行游戏化营销的时候，因为外在激励和内在动机的影响，用户往往会更加愿意参与活动，从而帮助企业更好地实现目标。在推出新产品——椒盐脆饼的时候，玛氏公司在社交媒体上发布了一张图片（见图5-5）。这张图片中排列了许多巧克力豆，玛氏公司让用户在这些巧克力豆中找出椒盐脆饼。这张图片很快便获得了25 000多个点赞和11 000多条评论，并且被分享了6000多次。这样一个简单的"找碴"游戏吸引了广大网友的参与，玛氏公司也成功为自己的新产品——椒盐脆饼做了很好的宣传，达到了推广新产品的目的。

图5-5　玛氏公司为推广新品发布的图片

5.1.2　游戏化营销的元素

上一小节我们对游戏化和游戏化营销进行了简单介绍。由此我们可以知道游戏化可以吸引用户的注意力，提高用户的参与程度。要想进行游戏化设计，我们还应该了解游戏化营销的元素。韦巴赫（Werbach）和亨特（Hunter）在2012年提出了DMC金字塔模型，把游戏化营销的元素划分为3个层级：动力（Dynamics）、机制（Mechanics）和组件（Components）。DMC金字塔模型如图5-6所示。每个机制都被连接到一个或多个动力元素上，每个组件都被连接到一个或多个更高级别的机制元素上。本小节将按照这3个层级对游戏化营销的元素进行详细介绍。

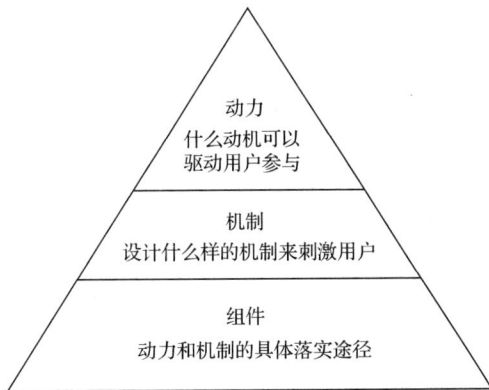

图5-6　DMC金字塔模型

1. 第一层级——动力

动力元素是最抽象的游戏化营销的元素，是游戏化系统中需要考虑和设计的整体性概念，会影响游戏化设计的整个过程。动力元素包括约束（包括限制等）、情感（包括好奇心、幸福感和挫折感等用户在游戏中会产生的情感）、叙事（对故事情节的讲述）、渐进（用户在游戏中的成长和发展）和关系（用户在游戏中因为社会互动而产生的与他人的联系）。下面以好奇心和叙事为例对动力元素进行详细介绍。

满足强烈的好奇心是对大脑的一种内在激励，往往会比金钱奖励等外在激励更为有效。百度是一家主要提供搜索引擎服务的互联网公司，于2000年1月1日创立。百度为了提升平台吸引力和提高用户对平台及其相关产品的使用频次，于2019年与春节联欢晚会（以下简称"春晚"）合作推出了"好运中国年"活动。本次活动从2019年1月28日开始，一直持续到2月4日，为期8天。除夕当晚，百度配合春晚的直播进行了4轮红包互动：好运临门（摇一摇红包）、心想事成（小视频红包）、祝福中国（搜索得红包）、梦想成真（摇一摇红包）。因为在观看春晚的时候，人们都处于悠闲放松的状态，有精力也有时间参与这种互动。同时因为互动的时间、是否能获得红包、获得的红包的价值等都是未知的，所以人们对春晚更加关注，也更加兴奋。当与你一起看春晚的人开始摇晃手机参与互动时，你就会好奇自己能否获得红包、能否获得金额更大的红包，从而被驱动着参与这种互动活动。

大多数游戏都会先引入一个故事，以此告知用户游戏的基本背景。用一个引人入胜的故事来叙述游戏背景往往是有效的方式，它能更好地帮助用户理解游戏的意义，增强用户在游戏中的使命感。这样，人们在与企业、品牌或者网站互动的时候就可以了解企业的愿景。Zamzee是由非营利性机构Hopelab推出的提高儿童运动量的产品，这种产品可以戴在手腕、脚踝上或放在口袋里，然后在用户运动的时候监测用户的活动情况，并把活动情况同步上传至对应的网络平台。利用孩子们喜欢玩游戏的心理，Zamzee在线上开发了一款与运动绑定的游戏。通过在线软件界面，孩子们可以从Zamzee接到游戏任务，如成为魔法师学徒，学习一个咒语。孩子们为了完成这个任务，就需要在楼梯上跑上跑下15次。这样的游戏让孩子们相信有一个魔法世界之后，就会让孩子们获得更多的动力进一步参与游戏。

2. 第二层级——机制

机制是指推进游戏进程以及吸引用户参与的基本流程。一个机制元素的设计可以用于实现一个或多个动力元素，也就是说用户在完成一个流程之后，可以获得一种或几种使其愿意继续参与游戏的动力。机制元素主要有10种，分别是挑战（需要花很多精力才能完成的任务，如数独游戏）、机会（随机性的元素，如抽奖）、竞争（一方获胜，另一方失败）、合作（用户为了共同目标努力的过程）、反馈（与用户表现相关的信息）、资源获取（获得有用或值得收藏的物品）、奖励（对用户行动的结果表示赞扬而给予的福利）、交易（用户之间直接或间接进行的买卖活动）、回合（不同用户轮番参与的过程）、获胜状态（竞争后胜利的状态），不同的机制会给用户带来不同的刺激，从而促使其参与相关的活动。

近年来，网络直播越来越受欢迎。在直播平台上，用户可以选择观看自己感兴趣的内容。用户选择进入直播间通常有两个原因：对这个主播感兴趣、对直播内容感兴趣。

为了进一步提升用户的参与度，直播间纷纷引入游戏化互动机制，将直播观看体验升级为一场场充满趣味与挑战的冒险。这种机制不仅让直播内容更加丰富多元，也极大地增强了用户与主播、用户之间的互动性。直播间游戏化互动机制如下。

① 积分系统与排行榜。直播间内可以设立积分系统，用户通过完成特定任务（如发送指定弹幕、参与问答、观看时长达到一定标准等）获得积分。这种竞争性的排行榜机制激发了用户的参与热情，促使他们更加积极地参与互动，争夺排行榜上的高位。

② 互动游戏。主播在直播过程中会穿插各种互动游戏，如猜谜语、接龙、角色扮演等，邀请观众共同参与。这些游戏不仅考验了用户的智力与反应能力，还为他们提供了一个展示自我、与主播互动的机会。

③ 限时活动。直播间定期会举办限时活动，如限时折扣、特定时段抽奖等。这些活动不仅为用户带来了实实在在的福利，还通过限时性和稀缺性激发了用户的购买欲望和参与热情。

④ 个性化定制。为了满足用户日益增长的个性化需求，直播间提供了丰富的个性化定制选项，如弹幕颜色、昵称前缀、专属徽章等。用户可以根据自己的喜好进行个性化设置，展现独特的个性风采。

3. 第三层级——组件

动力和机制都需要用组件来落实。正如每个机制元素可以用于实现一个或多个动力元素一样，每个组件元素也可以用于实现一个或多个更高级别的元素。组件元素主要有15个，分别是成就（设置好的目标）、头像（可视化的用户形象）、徽章（可视化的成就标识）、战斗（为达成目标而努力）、收集（成套徽章的积累）、战斗（短期的对战）、内容解锁（用户只有达到一定的目标之后才能看到内容）、赠予（赠送资源给他人）、排行榜（可视化的用户进展和成就）、等级（用户在游戏进程中获得的成长）、点数（数字化的游戏进展）、任务（预设挑战）、社交图谱（用户在游戏中的社交网络）、团队（由为了实现共同目标而一起努力的多个用户组成）、虚拟商品（游戏的潜在价值或与金钱等价的价值）。

支付宝的蚂蚁森林巧妙地融合了游戏化元素与公益行为，成功吸引了大量用户参与。蚂蚁森林通过模拟植树过程，让用户在不花费金钱的情况下，通过节能减排、线下支付等行为积累绿色能量，进而种植真实树木，为地球环境保护贡献力量，如图5-7所示。它的游戏化机制亮点如下。

第一，趣味性与参与感。蚂蚁森林将环保行为转化为游戏中的能量收集，使用户通过简单的日常操作即可获得成就感，满足了自我实现的欲望。

第二，社交互动。蚂蚁森林提供了丰富的社交元素，如偷能量、合种树等，不仅激发了用户的竞争心理，还促进了用户之间的交流和互动。

第三，实物与精神双重奖励。用户在蚂蚁森林中积累的绿色能量最终可以转化为在荒漠地区种植的真实树木，这种奖励极大地增强了用户的满足感和荣誉感。

第四，低成本、高回报。蚂蚁森林的游戏化营销方式实现了低成本、高回报的效果。对于用户而言，其参与公益不用额外投入金钱，只需动动手指即可。

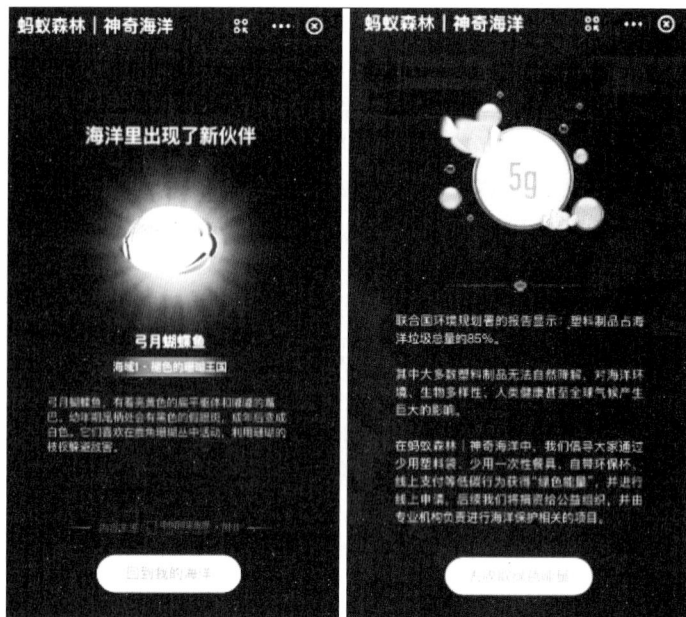

图5-7　蚂蚁森林页面

5.1.3　游戏化营销的实际运用方法

1. 广告管理

将广告与游戏结合起来，可以利用游戏对用户的吸引力来完成对广告信息的传播。现在比较常用的两种方式为游戏内置广告和广告游戏。

（1）游戏内置广告

游戏因为拥有庞大的用户群而具有巨大的广告植入价值，而正是游戏的娱乐性或趣味性造就了其庞大的用户群。游戏往往比其他方式更能让用户感知到娱乐性。游戏内置广告是指将品牌、产品或者其他与产品相关的元素植入游戏，通过增加产品与游戏用户接触的机会，来实现品牌的推广。在游戏中频繁地互动，会使用户在短期或长期内轻松地回忆起游戏中出现的品牌。又因为用户往往会选择熟悉的品牌进行消费，所以这种在游戏中形成的熟悉感就会对之后的消费决策产生影响。

这种广告管理方式主要有三大特点：自然性、重复性和互动性。首先，因为广告融合在了游戏中，用户接触广告信息的过程更加自然。用户在玩游戏的过程中就接收了广告信息，这样可以避免用户对广告信息产生抗拒心理。其次，现在的用户很少有机会多次看到电影、电视中的广告，而游戏内置广告使用户打开游戏时就可以接触到广告信息，由此广告的传播就没有时间上的限制了。最后，游戏内置广告的互动性可以增强用户对品牌的认同感，用户对于对品牌的不同感受也可以在游戏中与他人交流。

中粮集团在推出"悦活"产品时，通过对目标群体和传播媒介的分析，最终选择以开心网作为传播媒介，在"开心农场"中设置"悦活农场"板块。"悦活农场"增加了许多新的玩法，相当于升级版的普通农场。

　　一般软件类游戏需要下载之后才能玩，而微信的H5小游戏不用下载。因为不用下载，想玩的时候就直接打开，所以人们容易接受H5小游戏。但是H5小游戏比较简单，相对难以利用好各种游戏化营销的元素。那么如何将需要下载的手机游戏与不需要下载的H5小游戏结合起来促进软件游戏的推广呢？下面以"动物餐厅"为例对这种推广方式进行介绍。图5-8所示为"动物餐厅"。

　　"动物餐厅"是一款经营类小游戏，但同时也是推广其他游戏的平台。在游戏开始时，用户会拥有一个经营场所、厨房和未解锁的花园。在经营过程中，不断会有小动物来吃饭，所以用户需要购买桌子、厨具以及学习新的菜谱。此时，这看起来就是一款简单的经营类游戏。渐渐地，客流量减少了，用户需要用"宣传"功能来增加客流量。"宣传"功能有两种获取方法：一是不停地点击"宣传"按钮；二是观看一段15秒的广告，如图5-8（a）所示。因为连续点击比较累，而且效果也不显著，所以很快用户就会选择观看广告。随后就会出现广告界面，如图5-8（b）所示。

（a）　　　　　　　　　　　（b）

图5-8　"动物餐厅"

　　这种游戏嵌套推广的方式，一方面可以聚集和筛选用户。爱玩某个小游戏的用户可能也会喜欢用某个软件，以此提升软件的下载量；另一方面，可以让用户不以完全拒绝的态度来观看广告，毕竟观看广告还可以获得小游戏里的奖励，以此来达到良好的宣传效果。

　　（2）广告游戏

　　广告游戏是指企业主导、发布跟品牌、产品或服务相关的游戏，从而高效地传递品牌、产品或服务信息。这种方式与广告植入相比，使企业拥有更大的自主权，可以传递更多的品牌、产品或服务信息。但是广告信息过多是否会影响用户的游戏体验、游戏玩法能否被大多数用户接受等问题需要企业进行全面的考虑。

　　在2024年8月10日"可口可乐天猫超级品牌日"之际，可口可乐巧妙结合奥运热点，推出了一场别开生面的营销活动。当天，用户进入天猫App即可体验一款类似"宝可梦"的奥运主题增强现实（Augmented Reality，AR）游戏。通过AR技术，用户只需扫描可口可乐与冰露纯悦的图标，便能在手机屏幕实景中发现隐藏的宝箱。用户滑动虚拟瓶盖击中宝箱，即可赢取限量奥运纪念勋章等奖品，这一活动环节极大地激发了用户的参与热情。

2．用户管理

随着人们对企业营销信息的感兴趣程度越来越低，企业必须提供价值更高、刺激性更强的活动来吸引用户，这将直接导致企业营销成本的增加。游戏化为企业的营销活动提供了新思路。通过将营销活动与游戏化营销的元素结合，用户会更加积极地获取活动信息，参与热情也会更高涨，而且对于企业来说营销成本也会更低。

（1）积极获取活动信息——帮某家居公司搬新家

某家居公司是一个积极创新的公司，其创新性地将游戏化营销的场景搬到线下，与顾客联动举办了一场全城参与的实景化大型游戏。某家居公司宣布位于挪威卑尔根的一间线下店铺搬迁，不同于以往的是，某家居公司这次广发召集令，请全城市民帮忙搬迁，鼓励市民们在某家居公司的官网上认领自己的搬家角色，可以是某一个家具的看管员、搬迁的旧家具记录员、新店门前第一棵树的种植者等。这样充满趣味的活动吸引了全城20%的市民参与，甚至大家喜爱的嘻哈歌手也自愿报名，为新店开幕担任嘉宾。

这个活动将游戏化最大限度地运用到了现实生活中，小城中的人们都成了游戏的玩家，因为活动本身的趣味性激发了人们的参与热情，同时大家也都好奇自己身边的朋友是怎么变身"搬迁工"的，从而越来越多的市民自发获取活动的信息，并积极参与。大家在参与的过程中因为是服务于自己认领的岗位，所以有着强烈的责任感，并对自己所做的工作有着价值认同，所以对活动有着很高的积极性。这样的活动既帮助了某家居公司节省搬迁中的人力成本，又在用户参与过程中强化了彼此的联系，强化了市民对品牌的认同感，对品牌后续的经营活动有着很好的促进作用。

（2）提高参与热情——原神与支付宝跨界合作，绿色出行引领新风尚

2022年9月至10月，原神与支付宝携手，正式宣布启动"原神×支付宝"主题活动，将虚拟世界的奇幻冒险与现实生活的绿色出行完美融合。

活动期间，用户只需通过支付宝参与指定的绿色出行任务，如骑行共享单车、乘坐公共交通等，即可累积"出行币"，用于兑换包括原神主题皮肤等奖品。这一活动让用户在享受游戏乐趣的同时，也能为地球的绿色未来贡献一份力量。

3．品牌管理

人们处于积极状态时，往往会更加愿意接收信息，也会有更快的反应速度。人们参与企业的游戏化营销活动时，往往处于愉快的积极状态，所以会愿意接收企业传递的更多的品牌信息，逐渐加深对品牌形象的认知和认同，进而与品牌建立起亲密关系。

（1）树立文化传承形象——《人民日报》与腾讯合作发布"子曰诗云"游戏

2018年，《人民日报》与腾讯合作发布H5小游戏"子曰诗云"。这款游戏以唐诗宋词为蓝本，配以泼墨山水画，让青少年能在游戏中接触传统文化。图5-9所示为"子曰诗云"游戏界面。

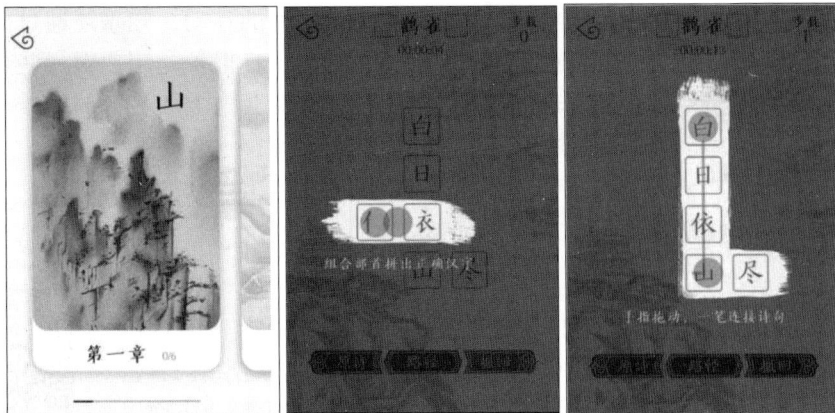

图5-9　"子曰诗云"游戏界面

　　"子曰诗云"是一款解谜类游戏，用户需要根据自身积累的古诗词来完成每局解谜游戏。游戏分为"山、水、月、木、金、春、秋"7章，每章对应与主题相关的诗词。例如，在第一章"山"中，相关的诗词是《登鹳雀楼》《望岳》等。用户打开游戏后，会看到一幅关于山的中国画，点击这幅画即可进入第一章。第一，用户需要组合部首拼出正确的汉字；第二，用户需要把这些汉字连起来组成一句完整的诗或词。随着游戏进度的推进，难度也会不断增加。当用户组成完整的诗词之后，界面中就会出现完整的诗词以及对诗词的解释，起到教育作用。另外，这款游戏还使用了排行榜来增加游戏的挑战性。通过这款游戏，《人民日报》可以在用户心中建立起文化传播者的形象，同时能让人们了解到《人民日报》刊登的那些高质量的文章。通过游戏化营销的方式，《人民日报》将传统文化和自身品牌形象地结合起来，使其形象更加深入人心，起到了品牌推广的作用。

　　（2）共创平台价值——知乎

　　知乎以提供高质量的信息为目的，逐步发展成为目前国内比较成功的垂直型问答平台。在这个平台上，用户因为一个共同感兴趣的问题聚集到一起，并且可以从不同角度、不同立场充分发表自己的观点来帮助提问者解决问题。

　　人们使用知乎这个平台，其主要的目标就是获取信息，以解决自己的问题。每个人都难免会遇到问题，如学业问题、事业问题、家庭问题等。有些问题可以从书本上找到答案，而有些问题只能凭借经验来解决。但是个人的知识和经验是有限的，知乎则是一个聚集很多知识和经验的平台，用户通过提问往往就可以获得答案。

　　"闻道有先后，术业有专攻"，在接受了学校教育和社会教育之后，每个人都有自己已经掌握的知识、积累的经验，并且这些知识和经验往往对别人也有帮助。在回答问题的时候，人们可以获得对自我的肯定。当你回答了某个问题之后，可以收到来自其他人的反馈，如赞同、喜欢、收藏或关注，这种反馈的过程可以让你知道自己的回答是否对别人有帮助、其他人怎样看待你的回答、怎样才能回答得更加全面等。这个过程可以促进用户继续回答问题以及帮助用户在之后回答问题的时候更加专业。

　　每个人都想被认可，在回答问题的过程中，赞同、喜欢、收藏等代表认可的

85

积极反馈就可以对用户产生激励作用。除了用户之间的互动，知乎还通过出版电子书和《知乎日报》的形式对用户进行激励。《知乎日报》是用户对一些热门问题的优秀回答的合集，并且知乎在展示这些内容时都会附上回答者的账号名称，这种来自官方的认同无疑会对用户起到更大的激励作用。

5.2 内容营销

扫码看视频

咪咕公司
案例分享

内容营销是创造良好用户体验的另一种方式，并且已经广泛应用于各种新媒体营销活动中，反响良好。本节将重点介绍内容营销的概念与内容方向、内容营销的原则和内容营销的策略。下面以《新龙门客栈》为例，来看看好的内容营销是怎么做的。

案例分享

《新龙门客栈》：从"转圈圈"到"火出圈"，新国风环境式越剧"引爆"年轻人热情

2023年，一场以新国风环境式越剧《新龙门客栈》为代表的狂潮席卷而来。《新龙门客栈》的"出圈"源于2023年8月6日晚的首次抖音线上直播。这场收费直播吸引了925万人次观看，近4000名观众发布了超过1.4万条评论。在演出后的返场里，由演员陈丽君饰演的"玉面修罗"贾廷单手抱起由演员李云霄饰演的"老板娘"金镶玉相笑对望转圈的片段，迅速走红网络，进一步推动了越剧《新龙门客栈》热度攀升和最终"出圈"。

以陈丽君、李云霄两位演员为引领，大量被其触动心弦的观众开始主动搜索越剧《新龙门客栈》，并逐渐发现趣味——小剧场模式、打破"第四堵墙"的舞台、大胆且新颖的原作改编、优美动人的唱段以及演员独特的个人魅力……网络的强大传播力使这部作品得以广泛传播。如同滚雪球一般，在口口相传中，流量越滚越大，并最终成了"气候"。这不仅是一次简单的火爆现象，更是一个成功的新媒体营销案例。从线下演出大受欢迎到线上视频播放量突破10亿次，这部越剧作品是如何吸引年轻人涌向剧场，又是如何在互联网上持续火爆的？让我们深入探讨这一现象背后的秘密。

1. 内容创新

《新龙门客栈》成功之处在于内容的独特创新。融合武侠故事与越剧表达手法，平衡传统元素与现代价值观，使年轻人能够在剧中找到共鸣。剧情改编新颖，舞台构建给人以沉浸式体验，唱腔吸收外来元素，让这部作品在观众中引起共鸣，成为独具魅力的文化符号。

2. 团队年轻化

该剧的主创团队呈现年轻化特点,从出品人到演员,都展现了新时代的活力和创造力。年轻团队的多样化组合和开放包容的创作氛围,为整个作品注入了新鲜血液,使传统戏曲焕发当代活力。

3. 运营理念创新

制作方重视线上营销,通过直播、社交媒体互动等方式吸引观众,实现了破圈效应。演员形象塑造和粉丝互动也是关键,让观众更加深入地了解剧中人物和演员,形成良性互动,提升作品影响力。

4. 传统与现代结合

尽管剧目在创新方面有所突破,但始终保持着对传统戏曲的尊重和延续。舞台技法、唱段、武打场面等都融合了传统元素,使这部作品既具有现代魅力,又不失经典底蕴。回归艺术本质,服务当代观众,是其成功的关键所在。

《新龙门客栈》的成功不仅是一次戏剧创作的胜利,更是新媒体营销的成功范本。通过内容创新、团队年轻化、运营理念创新和传统与现代结合,这部越剧作品成功地吸引了年轻人,展现了戏曲行业的无限可能性。

5.2.1　内容营销的概念与内容方向

1. 内容营销的概念

内容营销是指以图片、文字、动画等介质向用户传达有关企业的信息,从而促进销售的过程,也就是通过合理的内容创建、发布及传播过程,向用户传递有价值的信息,从而达到网络营销目的的过程。内容所依附的载体可以是企业的Logo、宣传图册、官方网站、广告,也可以是企业自制的T恤、纸杯、手提袋等。载体不同,传递的介质各有不同,但是核心内容必须一致。

内容营销包括以下3个基本要素。

① 内容营销适用于所有的媒介渠道和平台。

② 内容营销要转化为一种有价值的服务,并能吸引用户、打动用户。

③ 内容营销要有可衡量的成果,最终需要盈利。

内容营销这一营销模式最早出现在19世纪。时至今日,随着媒介的不断发展,内容营销一共经历了5个阶段:报纸、杂志、广播、电视、互联网。内容营销也从大公司的工具,变成了小公司的利器,同时随着社会环境的不断发展,其内容形式也在不断变化。

21世纪是信息大爆炸的时代,每个人每时每刻都在接收着不同的信息,平面广告、电视广告、网络广告或手机中的微博、微信公众号、新闻推送,甚至一首全新的歌曲,在传统意义上来说都是内容,但并不是真正的内容营销。内容营销在本质上是一种思维方式、一种战略性的指导思想,其并不仅仅是内容的发布,更重要的是发布的内容能不能吸引特定受众主动关注。也就是说,内容营销的关键是内容是否自带吸引力，是否能让用户主动关注，而不是单纯地运用媒介进行曝光。这也是内容营销在新的时代背景下最重要的变化：从将关注点放在如何找到用户上转变为吸引用户主动关注。

2. 内容营销的内容方向

在内容营销的概念的基础上，我们可以将内容营销的内容大致划分为以下3种。

（1）企业生产的内容

这类内容以企业为主体，是依据企业的核心文化产生的，可为受众提供与产品、品牌相关的信息，目的是让企业成为用户心中的权威。例如，企业运用自己的官方网站或自媒体、线下门店等媒介开展的内容营销活动。

（2）专业生产的内容

这类内容是企业借助代理或专业的第三方内容机构生产的外部内容，可为更广泛的消费群体提供品牌信息。例如，企业借助广告公司制作广告，或者通过冠名某一档综艺节目或广播节目进行内容的生产和传播。

（3）用户生产的内容

这类内容以品牌粉丝为核心，是来自他们的原创的口碑内容。例如，用户在拥有了一次良好的消费体验后，通过微信朋友圈或微博等平台来描述这次体验，帮助企业进行内容的生产和传播。

也就是说，内容营销就是要求企业不断创造高品质的自我生产内容和专业生产内容，同时激发用户自觉地为企业生产内容，从而达到运用内容营销策略来助力更多营销活动开展的目的。

5.2.2 内容营销的原则

有学者对内容营销的过程进行了归纳总结，提炼了在进行内容营销的过程中企业需要注意的四大原则，称为"BEST"原则，该原则由普立兹（Pulizzi）和巴雷特（Barrett）于2009年首次提出，旨在简化复杂的内容营销过程，使营销策略具有行为性（Behavioral）、必要性（Essential）、战略性（Strategic）和有针对性（Targeted）。遵循这四大原则，企业在进行内容营销的过程中会更有规律、更容易进行模仿与学习。

1. 行为性（Behavioral）

行为性是指企业向用户传递的任何信息都应当是有目的的。在开展营销活动之前，企业需要思考自己想让用户拥有什么样的体验，希望通过用户实现怎样的目标，期待用户采取什么样的行动，如何测试用户的行为，以及如何促进用户购买企业的产品或服务。

2. 必要性（Essential）

必要性是指企业应向目标受众提供其在工作或生活中需要的或有用的信息。企业需要思考用户的真实需求是什么，如何向用户提供最有益、最有个性、最专业的内容，采用什么样的内容表现形式才能使信息产生的积极影响最大化，一场营销活动的必要元素有哪些以及需要涉及哪些媒介类型。

3．战略性（Strategic）

战略性是指内容营销工作必须是企业整体经营战略中不可或缺的组成部分。企业需要考虑的是内容营销是否能够实现企业的战略目标，它与企业的其他战略计划是否协调。

4．有针对性（Targeted）

有针对性是指企业所创建的内容必须针对特定的受众。企业应当明确自己是否选择了正确的目标受众，是否了解目标受众对企业产品或服务的态度。

5.2.3　内容营销的策略

在当今的数字化时代，内容营销已成为企业吸引和转化客户的重要手段。通过创造和分享有价值的且持续更新的内容，企业能够建立与用户之间的深度连接，以下将以网易云音乐为例，详细探讨内容营销的策略。

网易云音乐作为中国在线音乐市场的一匹"黑马"，通过独特的内容营销策略，传递了音乐的美好力量。

1．明确目标受众

网易云音乐在内容营销初期，便明确了其核心用户群体——以"95后"和"00后"为主的用户群体。这一群体作为互联网的"原著居民"，对互联网有着天然的依赖，且更倾向于通过社交平台分享自己的情感和见解。

2．打造差异化内容

在内容同质化严重的市场中，网易云音乐通过以下策略实现了差异化。

① 专业生产内容：网易云音乐积极购买版权资源，并与国内外多家知名音乐版权公司达成战略合作，为用户提供优质的音乐资源。

② 算法生产内容：网易云音乐利用先进的算法技术，根据用户的听歌历史和偏好，为用户提供个性化的音乐推荐，如"每日歌曲推荐""私人FM"等。

③ 用户生成内容：网易云音乐的用户生成内容是其最大的亮点之一。用户可以在平台上发布自己的乐评、自建歌单，形成独特的音乐社交文化。

3．情感共鸣与社交互动

网易云音乐通过情感共鸣和社交互动，增强了用户与平台之间的情感连接。在网易云音乐的评论区，用户可以自由地分享自己对音乐的感悟和故事，这些评论往往能够引发其他用户的共鸣和回应。

4．多元化渠道推广

网易云音乐充分利用互联网平台，通过微博等多元化渠道进行内容推广。在微博上，网易云音乐会定期发布新歌推荐、活动宣传等内容，吸引用户关注和参与。

网易云音乐通过明确目标受众、打造差异化内容、情感共鸣与社交互动及多元化渠道推广等策略，成功实现了营销目标。

本章小结

随着互联网的发展以及各类营销工具的升级，企业对游戏化营销的运用更为丰富和多样，用户对这种有参与感、有趣的方式也表现出极大的热情。在这样的发展背景下，企业逐渐倾向于使用这种有互动性又能迎合用户喜好的方式。本章详细介绍了游戏化营销的概念，并结合游戏化营销的理论模型，对如何进行游戏化营销进行了详细的描述。通过对本章内容的学习，读者可以了解到企业应该如何策划一次游戏化营销。除此之外，本章也向读者介绍了内容营销的概念与内容方向。同时，通过了解内容营销的原则和策略，读者可以更好地完成游戏化营销的内容策划。

扫码看视频

饿了么与Keep
反向联名

课后习题

一、名词解释

游戏化营销　DMC金字塔模型　内容营销　"BEST"原则

二、单项选择题

1. 下列选项中，不属于游戏化营销带来的好处的是（　　　）。
    A. 提升用户参与度　　　　　　　　B. 培养用户的使用习惯
    C. 增加游戏时间　　　　　　　　　D. 增强用户黏性

2. DMC金字塔模型中的第一层级是（　　　）。
    A. 动力　　　　　B. 机制　　　　　C. 组件　　　　　D. 需求

3. 下列不是利用微信平台进行内容营销的优势的是（　　　）。
    A. 营销地点不受限制　　　　　　　B. 用户容易接受
    C. 内容不受限制　　　　　　　　　D. 营销成本最低

4. 以下不属于内容营销的四大原则的是（　　　）。
    A. 行为性　　　　B. 必要性　　　　C. 战略性　　　　D. 差异性

5. 内容营销不包含（　　　）。
    A. 企业生产的内容　　　　　　　　B. 学校生产的内容
    C. 专业生产的内容　　　　　　　　D. 用户生产的内容

6. 不属于DMC金字塔模型第二层级"机制"的构成元素的是（　　　）。
    A. 挑战　　　　　B. 竞争　　　　　C. 合作　　　　　D. 排行榜

三、多项选择题

1. 广告管理比较常见的游戏化营销方式有（　　　）。
    A. 游戏冠名　　B. 游戏内置广告　C. 游乐园广告　　D. 广告游戏

2. 企业进行内容营销的载体有（　　　）。
    A. 广告　　　　　B. T恤　　　　　C. 官网　　　　　D. Logo

3. 利用微博进行内容营销的劣势有（　　　）。

A. 需要足够的粉丝才能达到传播效果

B. 很难得到他人的认同与信任

C. 如果知名度与人气太低，营销会很难

D. 新生内容产生速度太快

四、复习思考题

1. 游戏化营销的基本逻辑是什么？

_____

_____

2. 内容营销的要点是什么？

_____

_____

3. 试述游戏化营销应用于实践的3个方向。

_____

_____

📋 学以致用

实训题目1： 使用DeepSeek助力三顿半打造游戏化与内容营销融合策划方案

品牌背景

三顿半是一个专注于高品质咖啡的新兴品牌，品牌的目标用户是20-35岁的年轻消费者，尤其是注重生活品质和便捷性的上班族和学生群体。三顿半通过创新的产品设计和独特的包装，已经在年轻消费者中建立了较高的知名度。

任务要求

使用DeepSeek为三顿半制定一份游戏化与内容营销融合策略的策划方案，提供具体的策略和实施步骤。

操作提示

1. 明确使用目的：使用DeepSeek为三顿半制定一份结合游戏化营销和内容营销的策划方案，帮助品牌进一步提升用户参与度和品牌忠诚度。

2. 明确营销目的：三顿半希望通过游戏化营销和内容营销，进一步推广其便携式咖啡产品，树立"生活有料，咖啡有感"的品牌形象，吸引更多年轻消费者。

3. 确定指令：根据使用目的和营销目标，结合品牌定位和目标用户，形成具体指令：三顿半是一个专注于高品质咖啡的新兴品牌，目标用户为20-35岁的年轻消费者。品牌希望通过游戏化营销和内容营销，进一步推广其便携式咖啡产品，树立"生活有料，咖啡有感"的品牌形象。请为三顿半制定一份结合游戏化和内容营销的策划方案，包括策略、实施步骤和预期效果。

4. 打开DeepSeek页面，输入指令并发送，如图5-10所示。

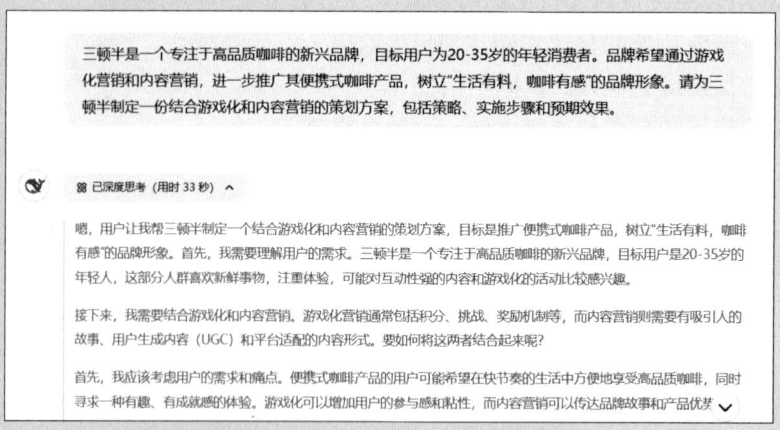

三顿半是一个专注于高品质咖啡的新兴品牌，目标用户为20-35岁的年轻消费者。品牌希望通过游戏化营销和内容营销，进一步推广其便携式咖啡产品，树立"生活有料，咖啡有感"的品牌形象。请为三顿半制定一份结合游戏化和内容营销的策划方案，包括策略、实施步骤和预期效果。

⊗ 已深度思考（用时 33 秒）∧

嗯，用户让我帮三顿半制定一个结合游戏化和内容营销的策划方案，目标是推广便携式咖啡产品，树立"生活有料，咖啡有感"的品牌形象。首先，我需要理解用户的需求。三顿半是一个专注于高品质咖啡的新兴品牌，目标用户是20-35岁的年轻人，这部分人群喜欢新鲜事物，注重体验，可能对互动性强的内容和游戏化的活动比较感兴趣。

接下来，我需要结合游戏化和内容营销。游戏化营销通常包括积分、挑战、奖励机制等，而内容营销则需要有吸引人的故事、用户生成内容（UGC）和平台适配的内容形式。要如何将这两者结合起来呢？

首先，我应该考虑用户的需求和痛点。便携式咖啡产品的用户可能希望在快节奏的生活中方便地享受高品质咖啡，同时寻求一种有趣、有成就感的体验。游戏化可以增加用户的参与感和粘性，而内容营销可以传达品牌故事和产品优势 ∨

图5-10　DeepSeek回复三顿半的策划方案

实训题目2：数字化时代下的内容营销

实训要求

1. 选择一个你感兴趣的产品或服务，为其创建一个微信公众号或小红书账号，并发布具有特色的内容，内容不限于产品介绍、行业资讯、用户体验等。

2. 分析总结自己的内容营销策略，并收集其他同类型成功的案例的数据，与自己的创作进行横向对比，寻找自己的内容营销还可以提升的关键点。

3. 撰写一篇实训报告，总结自己在内容营销方面的学习和实践经验，分享心得和体会。

第6章
社群：裂变营销+社群运营

知识框架图

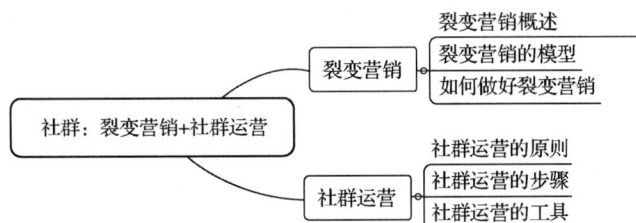

知识目标

1. 掌握社群和社群营销的概念。
2. 掌握裂变营销的模型。
3. 明确如何应用裂变营销模型开展裂变营销活动。

技能目标

1. 熟练运用裂变营销的模型。
2. 熟练运用社群运营的工具。

案例导入

TikTok 社群营销时代，如何打造"踩屎感"拖鞋后的下一个现象级单品？

你知道"踩屎感"一词是从什么时候开始被用来夸奖鞋子舒服的吗？

在海外，让这个词"出圈"的是TikTok上的一位普通用户。他穿着来自中国的拖鞋，拍摄了一则TikTok短视频，夸赞这双鞋非常柔软，有一种"踩屎感"。随后，该视频在一周之内获得了50万次以上的播放量，并且该鞋的销量在销售平台上取得了500%的增长，引得无数网友评论并购买。生产该鞋的品牌关注到这一盛况，后来将"踩屎感"一词内化为品牌传播中出现率很高的一个创意点。

"第一阶段，我们利用TikTok做内容营销，跟达人合作产生短视频内容，增加曝光量；第二阶段，我们进入TikTok Shop，在TikTok生态上做到用户从'种草'到转化再到留存的闭环，进行一站式经营管理，实现品牌声量和用户留存率的双重增长。"该鞋靴品牌跨境联合创始人说道。

TikTok for Business主办的"2023 SHOPNOW品牌电商出海营销峰会"揭示了出海品牌2023年在TikTok上的一系列新进展，以及以TikTok为主导的社交媒体出海方法论。

TikTok社群营销成为"时代破局"的关键。

入驻TikTok Shop 8个月后，该鞋靴品牌海外商品交易总额（Gross Merchandise Volume, GMV）实现了300%的增长，而且在2022年成为鞋靴类目排行榜的第一。以该鞋靴品牌为代表的中国品牌们，为何能在TikTok上实现强势增长？

其一，TikTok生态的链路完整。从以娱乐属性为主的社交媒体平台TikTok，到陆续在全球各大市场开放具有购物功能的TikTok Shop，TikTok已经建立起从"种草"到购买的完整闭环，形成消费者购物旅程全链路，利于促进转化。

"我们做的事情无非就三个词，'种草'、转化和留存，但意义在于把用户的整个生命周期都承接在了TikTok的生态体系内，是行之有效的策略。"该鞋靴品牌跨境联合创始人说道。

其二，TikTok平台实力强劲。TikTok拥有超10亿位全球月活跃用户，而且独有的兴趣推荐机制能够与消费者建立起更深层的情感连接，这意味着极大、极蓬勃、转化可能极高的消费市场，为出海品牌及卖家提供营销基石。该鞋靴品牌跨境联合创始人说道："TikTok是去中心化的、有爆发力的平台。我们要利用TikTok做好用户反馈，挖掘产品卖点，用优质内容传递产品和品牌优势。"

本质上，TikTok营销代表着全球范围内迅速崛起的"社群营销"。在消费者关系被重塑的当下，TikTok作为推动社交媒体网络大变革的平台，为消费行业承接了巨大的潜力和能量。在TikTok官方介绍："实质上，社群营销成为2022年海外营销人员的共识，是当下最值得品牌布局的营销主战场。所以对于出海企业而言，加入社群，就是抢占稀缺注意力，是在这个时代破局的关键。"

在互联网时代，社群已经成为人们获取信息和交流的主要渠道。社群营销是一种以用户为中心的营销策略，通过建立和维护社群来提高品牌知名度、客户忠诚度，从而推动产品销售和企业发展。社群营销看中的不是一次性交易，而是持续复购。近年来，社群营销在各个品牌中发挥着愈加重要的作用。

那么到底什么才是社群运营？社群运营在企业营销活动中起着什么作用？裂变营销与社群运营有着什么样的关系？这两种运营方式在互联网飞速发展的今天又能给用户带来什么样的改变呢？本章将解答以上问题。

6.1　裂变营销

裂变营销的使用越来越广泛，利用裂变营销成功实现用户增长、建立社群的案例比比皆是，那么究竟什么才是裂变营销？怎样才能做好裂变营销呢？这些都是学界和商界共同关注的问题。

6.1.1　裂变营销概述

1. 社群与社群营销

提到裂变营销，我们不得不先了解最常见的裂变营销的载体——社群。"社群"这一概念出现在20世纪80年代，一般社会学家与地理学家所指的社群，在广义上是指在某些边界线、地区或领域内发生作用的一切社会关系。它可以指实际的地理区域以及在某区域内实际发生的社会关系，或指较抽象的、思想上的关系。简单来说，社群是社会关系的连接体。沃斯利（Worsley）于1987年曾对社群的含义进行解释：社群即地区性的社区，用来表示一个承载用户相互关系的网络。他认为社群可以是一种特殊的社会关系，包含社群精神或社群情感。

在今天，我们可以简单地认为社群就是一个群体，一个基于共同需求、共同爱好而聚集到一起的用户群体。社群有一些专属的表现形式，如社群要建立社交关系链，不只是拉一个群而是基于共同需求和爱好将大家聚集在一起。社群要有稳定的群体结构和较一致的群体意识，成员要有一致的行为规范、持续的互动关系，成员间分工协作，具有行动一致的能力，这样的群体才是社群。社群的作用就是通过线上线下的高频互动把那些本来跟企业没有任何关系的用户转化成弱关系用户，把弱关系用户转化成强关系用户。

而互联网强大的连接性和承载力，使社群更容易形成和扩大，社群的构成限制也在逐步缩小。最明显的体现就是，现在打开手机，你会发现你几乎处在每一个平台的各式各样的社群里。例如，微信中的家族群、QQ中的班级群、钉钉中的工作群，各式各样的社群让每一种行为都有了相应的发挥空间。

至此，我们已经了解了什么是社群，而社群营销就是企业通过组建社群，创建与目标用户群体长期沟通的渠道的社会化过程。简单来说，社群营销需要通过一种能够聚集用户的网络服务来进行。这种网络服务早期是论坛，现在是微博以及微信。这些网络服务具有互动性，能够让用户在一个平台上彼此沟通与交流。而群体（当然包括企业）也可以运用这种网络服务，与目标用户沟通、交流。

社群营销有3种模式，下面分别介绍。

第一种是个人构建的兴趣社群。企业会筛选出兴趣与自己的产品卖点相匹配的社群，也就是利用社群进行精细化营销。简单来说，就是在相应的兴趣社群里，企业结合产品卖点与社群中用户的共性开展有针对性的营销活动，这也是早期社群营销的模式。

第二种是用户自发建立的社群。用户在社群中讨论某一产品的效果，交换产品的使用心得。这类社群往往是忠实粉丝自发建立和交流的基地，在这里企业不用过多营销产品，就能收获很好的营销效果。这里也是粉丝文化和口碑营销的重要发源地。

第三种是由企业主导建立的社群。企业会在日常运营中将自己的用户纳入社群，并在社群中对用户进行直接的维护，包括更频繁地交流、更直接地回答问题、提供更优惠的销售价格等。通过在社群内的交流，企业可给予用户更多被重视的感觉，从而更高效地完成营销行为。

社群营销看中的不是一次性交易，而是持续复购。社群看中的不是一件产品而是一站式解决方案。以前在企业眼里用户是让自己赚钱的，所以很多企业与用户之间的关系是一次性的交易关系；后来企业发现只有跟用户交朋友，才有可能实现复购和口碑裂变。以前企业认为一个用户就只是一个用户；后来发现在人以群分的时代，一个用户背后完全有可能是一群用户。以前企业认为用户就是用户；后来发现用户完全可能转化为粉丝，转化为员工，甚至转化为股东、投资人、合伙人。因此，企业必须重新思考自己与用户之间到底是什么关系。是对立博弈的一次性交易关系，还是共建共享的一体化社群关系？而这也正是决定企业能否飞速发展的重要因素。

2. 裂变营销的方法

裂变首先需要以一个（或几个）点为基础，成功突破了一个（或几个）点后，再进行复制，由一个成功的点复制出另一个点，再由2个点裂变为4个点……以此类推，先慢后快、逐步推进，最终快速高效地全面覆盖区域市场。

在裂变中，从点突破的操作方法的科学性、合理性、可操作性和可复制性决定了突破的效率，而效率的高低是能否快速打开市场的关键，因而要求从点突破的操作方法必须具备操作性强、适应面广、简单、易学、易教、易复制等特点。裂变适用的方法被称为"裂变六步曲"，它们环环相扣、相辅相成，以点带面、层层递进。

（1）洞悉需求，精准定位用户群

企业要深入理解产品或服务，并精确描绘出目标用户的画像，包括用户的年龄、性别、职业、兴趣以及他们在市场中的独特需求。企业要通过细致的市场调研和数据分析，确保自身营销策略能够精准触达并吸引这些潜在客户。

（2）锁定领域，发掘目标平台

企业要识别并锁定最有可能聚集目标客户群体的平台。这些平台可能是社交媒体群组、专业论坛、在线社区或特定行业的网站。企业要分析每个平台的特点和活跃度，制定有针对性的引流策略，以确保自身信息能够高效传达给目标用户。

（3）匠心独运，打造超级福利

企业要提供具有高度吸引力和独特性的福利，以激发目标用户的兴趣。这些福利应直接关联到用户的需求和痛点，提供真正的价值。

（4）清晰指引，引导积极行动

企业要在宣传和推广过程中，给出清晰明确的行动指令，让目标用户知道他们需要做什么才能获得福利。利用紧迫感（如限时优惠、限量赠送）和互动性（如问答、抽奖）来增强用户参与感，促使目标用户立即采取行动。

（5）价值传递，建立深厚信任

企业要在目标客户成为自身粉丝或用户后，立即开始建立与用户的信任关系。企业要通过持续提供有价值的内容或服务，展现自身的专业性和可靠性。及时兑现承诺的福利，树立诚信形象。

（6）裂变循环，实现持续增长

企业要设计并实施有效的裂变策略，鼓励现有用户主动推荐新用户加入。通过激励机制（如推荐奖励、积分兑换）和内容裂变（如高质量内容的分享）来提高自身影响力。

6.1.2 裂变营销的模型

不论是社群营销还是裂变营销，都是一种依附于用户的营销模式。在这些营销模式下，用户的运营就显得尤为重要。部分学者在分析了众多的企业案例后，结合用户的心理，对用户在营销活动中各个阶段的表现进行了归纳，最后总结出了一个裂变营销模型——AARRR模型（见图6-1），结合产品生命周期，大家可以更好地理解获取用户和维护用户的原理。

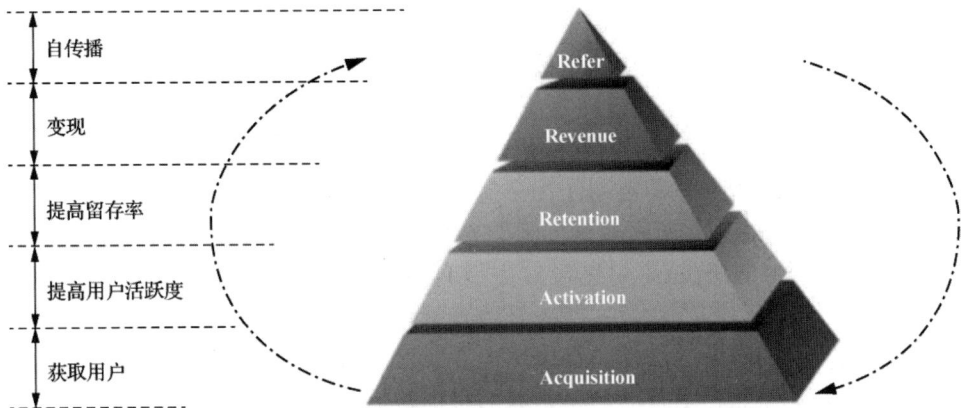

图6-1 AARRR模型

① Acquisition代表获取用户，即如何让用户从不同渠道了解你的产品。
② Activation代表提高用户活跃度，即让用户在你的产品上保持活跃。
③ Retention代表提高留存率，即让用户继续使用你的产品。
④ Revenue代表变现，即你可通过用户的行为而获得收益。
⑤ Refer代表自传播，即用户主动引导他人来使用你的产品。

AARRR模型实际上是产品闭环的一个过程，从用户增长、获取收入到传播裂变，即可完成闭环。归根结底，这个模型其实还是在研究用户的需求，将每一层用户的价值增加，把潜在用户转变为自己产品的新用户，把新用户留住，变成忠诚用户，让忠诚用户去拉动新用户，从而形成闭环，实现销量的增长。

1. 获取用户（Acquisition）

获取用户是模型中的第一个阶段，往往发生在产品的推广阶段，也是产品运营的第一步。在这一阶段，运营人员需要通过各种推广渠道，以各种方式来获取目标用户，并对各种营销渠道的效果进行评估，从而更加合理地制定策略，来达到获取更多目标用户的目的。

在这一过程中，企业要解决的首要问题就是如何让产品在首次被使用时就得到用户的喜爱。在推广产品的过程中，用户会依次经历"接触、认知、关注、体验、使用、付费、习惯"几个阶段。应该采取怎样的策略去获取第一批用户的关注，吸引他们的注意力，促进产品的用户数量增长，这是需要企业着重思考的问题。

获取用户不仅存在于产品的导入阶段，而是贯穿产品的整个生命周期，用户永远是企业生产产品的不竭动力。

获取用户的方式有很多，如投放网站广告、媒体传播、线下推广、搜索引擎优化等。现在是自媒体时代，也可以通过自媒体来宣传自己的产品以获取用户，如官方微博、微信公众号、知乎专栏等。不同的方式会产生不同的效果，企业可以根据自身产品的特点来寻找属于自己的潜在用户。但无论使用哪种方式，只要能够获得属于产品的第一批用户，企业就应该去做。

2. 提高用户活跃度（Activation）

成功获取用户后，能否激活这部分用户、提高用户的活跃度是检验一个产品是不是好产品的重要指标，这个阶段需要运营人员对这批用户进行一定的指导和服务。在产品正式上线之前，运营人员还需要针对产品编写使用指引和操作提示，同时需要建立后台运营管理系统，关注每天新增用户、登录用户、注册用户、流失用户的数据，从而进行运营优化、产品迭代。例如，产品是App，需要用户注册，这时运营人员就需要制作一个比较简洁的注册指引页面，编写简单的操作步骤。如果注册过程比较复杂，可能会导致一部分种子用户流失。

提高用户的活跃度是用户进行自主裂变的前提，用户只有足够活跃，积极参与企业为产品策划的活动，才能更好地了解企业及其产品，并具有分享产品、吸引其他用户前来购买的动力。提高用户活跃度的常规做法是积极策划相关的活动，创建与时下热点相结合的话题，吸引用户自发进行讨论。需要强调的是，用户的活跃度不仅表现在用户对活动的参与或对话题的响应上，用户每日查看企业的产品信息，或者出于习惯打开企业的官方App都是高活跃度的表现。

在这一阶段，有一些明显的指标可以用来对用户的活跃度进行直观的衡量，如日活跃用户数，即每日使用过产品的用户数。这个定义并不是一成不变的，企业可以根据实际需要对这一指标进行定义。对日活跃用户数的监控一般也可以帮助企业解决一些问题，如明确产品的核心用户规模，对产品目前所处的生命周期进行分析和定义，对比分析出产品的活跃用户流失速率，并以此来计算产品的用户总量等。除了日活跃用户数，周活跃用户数和月活跃用户数也是阶段性的重要指标。

这一阶段的另一个重要指标是日均使用时长，即每日总计在线时长除以日活跃用户数所得的结果。这一指标主要反映用户对活动或者产品的黏性，数值越大，证明用户对产品的黏性越强，用户就越有价值，产品目前的销售情况也就越好。同时，企业也可以将这一指标进行不同维度的划分，观察不同时间维度的用户平均使用时长，来了解不同用户的使用习惯，将用户进行分群，并根据群组的不同形式和特性对用户进行精细化营销。这一指标也是衡量渠道质量的指标之一，日均使用时长最长的渠道，是用户匹配程度最高、质量最好、可以重点发展的渠道。

3. 提高留存率（Retention）

对于企业来说，获取一个新用户的成本总是高于留住一个老用户的成本，所以提高用户留存率才是维持产品价值、延长产品生命周期的重要手段。在这一阶段，企业或许需要根据产品的缺点来进行更新迭代，甚至需要运营人员了解用户真实的痛点，以及用户在使用过程中会遇到哪些问题，或者由客服人员为用户提供满意的服务。此外，企业还需要关注用户注册和流失的比例，了解用户流失的原因，找出这一阶段存在的问题，提高用户的留存率。

在现今的市场环境中，用户很容易被企业的产品吸引，但企业的产品很难让用户对其保持长久的兴趣，正所谓"用户来得快，走得也快"。面对这样的情况，企业需要做的就是想办法增强用户的黏性、调动用户的积极性，使其持续购买企业的产品。为了实现用户的长久留存，对用户进行问候是一种很好的方式。现在几乎每个人都处在很多社群中，在社群中我们几乎每天都会收到问候，同时伴随着当天的新闻、天气等信息，这种"每日问候"就是一种提高用户留存率的重要方式。当你习惯每天在社群里收到问候后，突然有一天它没有出现，你就会很不习惯。

这一阶段的衡量指标就是留存率。留存率是用本阶段的用户数除以上一阶段的用户数得出的，它是用来评判产品质量的重要指标。但是在关注留存率的同时，企业也要分析流失率。对于留存率，企业关注的是从获取用户的角度综合分析获取用户的渠道和方式是否合理、产品的用户规模是否能够扩大。而对于流失率，企业关注的是为什么有些用户会放弃产品，这可能是在获取用户阶段就存在的问题，但是当产品发展到用户规模已经稳定之后，一个用户的流失可能就会让企业的利润大幅下滑。

4. 变现（Revenue）

在互联网时代，几乎所有的产品都以盈利为目的，这就会涉及产品设计的一个目标：增加收入。一般来说，在互联网时代，企业想要盈利都会先免费提供服务以获得海量用户，然后通过交叉补贴的方式盈利，从免费用户中获取付费用户。大多数平台、产品，都以商业价值为导向，企业进行各种产品的促销、广告的宣传，获取一定的收入，收入也是衡量运营人员工作成效的一个指标。如果在这个过程中用户没有流失，并且能带来一定的收入，那说明对于该产品的运营手段还是比较合适的。

5. 自传播（Refer）

自传播可以演化为"病毒营销"，是指通过类似病理和计算机方面的自我复制的病毒传播方式进行传播的过程。病毒营销是指利用大众的积极性和人际关系，把要传播的信息像病毒一样扩散开。这些信息将被快速复制，然后传向数以万计、数以百万计的受众。例如，微信、微博等就利用了病毒营销：传播速度比较快、信息能够高效率地被接收。

绝大部分的产品推广不能完全依赖自传播，必须和其他营销方式结合。但是，在产品设计阶段就加入有利于自传播的功能还是有必要的，毕竟这种免费的推广方式既可以加深用户对产品的感情，又可以激发用户的主观能动性，使其自发地进行产品宣传，这类似于传统的口碑传播。这种一传十、十传百的传播效应可以以最快速度帮助产品提高知名度，这也是互联网时代经常出现爆款产品的原因。

6.1.3 如何做好裂变营销

前面我们了解了裂变营销的模型，那么这个模型在实际的运营过程中该怎么应用呢？在应用过程中又应该注意哪些问题呢？下面用王者荣耀这个游戏来详细讲解，看看王者荣耀是如何运用裂变营销收获上千万名用户，开创竞技手游新时代，成功收获从"80后"到"00后"的用户的。

1．用户圈定：完美"冷启动"，保留种子用户

王者荣耀的"冷启动"是从内测开始的，在内测期间，王者荣耀邀请了众多端游用户，通过内测社群的形式收集用户的反馈，并根据用户的反馈对产品进行了快速的调整和迭代。

2．精准营销：直播对战，吸引一批核心用户

与之前手游常规的主打社会化营销的方式不同，王者荣耀选择了对游戏用户精准营销的道路。在对同类型游戏"英雄联盟"进行观察后，王者荣耀发现玩家很喜欢看直播、看比赛，于是将这类内容运营成了产品的衍生物，通过达人的自制内容，丰富游戏的内涵，持续吸引各界用户。王者荣耀在拓宽营销渠道的同时同步进行粉丝营销，持续获取核心用户。

3．用户激励：完善的激励体系，用心的游戏

王者荣耀因为具有很强的社交属性，所以在进行用户激励的过程中也依靠社交属性，对情感和社交链的运用炉火纯青。王者荣耀基于社交激励，新增了微信/QQ邀请好友功能，新增了与附近的人共玩功能，新增了组队界面加好友功能，新增了师徒、恋人系统，这种庞大的社交关系链，造就了"人人打王者"的现象。游戏内的排行榜也激发了用户的竞争意识，给了用户成就感。

4．线上线下联动：拓展商业体系

腾讯通过产品礼包、Q币、线上曝光等资源与地方供应商置换，由品牌合作伙伴或网吧承接赛事推广，利用线下比赛或网吧的特性，进一步在玩家当中宣传品牌，吸引更多的用户参与进来，掀起竞技热潮。这套体系经穿越火线、地下城与勇士等游戏多次验证后，一直延续到LOL、王者荣耀的推广中，是腾讯系电竞产业链上重要的一环。

5．用户自传播：社交裂变的爆发

王者荣耀因为其自带的社交属性促使社交裂变，除此之外，它还积极利用分享聚集的功能，引导用户进行持续化的、长时间的游戏元素收集及获取隐藏的英雄或珍贵的皮肤等。

扫码看视频

拼多多裂变营销：社交电商的病毒式增长引擎

6.2 社群运营

社群运营就是商家通过组建社群，来与目标用户群创造长期沟通渠道的社会化过程。简单地说，社群运营需要通过一个能够群聚网友的网络服务来进行经营。这

些网络服务具有互动性,因此能够让网友在一个平台上彼此沟通与交流。而个人或群体(当然包括企业)可以运用这样的网络服务,来与目标用户沟通。所以社群运营对于企业来说是非常重要的,本节将介绍社群运营的原则、步骤及工具。

6.2.1 社群运营的原则

随着互联网的迅速发展、社群经济的兴起,社群运营开始被诸多企业所重视,企业开始意识到社群对维系企业与用户之间的关系,促进用户重复购买的重要性。社群所能带给企业的不是一个用户,而是一群可以自发宣传、重复购买的忠实用户,而社群看重的不是一件产品而是一站式解决方案。因此,对于企业来说,社群运营的重要性可见一斑。为了更好地进行社群运营,学者们归纳了社群运营的3个原则。

1. 以用户为中心

社群运营有两个目的:一是自然构建更多和用户的接触点,将企业和用户之间的连接时间变得更长、连接次数变得更多;二是让用户之间互相服务。这两个目的有一个共性,就是提高用户在企业关系中的自主性。社群运营要以用户为中心,社群要为用户服务。社群的主人是用户,社群是用户自发建立的,企业扮演的是帮助用户在社群中更好地行使他们的权利的角色。

在社交网络中,每个人的关系链和好友圈形成了一个个社群,社群成员会随时随地根据高频的大众需求展开讨论,寻求解决方案。对企业来说,高频需求下,现有用户、合作伙伴的关系链、好友圈就是社群,分享会协助企业进入社群。社群为传统企业进入社交网络提供了一个新的自然入口:跟随用户进入现有社群,或者鼓励用户建群。社群一旦形成,其成员会推荐好友加入。好友相互介绍也是吸引用户加入社群的常见方法之一,由此使社群自然生长和分化。

每个优质社群的诞生都遵循着一些基本规律。通常,在社交网络中,如果需要用户结为好友加强互动,企业的运营团队会在活跃用户中,将地域或行业相近、活跃度排名相近、兴趣相近的用户组合在一起。此外,运营团队还会将有相同经历(如都在某一家公司工作过)、年龄相同、行业相同等的活跃用户组合在一起,以使用户互相影响、互相激励。

用户是社群的核心,因此企业在构建、运营社群的过程中一定要以用户为中心,了解用户的需求,构建用户喜爱的、可以持续活跃的社群,而不是为了自身的某个项目去运营社群,这样的社群会很快失去它的活力,也不能为企业创造价值。

2. 以价值为导向

以价值为导向即在社群运营的过程中,企业要不断地为用户创造价值。创造价值的方式可以是给出简单而清晰的目标,促使用户在社群中逐渐实现这些目标。实现目标的过程既可以帮助社群维持用户的活跃度,又可以使用户在社群运营中找到自身的价值。通过不断实现目标,完成价值的升华,用户可以更好地强调自身在社群中的核心地位。

自助激励是用户创造价值的重要方法,即用户主动寻找属于自己的游戏或社交激励。自助激励因时间和用户的不同而不同。自助激励能否实现依赖于用户能否在社群中树立属于自己的自助目标。

以"Keep"应用为例，其价值导向并非企业单方面设定的静态价值，而是随着用户个性化需求的变化而动态调整。在"Keep"的社群中，用户可以根据自己的身体状况、兴趣偏好及健身目标设定独特的目标。这种目标的灵活性，正是通过自助激励机制得以实现的。有的用户可能将目标设定为"三个月内减重10斤"，而有的用户则可能专注于"提升核心力量，完成一次标准的引体向上"。这些差异化的目标驱动着用户各自在"Keep"平台上寻找适合自己的课程。随着用户不断接近并达成自己的小目标，他们获得的成就感与满足感又成为新的激励源泉，促使他们设定更高的目标，形成良性循环。

3. 以可持续发展为目标

社群运营的最终目的是帮助企业维系用户关系、培养忠实用户，为用户提供一站式解决方案。基于这样的目的，社群运营最重要的原则就是以可持续发展为目标。社群的搭建和解散都是一件相对容易的事情，可持续发展却并不容易。

激励是帮助社群实现可持续发展的重要工具，上文已经提到用户为了实现自我价值会进行自助激励，但是仅仅依靠自助激励并不能帮助社群实现可持续发展。自助激励是用户不断激励自己实现自我价值的手段，是一种自驱力。当用户拥有足够的自驱力时，社群这一载体对用户来说将失去价值，社群也就不复存在了。因此，为了社群的可持续发展，用户还需要进行互助激励和群体激励。

用户在社交网络中分享信息，产生的被浏览、转发、评论、点赞等结果，都是对发布者的互动激励，即互助激励。通常情况下，互动越多，用户越活跃。自助激励和互助激励都是用户自发进行的激励。这两种激励之间的差异在于自助激励来自目标导向，是用户完成自助目标之后获得的激励；而互助激励是结果导向的，是用户在互动中自然而然获得的。

自助激励和互助激励的实时提供，已经解决了大部分的用户激励问题。这些激励实时调整且具有个性化，远非企业提供的奖励所能比的。

群体激励是企业可以提供的一种更大型的、作用更强的激励。在提供这种激励时，企业需要关注两点，一是让用户实时了解在完成目标的过程中，自己能做的贡献，以及其在社群（或好友）中的排名、贡献值等。将个人贡献与社群成长和竞争联系在一起的做法，正在被越来越多的企业借鉴。二是实时告知全员，将最优秀的结果通过群体激励明确下来，并实时告知所有参与者，这就像指引方向。企业要做的，恰恰是接纳这些多样化的结果，并通过宣传、进度表格指引、关键数据指标衡量等方式来确认。成百上千个社群会按照各自的方式竞争，并创造最优结果。企业需要一个"结果"，但用户会创造无数个结果，企业只需要选择接纳其中最优的那一个结果。

6.2.2　社群运营的步骤

社群运营的核心步骤包括构建IP（IP指的是知识产权，现多被指为有影响力的作品、个人等）、搭建社群、搭建场景、发展商业四个方面，以下将以"黑神话悟空"为例进行详细阐述。

1. 构建IP

IP可以帮助企业确定目标用户。"黑神话悟空"作为中国国产游戏大作，其IP的构建不仅基于《西游记》这一经典文学作品，更融入了现代审美与叙事手法，创造了一个既传统又创新的游戏世界。这一IP不仅满足了用户对高质量游戏内容的期待，更激发了他们对本土文化创新的自豪感和认同感。

2. 搭建社群

社群由IP联合核心玩家共同构建，旨在吸引更多潜在用户加入并形成强大的社群凝聚力。在"黑神话悟空"的社群中，用户基于共同的文化兴趣自发组织起来，分享游戏心得、攻略技巧等内容。游戏开发者通过官方渠道积极参与社群建设，与用户保持密切互动，及时解决用户反馈的问题，并不断推出新的游戏内容和活动以激发社群活力。

3. 搭建场景

企业搭建场景旨在通过多样化的游戏内外场景强化用户体验并挖掘其延伸需求。"黑神话悟空"在游戏内通过精美的画面、逼真的音效、丰富的剧情和深度的角色塑造为用户营造了一个沉浸式的游戏世界。同时，游戏开发者还通过举办各类文化活动、展览、赛事等方式为用户提供更多互动的机会。这些场景的搭建不仅丰富了用户的游戏体验，更激发了他们对传统文化的兴趣和探索欲，促进了用户之间以及用户与IP之间的深度连接。

4. 发展商业

发展商业，即利用社群的高黏性和高分享性进行商业化变现。"黑神话悟空"在社群具有了强大的用户黏性后，通过游戏内购、周边商品销售、文化衍生品开发等多种方式实现了商业化变现。

社群运营的核心是构建企业与用户一体化的关系，关键是通过社群赋能个体，实现自我价值，最终使用户与社群相互赋能，形成良性循环。

互联网的发展极大地降低了人们的沟通成本，但在社群里才能基于群体共识降低信任成本，而信任正是商业交易的前提。因此，社群是企业与用户沟通的成本较低、效率较高的渠道，社群强关系的确立也为企业赢得了商业机会和盈利空间。

6.2.3　社群运营的工具

1. 管理工具——Wetool

Wetool是一款功能强大的社群管理工具，自推出以来便广受好评，其以丰富的功能和易用性成为众多社群运营者的首选。Wetool集成了引流、新人入群欢迎、群签到、关键词自动回复、成员发言统计、积分系统、聊天内容保存、群游戏组织、数据统计分析以及智能清理广告、潜水者等上百种实用功能，全面满足社群管理的各种需求。

2. 图片设计工具——创客贴

创客贴是一款简单易用的线上图片设计工具，用户可使用平台提供的大量图片、字体、模板等素材，通过简单的操作，轻松设计出精美的海报、壁纸、公众号首图等。创客贴解决了大多数人的设计痛点，让不会使用专业制图软件的运营人员也能快速制作出自己想要的图片。用户可以将作品直接分享给他人，也可以将作品导出为PNG、PDF等格式的文件。

3. 分析工具——诸葛io

诸葛io是一款精细化数据分析工具，致力于辅助中小企业快速实现用户行为数据的采集、分析与管理。诸葛io拥有用户行为画像、自定义留存分析、流失人群漏斗分析、行为路径图谱等多项功能，能够深度挖掘用户行为的分析价值，实现以数据驱动产品决策。

4. 活动发起工具——活动行

活动行是一款发起线下活动的便捷工具，能够提供免费发布活动、多元化推广资源、线上线下收款、会议签到、收集报名表等一系列专业服务。用户可以在这个平台上免费或付费参加优质活动、便捷报名、安全缴款、快速分享等。

5. 信息收集工具——麦客CRM

麦客CRM是一款在线表单制作工具，同时也是强大的用户信息处理和关系管理系统。它可以帮助企业轻松完成信息收集与整理，实现用户挖掘与消息推送，以便持续开展营销活动；也适用于在社群运营过程中收集用户信息，进行精准化运营。

6. 协同工具——石墨文档

石墨文档是一款轻便、简洁的在线协作文档工具，PC端和移动端全覆盖，支持多人同时对文档进行编辑和评论，帮助用户轻松完成协作撰稿、方案讨论、会议记录和资料共享等工作。石墨文档非常适合用来策划社群活动方案，支持多人同时写作、修改、阅读等。

本章小结

裂变营销和社群运营是现在最常见的营销模式，对于企业来说，如何应用社群进行自传播和与用户沟通是当今营销的重点任务。本章介绍了这两种营销模式的概念，并结合实际案例对社群运营的工具和裂变营销的模型进行了详细的分析。本章内容可以使读者对这两种营销模式产生较为完整的认知，并且初步懂得应该如何运用这两种营销模式。需要注意的是，大家切忌生搬硬套，要懂得灵活运用这两种营销模式，挖掘用户的巨大价值。

扫码看视频

霸王茶姬的裂变营销与社群运营策略:构建用户驱动的品牌增长引擎

课后习题

一、名词解释

社群　裂变营销　社群营销

二、单项选择题

1. 下列选项中，不是构成社群的要素的是（　　　）。
   A. 同好　　　　　B. 结构　　　　　C. 应用　　　　　D. 输出

2. 下列保证社群活跃度的方法中，描述有误的是（　　　）。
   A. 群里最好有一个或多个灵魂人物或艺人
   B. 聚集核心成员，协助管理
   C. 在特定的群成员喜欢的时间进行活动
   D. 在群里周期性地推送文本内容

3. 裂变营销的模型是（　　　）。
   A. AAARR模型　　　　　　　　B. AARRR模型
   C. ASARR模型　　　　　　　　D. AASRR模型

4. 裂变营销模型的第五个阶段是（　　　）。
   A. 获取用户　　　　　　　　B. 提高留存率
   C. 提高用户活跃度　　　　　D. 自传播

5. 用户留存和用户激活相比，在社交裂变流程中（　　　）更重要。
   A. 提高用户留存率　　　　　B. 提高用户活跃度
   C. 都重要　　　　　　　　　D. 都不重要

6. 下列选项中，不是社群运营的原则的是（　　　）。
   A. 以用户为中心　　　　　　B. 以价值为导向
   C. 以可持续发展为目标　　　D. 以盈利为唯一目的

7. 下列选项中，不是社群运营的工具的是（　　　）。
   A. 秀米　　　　　　　　　　B. Wetool
   C. 创客贴　　　　　　　　　D. 石墨文档

三、多项选择题

1. 社群的形式包括（　　　）。
   A. 班级群　　　　　　　　　B. 拼单群
   C. 小红书官方号　　　　　　D. 微信企业群

2. 裂变营销模型包括（　　　）。
   A. 获取用户　　B. 提高留存率　　C. 提高用户活跃度
   D. 变现　　　　E. 自传播

3. 社群运营的步骤包括（　　　）。
   A. 构建IP　　　B. 搭建社群　　　C. 搭建场景　　　D. 发展商业

四、复习思考题

1. 裂变营销的"裂变六步"是什么？

2. 社群运营的原则是什么？

3. 提高用户活跃度和提高用户留存率的区别是什么？

学以致用

实训题目1： 使用DeepSeek助力Lululemon品牌营销

品牌背景

Lululemon是一家起源于加拿大的运动服装品牌，专注于瑜伽、跑步、训练等运动场景下的高品质服饰。自成立以来，Lululemon凭借其创新的产品设计和对社区文化的重视，在全球范围内积累了大量的忠实粉丝。品牌定位高端市场，目标用户主要是25-45岁之间注重健康生活方式的人群。近年来，Lululemon通过线上线下相结合的方式不断拓展业务，并积极利用社交媒体平台增强与消费者的互动。

任务要求

运用DeepSeek工具为Lululemon设计一套以社群运营为核心的新媒体营销策略，重点在于如何通过现有用户群体实现高效裂变，吸引更多潜在顾客加入品牌的大家庭。方案包括但不限于：精准定位核心用户群体及其特征分析；构建具有吸引力的社群活动计划；制定促进用户间自发传播的内容策略；以及衡量社群活跃度及增长的有效指标体系。

操作提示

1. 明确使用目的：借助DeepSeek挖掘Lululemon目标用户的兴趣点与社交行为习惯，特别是他们对于参与社群活动的积极性和偏好。

2. 确定营销目标：短期目标是通过策划一系列社群活动增加用户黏性和参与感，长期目标则是建立一个稳定且活跃的品牌社群，形成良好的口碑效应。

3. 构建DeepSeek指令：Lululemon是一个高端运动服装品牌，主要面向25-45岁关注健康生活的人群。请根据社群运营原则，设计一套新媒体营销策略，内容涵盖：（1）深入分析该年龄段用户在选择健身装备时的心理动机及购买决策过程，特别是他们对社区活动的兴趣点；（2）提出至少三项能够激发用户分享欲望并促进社群裂变的具体社群活动创意，包括但不限于线上挑战赛、线下体验日等，并说明预期效果；（3）规划从吸引新成员加入社群到转化为忠实客户的完整转化路径，包括互动环节的设计、激励机制的设立以及如何衡量社群活跃度及增长的有效指标体系。

4. 打开DeepSeek页面，输入指令并发送，如图6-2所示。

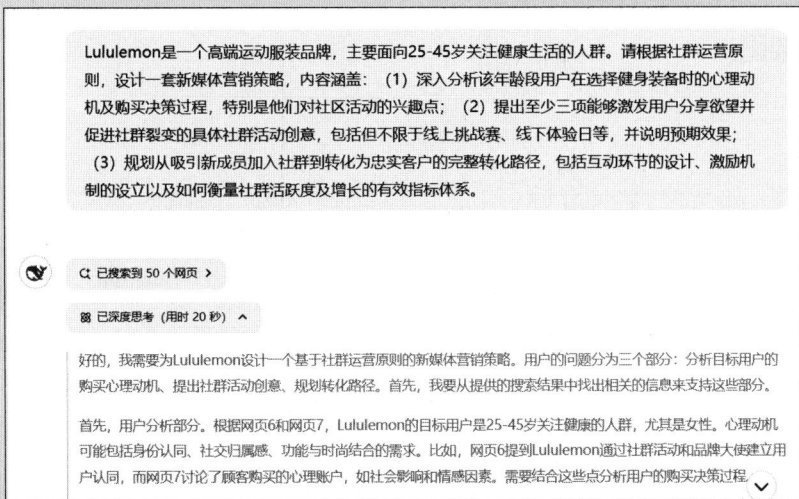

图6-2　DeepSeek回复Lululemon的新媒体营销策略

实训题目2：社群营销与裂变营销策略的应用与优化

实训要求

1. 选择一个行业或领域，确定一个具体品牌或产品作为实践对象。

2. 设计一个基于社群营销和裂变营销的营销策略，以提高品牌知名度、用户参与度和转化率。在实施营销策略的过程中，注意充分利用各种社交媒体平台和工具，与用户进行有效沟通和互动。

第7章
数据：大数据营销

知识框架图

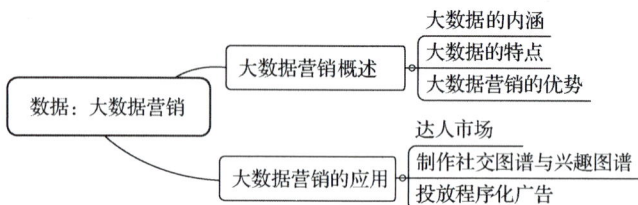

知识框架图内容：
- 数据：大数据营销
  - 大数据营销概述
    - 大数据的内涵
    - 大数据的特点
    - 大数据营销的优势
  - 大数据营销的应用
    - 达人市场
    - 制作社交图谱与兴趣图谱
    - 投放程序化广告

知识目标

1. 掌握大数据营销的概念。
2. 了解大数据营销的应用。

技能目标

1. 了解管理达人的方法。
2. 了解投放程序化广告的技巧。

案例导入

良品铺子打通线上线下边界，整合数据营销

作为新零售的标杆企业，良品铺子从2012年开始布局电商，入驻天猫、京东、拼多多、抖音、快手等电商平台，搭建丰富多样的消费场景，为不同用户提供个性化的选购体验。为更好地服务于用户，帮助终端门店更好地获取流量，良品铺子搭建运营框架，从而实现线上线下一城一策，扁平化运营。面临渠道和系统碎片化的困境，良品铺子制定全渠道运营数字化战略，整合线上线下渠道，形成了全渠道营销网络（见图7-1）。

良品铺子通过线上线下联动，打造全域持续获客——长效运营——持续转化的私域闭环。围绕消费者需求，借助不断推出新品和送福利等营销方式，积攒了庞大的消费者资源。通过在私域和用户深层连接，推动品牌价值持续增长。

为了更好地抓住消费者的心，良品铺子注重消费者体验。在大数据分析的基础上把握消费者对休闲食品的需求与趋势，为消费者提供高品质产品，满足不同消费群体在不同场景下的多元休闲食品需求。良品铺子还分析门店周边客流画像，从而指导门店规划、预估销售数据，指导选品和门店布局等，如此一来，良品铺子得以实现对数家门店的强有力管控。

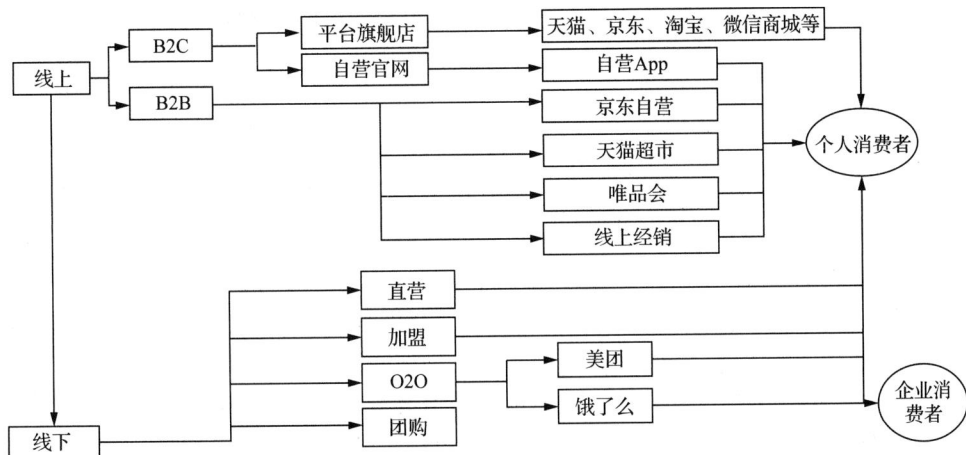

图7-1　良品铺子全渠道营销网络

良品铺子的电商会员体系如图7-2所示。

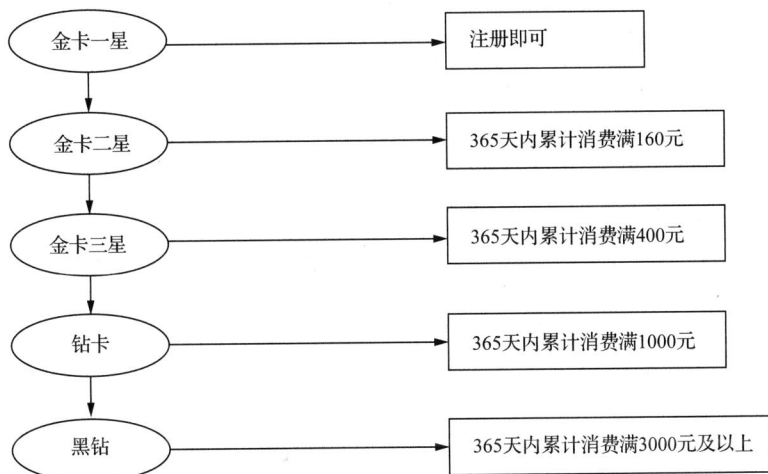

金卡一星	注册即可
金卡二星	365天内累计消费满160元
金卡三星	365天内累计消费满400元
钻卡	365天内累计消费满1000元
黑钻	365天内累计消费满3000元及以上

图7-2　良品铺子的电商会员体系

良品铺子会员分为5级，为金卡一星、金卡二星、金卡三星、钻卡、黑钻，会员等级越高，权益越多。

在上述案例中，良品铺子借助大数据制定了完善的会员体系，并逐步形成庞大的粉丝社群。你认为影响良品铺子搭建会员体系的因素还有哪些？如果你是良品铺子的营销人员，你会如何使用大数据开展营销活动？

7.1　大数据营销概述

大数据已经被应用于现代社会的各个方面，利用大数据进行营销也将逐步成为主流趋势。在信息化时代，大数据负责捕捉用户行为留下的痕迹，形成具有一定规律和特点的数据图谱，每个人的行为都是由各种数据和标签组成的图谱。要利用大数据进行营销，首先要了解大数据的内涵和特点，这样才能充分发挥大数据的优势。

7.1.1 大数据的内涵

在了解大数据的内涵之前，首先需要明确数据的内涵。数据不仅是一般意义上的由简单的数字组成的数值，事实上，图片、文本、视频以及实物信息等都是数据，如各种档案以及信息资源、博物馆内的文物等。

在信息化时代到来之前，数据的内涵和范畴是相对狭隘的，很多文字信息都不算作数据。随着时代的发展和变迁，文字信息愈加重要，特别是在社交媒体迅猛发展的当下，用户生成的内容成为主要的信息和数据来源。可以预见，随着科技的不断发展，数据的内涵会不断丰富，数据会变得越来越重要。

通过海量数据的积累，并且结合信息处理技术，企业可以做出更精准的决策。大数据的出现和应用使人类的思维模式发生了改变。在大数据出现之前，人类的思维模式主要是机械思维，借助机械思维，人类社会在思想和科学上实现了许多突破。但是在信息化和智能时代，事物的不确定性越来越强，许多现象无法运用传统思维进行解释，因而，大数据思维应运而生。

"大数据"一词起源于国外，其英文表达是"Big Data"，而在学术界，早期的很多论文都采用"Large Data"或"Vast Data"来表述大数据。但是，由于"Large"和"Vast"表示的是数量和体量上的大，二者只是在程度上略有不同；而"Big"强调的是抽象意义上的大，这种抽象意义所涵盖的范围更加广阔，因此用"Big Data"来表述大数据更加贴切。

综上所述，可以看出，大数据应当是一种抽象的信息资产，其规模之大导致人们无法仅靠大脑或者简单的操作软件加以收集和处理，而是需要通过更加高级的技术加以控制和开发，从而获得更强的洞察能力和决策能力。在大数据时代风口，我们需要新的思维模式和方法论来理解世界，而大数据正是能够帮助我们的工具。

7.1.2 大数据的特点

随着大数据的不断普及，我们在了解了大数据的内涵后，要进一步把握大数据的特点。结合以往专家、学者的研究，本书将大数据的特点概括为4个"V"，即数据量大（Vast）、多维度（Variety）、时效性（Velocity）以及价值（Value），在以上特点中，价值（Value）是最重要的。

1. 数据量大

从大数据的名称可以看出，大数据的特点之一就是数据量大。如果将大数据存入计算机或者云端，那么从计量单位来讲，要以PB、EB甚至ZB来计数。但是海量的信息和数据意味着数据内部的价值密度会相对较低。想要让大数据发挥相应的作用，我们还需要进一步对大数据进行清理，清除无效数据，提取有价值的数据并进行相应的分析。

2．多维度

多维度是指大数据的丰富性和多样性，其数据结果包含事物的各个维度的信息。网易云音乐通过分析、盘点用户的年度听歌报告，挖掘用户每一次听歌的信息，从而生成相应的结论。例如，通过文本挖掘，提取用户在听歌时最常听到的某个词语，网易云音乐"年度听歌报告"的用户文本挖掘结果如图7-3所示；通过频率分析，提取用户最常听的某一首歌或者某位歌手的歌，从而更精准地对用户进行内容推送。

网易云音乐的数据维度不仅涉及用户所听的歌，还包括用户听某一首歌的具体次数、听某位歌手的歌的次数等，从而在音乐付费不断普及的今天，实现进一步的精准营销。

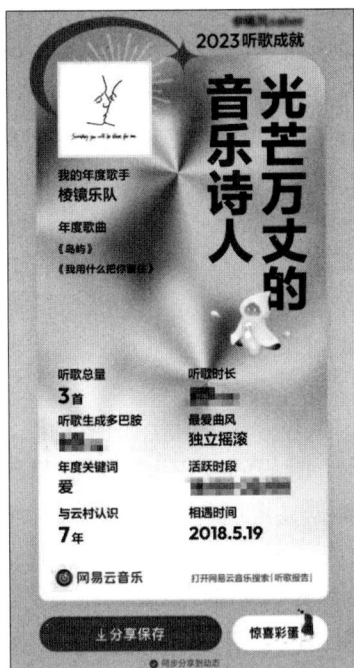

图7-3　网易云音乐"年度听歌报告"的用户文本挖掘结果

3．时效性

时效性是指对海量信息做出迅速有效的处理。例如，通过大数据分析获知实时的交通路况、获得用户的实时位置信息等。因此，借助大数据的时效性，人们可以获得更加强大和全面的洞察能力，这也为整个社会的发展提供了无限可能。

4．价值

我们身边的数据深度和广度都在呈指数级增长，成功运用大数据的企业往往能够给用户和自己带来价值。企业需要从以下3个方面来思考大数据的价值。

首先，借助大数据识别身份。将行为数据串联在一起，有助于企业识别一个"碎片化的人"，同时，只有识别出用户的身份，这种数据收集行为才有意义。

其次，大数据本身的价值角度。大数据的本质是挖掘用户的真实需求，因此，我们需要从不同的角度来看待数据的价值，在衡量价值时需要考虑不同的受众和数据提供者。

最后，大数据需要依托具体的场景。数据本身是杂乱无章的，在运用大数据时，我们一定要基于具体的场景。还原出具体的产生大数据的场景是一项重要的工作。

7.1.3　大数据营销的优势

大数据营销以海量的数据为前提，依托大数据的挖掘、分析、预测等技术，从而获得深入的洞察结果，并以此优化营销效果以及实现精准营销。

在实际应用过程中，营销人员首先应转变营销思维，通过应用大数据思维厘清瞬息万变的营销环境，同时弱化外部环境的不确定性的影响。除此之外，大数据营销作为一种营销工具，能够帮助营销人员把握用户需求，从而提升营销工作的投资回报率和营销效果。

菲利普·科特勒将营销划分为4个时代。营销1.0时代强调以产品为中心，营销活动被认为是销售的艺术；营销2.0时代强调以用户为中心，企业应通过实现产品的差异化，与用户建立更加紧密的联系，并且凭借独特的市场定位，实现品牌的价值；营销3.0时代强调价值驱动，企业需要借助科技力量完成与用户的对接与互动，营销的价值主张从功能与情感的差异化升级为精神与价值观的相互呼应；而营销4.0时代则强调以价值共创为导向，企业应借助大数据等工具让用户和自身实现更高层次的价值追求。

从营销的发展过程可以看出，不论时代如何变化，营销为用户创造价值这一本质并没有发生变化，同时，时代的变化也带来了营销工具的更替。孕育于营销3.0时代和营销4.0时代的大数据，可以将网络上的碎片化信息进行重构，还原用户的真实消费状态和消费行为。

为了让读者更加清楚地理解大数据营销，我们还需要对大数据营销在实际运用中的优势做进一步的讲解。

1.　将营销行为数据化

大数据的一个重要优势是可以将用户的消费行为进行数据化重构。例如，大数据可以将用户的网络行为进行数据化，包括在某一页面的点击次数、访问时长以及在网络上生成的各种原创内容等。营销人员结合不同的行为数据生成具体的变量，进一步分析这些具体的变量对达到某一具体的营销目标有何影响，从而采取有针对性的营销措施。此时借助大数据，可以形成一个营销闭环，即"行为—数据—营销—营销目标—行为"，这个营销闭环能够帮助营销人员有效追踪用户行为，从而实现精准营销。

总体而言，营销行为数据化是指通过将行为进行数据化重构，企业能够精准地发现用户的需求，甚至是用户自己都还没有察觉的需求。借助大数据实现消费需求的精准发掘，就是大数据带给企业的价值。

2．提升企业平台价值

在网络技术不断发展的今天，企业每天都会收集大量的用户数据，而数据内容则是企业的重要资产。企业可以通过对平台上的海量数据进行处理，发掘用户需求，并以此来开展营销活动，从而增强用户黏性，提升企业平台的整体价值。

不论是传统企业还是互联网企业，大数据都能帮助其提升运营效率和管理效率，并实现更加精准的营销。在数字化时代，推进大数据建设、开展大数据营销是外部环境的要求，同时也是企业发展的助力。大数据以及大数据营销的价值，正在于此。

3．提高营销效率

传统的营销模式强调通过调研寻找目标用户（如问卷调查、深度访谈等），但是这种模式效率低且成本高。而企业通过大数据营销可以挖掘用户的潜在需求，寻找普遍的消费规律，精准满足用户的需求。并且针对差异化的用户需求，企业可以提供定制化的产品或服务，这样既能降低营销成本，也能提高营销工作的效率。

传统的营销模式在大数据技术的辅助下可以更精准。以产品定位为例，传统的市场调研普遍存在样本量不足的问题，但是大数据能够很好地弥补这个不足。此外，企业都希望能够更加精准地实现差异化定价，但是没有足够的用户信息作为支撑。大数据使得更加精准的差异化定价成为可能，这有助于提高整体的营销效率。

4．推动商业生态环境的数字化进程

精准满足用户需求是大数据营销的作用之一，除此之外，大数据营销还可以推动整个商业生态环境的数字化进程，主要体现在实现商业智能化和消费智能化两个方面。商业智能化可以帮助企业实现整个经营活动的数字化运营，从而控制企业成本、提高经营效率；消费智能化可以帮助企业通过大数据分析用户的需求，从而提升用户体验。总而言之，大数据营销可以使企业将经营活动和用户需求更好地连接起来，打造更加全面的商业生态环境。

扫码看视频

被量化的数字
生活——
各App年度
报告刷屏

良好的商业生态环境的建立离不开大数据的发展，借助大数据等工具，商业生态环境才能更完善，系统内资源的流动才能更有效率。

7.2　大数据营销的应用

在互联网逐渐步入大数据时代后，企业及用户行为不可避免地也发生了一系列的变化与重塑，其中最大的变化莫过于，用户的一切行为在企业面前似乎都是可视化的。随着对大数据技术的深入研究与应用，企业的关注点日益聚焦于怎样利用大数据实现精准营销，进而深入挖掘用户潜在的商业价值。选择合适的达人、制作社交图谱和兴趣图谱、投放程序化广告等都是企业运用大数据所进行的成功实践。在上一节中我们已经了解了大数据及大数据营销的相关内容，那么企业应该如何将大数据应用于营销实践呢？我们先从"达人市场"开始讲起。

7.2.1 达人市场

在互联网快速发展的背景下，达人市场作为互联网文化产业的新生力量，得到了快速的发展，而达人对人们生活产生的影响也越来越大。那么何为达人？

1. 达人的概念

达人通常被视为拥有更多、更准确的产品信息，为相关群体所接受或信任，且对该群体的购买行为有较大影响的人。简单来说，达人就是在某个领域拥有一定影响力的人。该群体的范畴没有绝对限定，可以大到一个行业、一个文化圈，也可以小到一个兴趣小组。某贴吧的吧主、某读书群的领读人……都可以被称为"达人"。他们通常有一定的粉丝基础，其影响力大小取决于粉丝数量的多少及粉丝黏性的强弱。

达人基本上就是在行业内有话语权的人，包括在微博、微信等社交平台上有话语权的人，也就是我们所说的"圈层红人"。他们分布于社会上的任何群体中，在某一行业内可能是专业的或者是经验丰富的，因此他们的话通常能让粉丝信服。在大多数产品的用户中，达人占比很小，但其影响力以及对产品的贡献极大。

此外，我们要简单区分一下达人和"网红"这两个不同的网络运营主体。达人往往是长期持续输出专业知识或因发布的内容而走红的人；而"网红"往往是因为他的某个事件或某种行为被大众关注而突然走红的人。这两者是有一定的交集的，且"网红"可以发展为达人。

2. 达人的类别

达人可分为以下几类。

（1）头部达人

头部达人拥有百万个甚至千万个粉丝，在某种程度上拥有相当大的影响力。

（2）腰部达人

腰部达人的粉丝数量相对较少，通常有几万个粉丝或者十几万个粉丝。他们一般关注于某一个领域，吸引的粉丝群体和他们的偏好相似，不过他们拥有更多时间和粉丝进行互动交流，亲和力更佳，粉丝黏性更强，投放广告的性价比相对更高。

（3）尾部达人

现阶段，粉丝数量相对更少的尾部达人开始受到越来越多的广告主的重视。这些达人的影响力一般基于自身拥有的才艺、知识等，他们可能来自各个垂直领域，包括白领、画家、游戏玩家、舞蹈演员等，与头部达人相比，他们与粉丝的距离更近，更容易接触志同道合的人并与之建立更紧密的联系。特别是一些小众群体中的达人，将会成为各大广告主的重点关注对象。只要能找到合适的达人便能找到其对应的用户群体，这使广告主可以更好地对目标用户群体进行营销。

此外，尾部达人拥有一定的用户影响力和带货能力，但是对品牌整体的影响力较小，其对品牌产生的负面影响也能够及时得到控制。相对来说，与他们合作成本较低也更为安全。对于不同体量的达人，企业要采取不同的策略，针对不同体量达人的策略如图7-4所示。

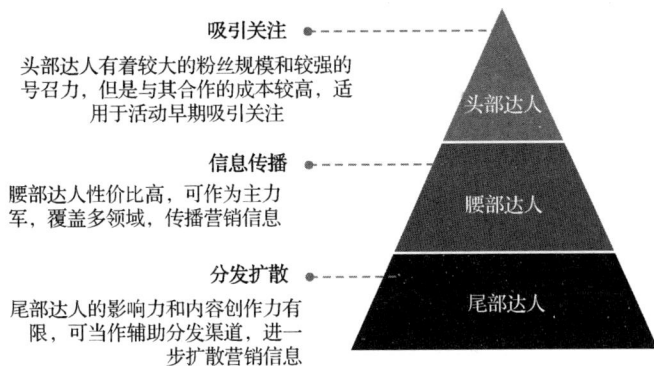

吸引关注

头部达人有着较大的粉丝规模和较强的
号召力，但是与其合作的成本较高，适
用于活动早期吸引关注

信息传播

腰部达人性价比高，可作为主力
军，覆盖多领域，传播营销信息

分发扩散

尾部达人的影响力和内容创作力有
限，可当作辅助分发渠道，进一
步扩散营销信息

图7-4 针对不同体量达人的策略

3．达人的价值

上文介绍了达人的概念和类别，具体对企业而言，达人又具有哪些价值呢？

（1）持续活跃

达人持续活跃可以持续带动粉丝和普通用户留意其所用的产品及品牌。达人通常会在平台上直播或发布软文和好物分享视频等，保持一定的活跃度，加强与粉丝的联系和互动。

（2）带动粉丝消费

达人带货已成为电商界的共识，达人一般通过直播、写软文等方式推广产品，带动粉丝消费。在免费用户向付费用户转变、普通用户向高级用户转变的过程中，达人都可以发挥作用。达人从事电商便是一个典型的例子。达人凭借其影响力和粉丝的信任卖产品，可极大地促进销售转化。

直接销售产品无疑是常见的达人带货方式，一般是有特定消费群体的品牌主，以销售转化为目标，通过该方式直接销售具体的产品。直接销售产品需要达人本身具有较强的专业性，在垂直领域拥有过硬的专业技能。

除了直接销售，"种草"也是达人常用的一种带货方式。虽然"种草"的最终目的也是销售产品，但是相较于直接销售来说更加隐蔽，不容易引起粉丝反感。一般产品的特性与达人的风格有关，品牌通过达人触及受众群体，从而完成有效的营销信息传播。小红书上就有很多"种草"型达人。值得注意的是，"种草"的核心是弱化销售导向，同时达人也需要持续地运营账号，保持热度。

达人推广已经逐渐成为一种商业模式，达人平台不断丰富，其营销价值逐渐受到广告主的认可和重视。近年来，广告主们不再把达人推广当作"一次性"的营销手段，而是把它当作一种长期的推广手段，不但增加了在达人推广上的营销成本，还开始制定长期的达人推广策略。达人推广确实能为广告主带来广告效益，营销表现形式也更加多样，极大地提高了营销效率。

在实际操作中广告主往往不只选择一个达人，而是在产品推广的不同阶段选用不同体量的达人。通过头部达人提高品牌知名度；通过腰部达人打入粉丝群体，从而更深层次地对产品进行推广并且引导用户进行消费；再利用尾部达人辅助宣传推广。达人的魅力就在于他们推荐的产品相对更加真实，和粉丝之间的距离更近，针对的用户群体更明显，宣传效果相对更好。

值得注意的是，广告主在选择达人时，要注意做好达人的背景调查，筛选过滤掉劣迹达人。广告主也可以与第三方公司合作，逐一查看想要合作的达人的背景，了解他们的更多信息，包括他们曾经发布过什么内容、发表过哪些言论、他们的价值观如何等。

7.2.2 制作社交图谱与兴趣图谱

既然达人对于企业而言非常重要，那么怎样才能找到他们呢？企业可以通过制作社交图谱与兴趣图谱来寻找达人。

1. 社交图谱

社交图谱是一种表明"我认识你"的网络图谱[①]，是人们线下关系在线上的映射，它反映了用户通过各种途径认识的人：家庭成员、同事、朋友、同学、俱乐部成员、朋友的朋友等。社交图谱主要由一些主流的社交网络产生。社交图谱如图7-5所示，用户向自己认识的人发送邀请来构建和维持他们的社会关系。微博就是社交图谱的典型代表。社交图谱的作用在于可以展示用户通过各种途径认识的人所构成的关系网，可以直观地帮助企业找到分享传播路径中传播能力最强的人。社交关系有强弱之分，主要有以下几种形式。

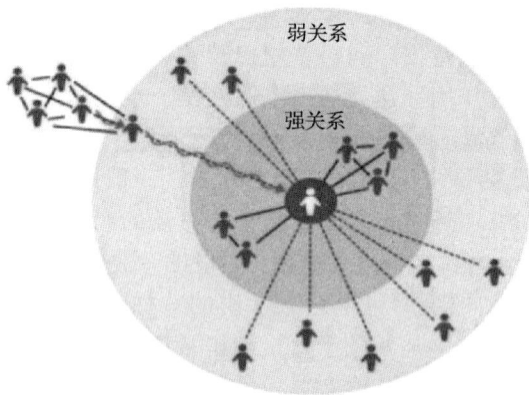

图7-5 社交图谱

（1）社交图谱的强关系

与我们互动较多的人，如好朋友、家人、同事、同学等。

（2）社交图谱的弱关系

与我们互动较少、不怎么熟悉的人，如朋友的朋友等。

（3）社交图谱的临时关系

我们不认识但与之临时产生互动的人。

与盲目开发用户、投入产出低、品牌传播速度慢的传统营销模式相比，基于社交图谱的数据化营销可以帮助企业对用户进行分层管理，制定更具针对性的营

① 苏杰. 人人都是产品经理[M]. 北京：电子工业出版社，2017.

销策略。利用社交图谱，一方面，企业可以找到传播能力强的用户并使其成为营销人员，从而在一定程度上减少营销费用；另一方面，企业可以通过传播能力强的老用户对其社交关系圈的好友进行口碑传播，大大提高传播速度。

2. 兴趣图谱

兴趣图谱则是一种表明"我喜欢这个"的网络图谱，兴趣图谱是以人和人的共同兴趣为线索的图谱，以分享共同的兴趣为基础，通过相同的兴趣将众人聚集在一起。

在互联网时代，"兴趣"成为组织用户群体，对信息进行分组的一种工具。基于用户兴趣，企业将用户分成不同的群体，实现对信息的分类处理，降低信息处理成本。

3. 社交图谱与兴趣图谱的区别

社交图谱与兴趣图谱的区别如表7-1所示，两种图谱实际上反映了用户在网络上的两种不同角度的诉求：社交图谱反映了用户与好友进行沟通互动的情感需求，而兴趣图谱则反映了用户追求品位、获得知识的自我实现需求。

表7-1 社交图谱与兴趣图谱的区别

社交图谱	兴趣图谱
社交图谱以人为最小单位	兴趣图谱以兴趣为最小单位
多为双向关系	多为单向关系
强关系	弱关系
关系维系	关系拓展
默认不公开	默认公开

4. 社交图谱与兴趣图谱的融合

目前主导社交网络的两个核心就是社交图谱和兴趣图谱，那么如何才能实现两种图谱的融合呢？目前我们可以看到国外已经在进行积极的尝试，尤其是Google+的推出，将会极大地刺激社交网络的转型。在Google+中，用户可以很容易地将其关系图谱的成员拖到一个或者更多的图谱中，而这些图谱则是基于共同的爱好或者分享的内容而产生的。

7.2.3 投放程序化广告

投放广告无疑是一种非常有效的营销手段。广告在我们的日常生活中无处不在。在大数据技术快速发展的互联网时代，与传统广告相比，借助"技术+数据"的力量，程序化广告已经可以精准地投放给目标用户。由于移动端在主导媒体消费和自媒体购买，且程序化广告发展得很快，传统广告主越来越不容易接触到真实用户，而充分利用程序化广告，广告主可以在新的移动广告领域占据一席之地。

1. 程序化广告的概念

程序化广告是指利用技术手段进行广告交易和管理的一种广告形态，它使用软件和实时"智能"数据来自动化购买和销售广告资源。广告主可以程序化采购媒体资源，并利用算法和技术自动实现精准的目标受众定向，只把广告投放给

"对"的人。媒体可以程序化售卖跨媒体、跨终端（如计算机、手机、平板电脑、互联网电视等）的媒体资源，并利用技术实现广告流量的分级，进行差异化定价（如黄金时段的价格高于其他时段）。因此，程序化广告是以人为本的精准定向广告，可实现媒体资源的自动化、数字化售卖与采购。

由此我们可以看出，广告主通过程序化广告购买的是受众，而不是广告位，广告的策略是从用户匹配的角度出发的。针对"千人千面"的精准投放，广告主需要以用户为中心，定位目标人群。广告位对于精准投放来说只是一个次要条件，广告主关心的是自己的广告是否能投放给"对"的人。

而程序化广告是指根据需求方的要求，依据广告策略和算法自动完成出价。就像突然点开一个App弹出的广告一样，在打开的那一瞬间，程序化广告的运作已经完成了。这中间包括了许多工序：用户将信息传给供应方平台，供应方平台再将信息迅速发给需求方平台，需求方平台做出竞价选择，最后将广告返回给用户，这个过程总共用时不超过1秒。

数字媒体的使用由移动应用驱动，而现在智能手机应用的使用已经占据用户不少时间。因此，为了跟上移动设备的发展步伐并成功吸引新的用户群体，品牌就需要不间断地部署、测试和优化广告活动。将程序化广告成熟的数据驱动定位功能与丰富的移动媒体相结合，广告主可以在合适的时间使用合适的广告素材吸引合适的用户，并且价格合理。由此可见，程序化广告不单单是一种算法，更是实现更高效的营销模式的工具。

2. 程序化广告的参与者

（1）需求方

需求方即广告主，是购买流量进行广告投放的一方。需求方也可以是代理商，负责对接广告主的需求，并代表广告主寻求可合作的媒体渠道。

（2）需求方服务平台

需求方服务平台是需求方（即广告主或代理商）提供实时竞价的平台，同时也是一个允许需求方通过单一来源跨多个广告交易平台购买广告流量的平台，该平台汇集了各种广告交易平台、广告网络、供应方平台，甚至媒体的库存。需求方可以使用需求方服务平台的后台来管理出价，设置目标和重定向等的标准，包括设置目标受众的定向条件、预算、出价、创意等，并汇总不同的数据，实时优化广告竞价。有了这一平台，需求方就不需要再完成另一个烦琐的购买步骤——购买请求。

采购交易平台为需求方提供整合多个需求方服务平台的技术解决方案。在采购交易平台上，需求方可以统一管理多个需求方服务平台的投放，具体包括分配投放预算、制定和调整投放策略、查看数据报告等。

采购交易平台主要有以下3种类型。

代理交易平台：该类平台是大型媒体采买方和经销商，在大型媒体流量购买中独立运作。代理交易平台在程序化广告中扮演着桥梁和执行者的角色，它们通过自动化技术连接广告主与供应商，执行实时竞价和受众定位，优化广告投放效果，并提供数据分析报告，从而实现高效、精准的广告购买的效果提升。

独立采购交易平台：其与代理交易平台的区别在于，独立采购交易平台可以服务于多家广告代理商。

品牌广告主内部采购交易平台：该类平台是由广告主自己搭建或由技术提供商搭建的仅供广告主内部使用的自由采购交易平台。

（3）供应方

供应方即流量的拥有者，为广告主提供接触用户的平台，是现金流向的终端，主要包括一些媒体网站、App和广告联盟。

（4）供应方服务平台

供应方服务平台允许供应方将其数字广告（应用或网站）流量资源"出售"给同时通过多个广告交易平台、广告网络和需求方服务平台进行出价的广告主。通过供应方服务平台的后台，供应方可以管理广告、展示库存，并根据广告质量、用户体验和产生的收入来选择或排除广告主。现在供应方服务平台的功能与广告交易平台基本一致。

广告交易平台是一个可以让广告主和供应方通过实时竞价的方式购买和销售广告的数字市场。广告交易平台最常用于销售展示广告、视频广告和移动广告资源。广告主或代理商通常使用需求方服务平台来挑选他们想要购买的广告展示方式。这些决策通常基于用户的历史行为、活跃时间、设备类型，以及广告位置等信息来实时做出。广告交易平台是一个开放的、能够将媒体和广告主联系在一起的在线广告市场（类似于股票交易所），而需求方服务平台与广告交易平台的关系，如同买菜的人与菜市场里的菜贩。

（5）数据管理平台、程序化创意平台、监测分析平台

数据管理平台能够收集和汇总第一方数据以及第三方人口统计和行为数据，为广告投放提供标签，以便精准确定用户，并通过投放数据建立用户画像，进行标签的管理以及再投放。通过将不同的用户数据整合到一个视图中，数据管理平台提供了用户在线上和线下的活动数据，帮助广告主定义关键用户，找到细分用户，并向用户发送有针对性的消息，以激发用户的共鸣并激励他们采取行动。

程序化创意平台专注于对广告创意的投放进行优化，通过技术自动生成海量创意，并利用算法和数据对不同用户动态地展示广告并进行创意优化，这个过程叫作动态创意优化。每个人看到的广告可以是不一样的，即使是同一个人，其在不同场景下看到的广告也可以是不一样的。

监测分析平台是广告主在广告投放过程中，用于对广告投放数据进行同步监测的第三方平台。广告主还需要自己评估广告投放平台数据的真实性，验证投放的相关数据（如展示量、点击量、受众属性等）是否与第三方平台的监测报告一致。

3. 程序化广告的优势

在传统广告模式下，广告主需要与众多媒体逐个谈判或通过广告代理购买媒体资源。这种模式价格高、覆盖面小，虽然广告主现在可以同时在多家媒体进行投放，并且可以自主选择具体的投放地区、投放时间等定向条件，但是用户的标签是不明晰的，媒体不能根据广告主的需求定制个性化的用户标签。同时，在传

统广告模式下，我们无法识别不同用户的个性化需求。同一用户在单一创意或多创意随机轮播的轰炸下极易产生审美疲劳，如此广告点击率自然难以提升，媒体自身的流量也会因糟糕的用户体验而下滑。

程序化广告的出现极大地改变了互联网广告的投放模式。

在程序化广告模式下，广告主可以通过需求方服务平台或广告代理商将广告投放到广告交易平台或供应方服务平台中的众多媒体上。从广告联盟到程序化广告，广告主实现了从预定义用户定向到自定义用户精准定向的跨越。除了简单的定向条件，广告主还可以对用户属性进行精准定向（如对已有用户群或流失用户群进行重定向等），使每一分钱都尽可能用于投向精准的目标用户。通过数据管理平台和程序化创意平台的个性化创意制作，可以实现"千人千面"的创意展示，甚至实现针对同一用户在不同时刻、不同场景的广告投放，与用户进行更高效的信息沟通和互动。另外，借助广告验证平台的投放验证，程序化广告还可以满足广告主对品牌安全、反作弊过滤、广告可见度分析等方面的要求。

相较于传统广告模式的靠人力进行媒体洽谈、广告管理和对用户进行无差别投放的特点，程序化广告的优势是为广告主和媒体带来了营销效率和效果的双重提升。

（1）广告主角度

① 效率提升。提升媒体资源采购效率：在传统广告模式下，广告主需要通过人力联系各个媒体渠道进行价格谈判、排期、投放等，成本高、速度慢而且不稳定；而在程序化广告模式下，直接进入交易市场就可以采购海量媒体网站和移动应用等资源。

提升广告投放效率：在传统广告模式下，广告主对采购的媒体资源在广告活动中无法进行统一管理；而在程序化广告模式下，广告主通过整合的平台就可以跨媒体、跨终端进行投放资源规划和效果跟踪。

② 效果提升。提升广告投放效果：精准是程序化广告投放的一大优势；程序化广告投放应面向目标用户，目标用户是被贴上了各种定向标签的目标人群；这些标签可能是用户的移动设备型号、兴趣爱好等不同的组合；精准度的提升意味着更接近广告的目标用户，向这些目标用户投放广告，避免了广告主将资金花费在非目标用户上，从而造成资金浪费。因此在程序化广告模式下，广告的投放更精准，也更可控，这在减少资金浪费的同时提升了广告投放效果。

缩短优化周期：程序化广告具有实时竞价投放和实时优化的特点，这使得广告数据的收集、分析和优化过程变得更加简单、高效。

（2）媒体角度

① 效率提升。提升媒体资源售卖效率：在程序化广告模式下，媒体可以将资源接入交易市场，有需求的广告主、代理商和程序化广告平台能够直接在交易市场中购买各类资源，而不需要逐一谈判。

② 效果提升。提升流量利用率和用户体验：程序化广告可以提升优质流量和长尾流量的有效利用率；基于用户的属性、兴趣等标签，媒体可以针对不同流量给出不同售价，提升流量的收入；同时，相较于传统的长期展示同一个广告的模式，程序化广告更贴近每个用户的需求，因此用户体验也会有所提升。

本章小结

通过对本章内容的学习，读者对大数据营销有了比较全面的认识，同时掌握了大数据、大数据营销的概念以及大数据在营销中的应用。

建议读者在学习本章内容的过程中，对大数据时代的各种营销模式进行对比学习。在企业所有的业务活动皆可以数据化的今天，通过选择恰当的营销模式，企业可以更好地拓展自身的业务。对于从事企业实际工作的读者来说，本章的内容将很有帮助。

扫码看视频

零食很忙：大数据驱动的零食零售创新

课后习题

一、名词解释

大数据　达人　社交图谱　兴趣图谱

二、单项选择题

1. 以下不属于大数据特点的是（　　　）。
    A. 数据量大　　　B. 多维度　　　　C. 时效性低　　　D. 价值
2. 以下不属于大数据在营销中的应用的是（　　　）。
    A. 制作用户画像　　　　　　　　B. 制作社交图谱
    C. 制作兴趣图谱　　　　　　　　D. 投放程序化广告
3. 以下属于社交图谱形式的是（　　　）。
    A. 强关系　　　　　　　　　　　B. 私人关系
    C. 公共关系　　　　　　　　　　D. 网络关系
4. 以下不属于程序化广告参与者的是（　　　）。
    A. 需求方　　　　　　　　　　　B. 需求方服务平台
    C. 供应方　　　　　　　　　　　D. 供应受益方

三、多项选择题

1. 达人的类别包括（　　　）。
    A. 头部达人　　　　　　　　　　B. 腰部达人
    C. 尾部达人　　　　　　　　　　D. 中部达人
2. 兴趣图谱的特征包括（　　　）。
    A. 以兴趣为最小单位　　　　　　B. 多为单向关系
    C. 弱关系　　　　　　　　　　　D. 关系拓展

四、复习思考题

1. 大数据的特点是什么？

2. 大数据营销的优势包括什么？

_____

_____

3. 社交图谱与兴趣图谱的区别是什么？

_____

_____

4. 程序化广告的优势有哪些？

_____

_____

学以致用

实训题目1： 使用DeepSeek助力Pidan市场营销

品牌背景

Pidan（彼诞）是一家成立于2015年的宠物用品品牌，专注于为猫咪提供高品质的生活用品。其产品线涵盖猫砂、猫玩具、猫抓板、猫窝等多个品类，旨在通过设计感强且实用的产品提升猫咪及其主人的生活品质。Pidan凭借其创新的设计理念和对宠物需求的深刻理解，在年轻宠物主人群中获得了广泛的认可和支持。品牌的定位是中高端市场，消费者主要是20-35岁之间注重生活品质且愿意为宠物投入更多资源的城市居民。

任务要求

利用DeepSeek进行数据分析，帮助Pidan制定一套基于大数据的精准广告投放策略。该策略应能有效识别并触达潜在消费者，同时提升现有消费者的忠诚度。

操作提示

1. 明确使用目的：借助DeepSeek深入挖掘不同地区、年龄层次消费者对于宠物用品的偏好差异以及他们的购物习惯，特别关注Pidan消费者在社交媒体上的行为模式，包括他们对宠物用品的关注点及互动方式。

2. 确定营销目标：短期目标是通过大数据分析提高Pidan在特定区域内的销售转化率，特别是在一线城市中的年轻宠物主群体中增加品牌知名度。长期来看，致力于建立更加个性化的用户体验，增强品牌忠诚度，并通过持续的数据驱动优化广告投放策略以实现更高的投资回报率。

3. 构建DeepSeek指令：Pidan是一个成立于2015年的宠物用品品牌，专注于为猫咪提供高品质的生活用品，主要面向20-35岁注重生活品质且愿意为宠物投入更多资源的城市居民。请基于大数据分析，为Pidan制定一份精准广告投放策略，包括（1）如何利用大数据技术了解消费者的购物习惯、偏好及其社交媒体行为，特别是针对不同地区和年龄层次的差异；（2）基于上述数据分析结果，针对不同市场区隔定制化广告内容的方法，如个性化的促销信息、产品推荐等；

（3）评估广告效果的具体指标，例如点击率、转化率、顾客生命周期价值等，并提供优化广告投放策略的数据驱动建议；（4）探索如何通过数据分析预测未来的消费趋势，提前布局新品类或新产品的推广策略，确保Pidan能够在竞争激烈的宠物用品市场中保持领先地位。

4. 打开DeepSeek页面，输入指令并发送，如图7-6所示。

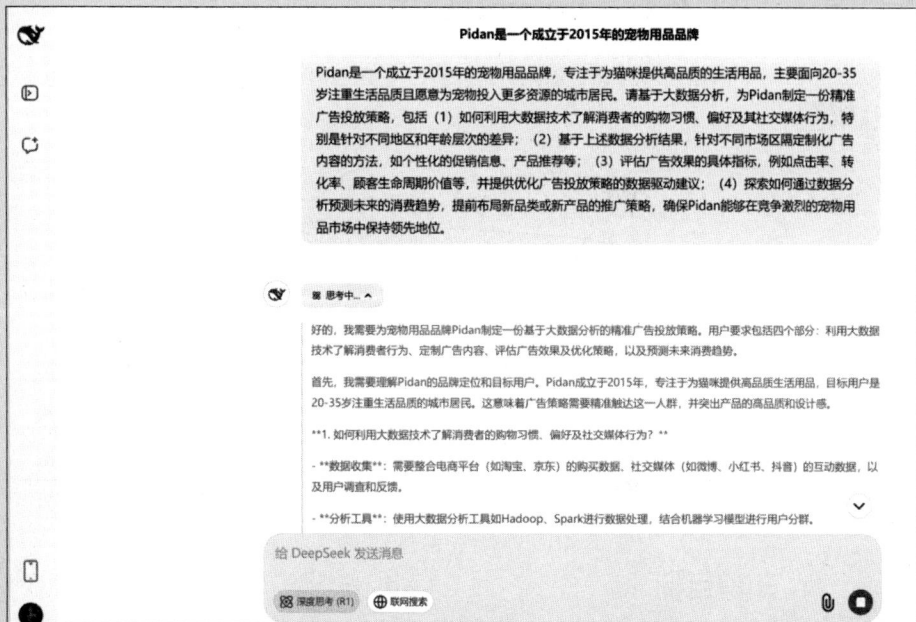

图7-6　DeepSeek回复Pidan的广告投放策略

实训题目2： 基于大数据的社交媒体营销策略设计与实践

实训要求

1. 选择一个品牌或产品，以其为实践对象，对其在社交媒体上的营销策略进行分析和优化。

2. 利用大数据技术和工具，对该品牌或产品在社交媒体上的相关数据进行收集、清洗、分析，制定相应的营销策略。

工具篇

第8章
进击的"双微"——微博、微信平台

知识框架图

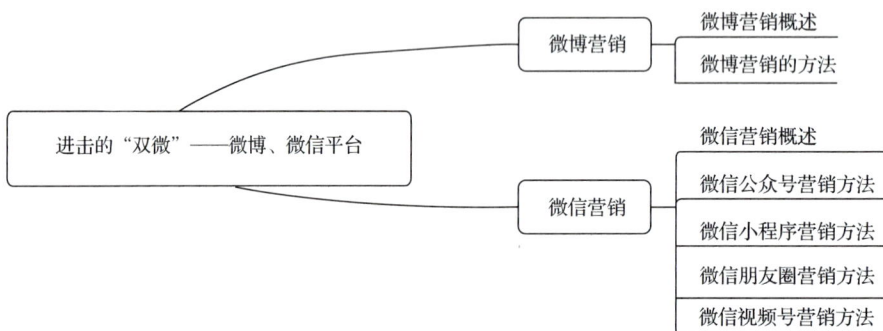

知识目标

1. 了解微博营销的价值和方法。
2. 明确微信公众号的营销步骤。
3. 掌握微信视频号的营销方法。

技能目标

1. 能够识别不同类型的微信公众号及其营销步骤。
2. 能够很好地使用微信小程序进行营销推广。
3. 能够利用微信朋友圈和视频号进行营销推广。

案例导入

麦当劳互动式社交平台"种草"

2023年的互联网上特别流行用"×门"来表达对某样事物强烈喜爱的人群,而麦当劳庞大的粉丝群进行麦当劳"文学"创作的现象也被称为"麦门"。

小红书是"麦门"的主要阵地,拥有各种有趣的图文以及具体的分区。麦当劳的运营者时不时会出现在一些"麦门"的创作图文的评论区中，和小红书用户进行互动以打造有趣人设。

麦当劳官方微博也经常"玩梗"，甚至还创作了一系列的"麦门卡片"，将娱乐气氛推向高潮。

麦当劳一直致力于通过其微信公众号向消费者传递新产品和重要活动的信息。当有热门事件发生时，运营者会注意并紧跟趋势，可能会在公众号上发布相关内容。同时，麦当劳也希望通过这种方式来保持与消费者之间的互动。

显而易见，如今的微博、微信已经成为新媒体平台中拥有超级流量的大平台。对于企业来说，新媒体平台就是一座宝矿，如果企业利用得当，就会享受平台带来的红利。麦当劳在微博与粉丝亲密互动、玩梗创作"麦门卡片"，同时在微信公众号上传递新产品信息，展示了其在微博、微信平台上的营销策略。

作为营销者的我们，如何进行微博、微信营销？如何通过微博、微信，展现品牌特有的文化，与粉丝进行有趣互动，利用新媒体平台的特性进行内容传播和品牌建设呢？让我们带着问题学习接下来的内容吧。

8.1 微博营销

在微博上，大量原创内容被生产出来，人们纷纷开始建立自己的网上形象，"沉默的大多数"在微博上找到了属于自己的舞台。那么，微博营销的发展历程是怎样的呢？微博营销又有着怎样的特点呢？

8.1.1 微博营销概述

1. 微博营销的概念和价值

微博营销是指企业以微博作为营销平台，利用自身创建的微博账号或联合其他的微博账号，设计与网友的互动博文，让网友主动关注、评论、转发，参与企业的营销活动，从而达到营销的目的。鉴于微博的诸多特点，企业可以很好地利用这一平台开展营销。对于企业而言，微博营销的价值如下：品牌传播、用户关系管理、市场调查与产品开发推广、危机公关。

（1）微博是品牌传播的利器

微博的信息传播模型可概括为"微博传播=用户+情绪+行为"。其中，用户指的是忠实粉丝；情绪是为用户制造一个传播的理由，行为是引导用户创造内容或参与活动。企业可以利用微博展示品牌形象和产品特点，宣传企业文化，提供企业的资讯、服务及新产品的信息；通过微博组织开展市场活动，打破地域及人数限制，实现线上和线下的互动营销，引导用户创造内容，助力企业营销和品牌传播。

（2）微博是用户关系管理的绝佳助手

许多企业选择借助微博进行用户挖掘、维护和服务，将与目标用户的一对一沟通、交流，转化为用户的购买行为，实现用户关系管理的拓展和深化，与目标用户建立情感，听取其对产品的意见及建议，及时发现用户对企业和产品的不满，并快速应对。在以用户为中心的商业模式中，用户关系管理强调时刻与用户保持和谐关系，不断地将企业的产品或服务及时传递给用户，同时全面、及时地收集用户的反馈信息。因此，利用微博进行用户关系管理，极大地降低了企业的管理成本，减少了信息损耗，有利于企业与用户关系的良性发展。

（3）微博是市场调查与产品开发推广的创新工具

微博庞大的用户基础让企业可以利用其进行市场调查和产品开发推广。基于大数据的用户信息挖掘和分析以及算法的智能推荐系统，企业可以通过微博迅速、精准地将产品广告、活动投向潜在的用户，也可以通过市场调查的方式探寻用户的潜在偏好和购买意愿，实现高效精准地调查和推广。

（4）微博是危机公关的理想工具

微博既可能成为扼杀品牌的利剑，也可能成为品牌的推手，帮助企业转危为安。当危机事件发生时，微博是很好的公关阵地。由于微博具有即时性等特点，用户在与企业进行互动的过程中，如果遇到什么问题，就可能直接发一条投诉企业的微博，而经过广泛传播，该微博就会演变为企业的一次公关危机。同样，企业在进行危机公关时，也可以借助微博及时对危机事件进行反馈和处理，并与提出问题的用户进行直接、有效的沟通；并通过发布公告的方式阐述企业立场和解决方法，让更多不明就里的用户了解事件的来龙去脉和企业的应对措施，挽救企业形象，并在较短的时间内解决用户的疑虑和问题，妥善处理危机。

2. 微博营销与微信营销的区别

在新媒体时代，微博和微信已经成为主流社交平台。两者在特点和营销模式上有以下区别。

① 微博兼顾PC端和移动端，而微信则主打移动端。因此，微博在多终端的通用性上会更胜一筹，能够给用户提供更加统一的体验，在一定程度上适宜开展连贯性的营销活动。

② 微博主打信息，微信主打交流。微博更像新闻媒体平台，微信则是一个典型的熟人社交平台，两者在推出之初就针对不同的市场，因此在平台设计、价值理念方面有着诸多区别，营销模式也就有所不同。微博是广场，所有人不管认识与否都可以聚集在这个平台上；微信是圈子，只有朋友才能进入这个圈子。微博便于开展陌生化的营销活动，而微信则更便于开展熟人营销活动。

③ 微博适合曝光，微信适合推送。微博有媒体属性，更适用于推广企业品牌，维护公共关系和媒体关系；微信是一个社交圈子，适合信息的定向推送和用户关系的定向维护。

8.1.2　微博营销的方法

在新媒体时代，企业需要不断地利用社交媒体开展营销活动，维护与用户的关系，以打造更好的竞争环境、获得更多的竞争优势，而如何利用好新媒体，就成为企业开展营销活动时要关注的问题。企业如何在微博这样一个充满机遇与挑战的平台上有效地开展营销活动，是对营销人员提出的一大难题。因此，在进行微博营销时，企业必须抓住时机，采用合理的策略。本小节将对微博营销策略进行介绍，从定位、内容、互动、组织、危机5个角度入手，阐述企业进行微博营销时应采取的相应措施，帮助读者理解和应用微博营销策略。

1. 定位策略

企业创建和运营微博账号归根结底是为了营销，做营销自然少不了定位。企业应该确定营销方向是什么、营销目的是什么、以怎样的形象出现在微博上，这些都是十分重要的问题。企业不仅需要考虑自己在市场上的定位，更需要考虑自己在微博上的定位，从而提供相应的内容。拥有一个清晰的定位，企业的微博运营可能已经成功了一半。企业可以从品牌传播、舆情监控、产品销售等角度对自己的微博账号进行功能定位，并依据不同的定位开展相应的营销活动。

（1）品牌传播

微博是一个拥有超高流量的社交媒体工具。企业创建自己的微博账号后，可以很好地进行品牌传播，利用微博的传播性，将品牌的相关信息和活动广而告之，同时与用户进行亲密互动，这些都有利于品牌的传播。

（2）舆情监控

现在的微博用户以"90后""00后"居多，"90后""00后"用户的典型特点之一是不但坚决维护自己的权益，而且善于运用网络武器来为自己和他人发声。遇到与企业相关的问题或疑虑时，"90后""00后"用户可能会在微博上直接"@"相关企业的官方微博或者媒体。微博是一个开放性的平台，有着极强的传播性，话题一经发酵就容易一发不可收拾，如果不及时处理这类信息可能会给企业的形象带来损害。因此，企业的官方微博需要对相关的微博话题进行监控，及时处理相关危机，防止损害企业形象的事情发生。不仅仅是监控舆情，微博更是一个处理舆情的平台。作为发声渠道，微博可以让企业更好地将自身的想法、做法告知用户，从而解决潜在或已经发生的问题。

（3）产品销售

微博的用户多、在线时间长，是一个进行产品销售的优质平台。基于此特点，有些企业就选择利用自己的官方微博直接开展销售活动，在微博上建立商品橱窗，附上购买链接，用户在看到相关广告微博后可以选择直接下单。这类企业官方微博就将自身定位为产品销售的引流渠道，采用直接销售产品的方式进行营销。

联想中国的官方微博如图8-1所示。联想中国经常会利用微博宣传自己的产品和优惠活动，并附上购买链接，利用图片和视频的形式展示产品，并结合抽奖的方式引导用户分享，让用户产生购买欲望和购买行为，直接推动产品销售。

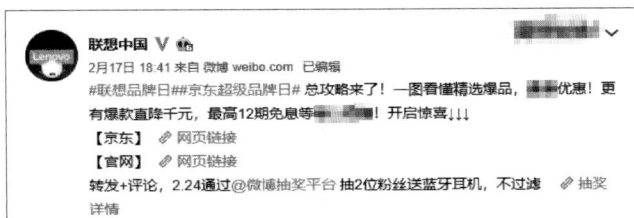

图8-1 联想中国的官方微博

2．内容策略

在新媒体时代，用户对内容的要求有了空前的提升，而微博也是典型的"内容为王"的平台，只有优质的内容才会被用户所喜爱，才能吸引用户参与活动。企业微博究竟应该发布什么内容、何时发布，这些都是企业在进行微博营销的过程中需要注意的问题。

（1）内容定位

企业微博发布的内容一定要是有意义的，即使是一些看似和企业没有直接关联的内容，也往往起着增强用户黏性的作用。内容定位有以下几个基本原则。

① 关联性：微博内容与企业相关联。如果企业发布的微博内容和企业没有任何关系，那么这条微博几乎达不到宣传的目的，无法体现企业的价值和意义。无论是"软广"还是"硬广"，企业发布的微博内容都应该是和企业本身或者其产品或服务相关联的，也许没有在这条微博中展示产品，但是发布的内容也要体现企业的价值观和企业文化，以利于企业品牌文化的传播。

② 互动性：与粉丝交流，解决实际问题。企业在运营微博时要注重粉丝的情感体验，积极和粉丝交流，了解粉丝对产品的认知和看法，并解决他们的疑惑。小米首席执行官雷军就经常在微博上与粉丝进行积极的交流互动，以解决粉丝的实际问题。这种注重解决实际问题的内容，可以为企业微博塑造良好的形象，并推动用户关系的良性发展。雷军的个人微博如图8-2所示。

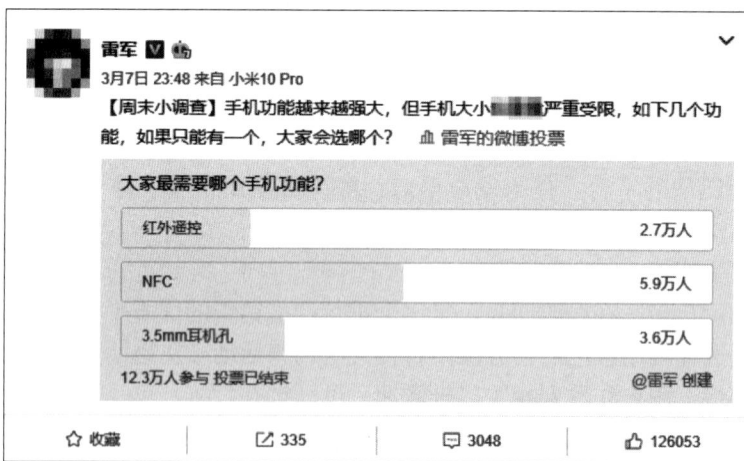

图8-2　雷军的个人微博

③ 趣味性：内容规范，但灵活有趣。趣味性的内容可以有效地吸引用户，推动品牌形象和营销活动的传播。企业微博要迎合用户口味，做到有趣；同时应当依据企业和品牌自身的特点和定位，提供适用于品牌的内容，不能一味追求娱乐化，而给用户带来困惑。

（2）内容创造

在纷繁复杂的信息海洋中，想吸引用户的注意力实属不易，只有优质的内容才能使企业微博赢得用户的关注。尤其是在微博这样一个巨大的平台上，每时每刻都有无数的新信息涌现，用户留给某一条微博的时间往往非常短暂。因此，企业更应该创造优质内容，使用户愿意看、愿意传播，才能取得良好的营销效果。尽管优质内容比较难以创造，但是也有一定的规律可循。

① 知识型微博的运营方法。知识是可以积累的。企业长时间运营和维护知识型微博，持续地为用户提供内容，持续地获取流量，是一种投资回报率非常高的运营方法。

在运营知识型微博时，企业应该注意以下3点：直接解决用户的具体问题，拥有系统性的知识和解决方案，持续为用户提供资源和解决方案。这样才能在带给用户实质性帮助的同时，持续为自己的微博引流，实现持续发展。

② 资讯型微博的运营方法。企业通过资讯型微博来帮助用户筛选信息，让用户可以迅速获取需要且有价值的信息，帮助用户节省时间，从而向用户提供价值。

在运营资讯型微博时，企业应该注意以下3点：首先，深入一个具体的领域，提供独特的信息；其次，拥有第一手资料；最后，观点、态度明确，有理有据。

③ 逗趣型微博的运营方法。逗趣简单来说就是说话带有调侃意味、思维跳跃、善用口语、爱开玩笑，总是发布很有意思的图片、视频或句子。逗趣型微博适合一些有个性的品牌运营。

在运营逗趣型微博时，企业应该注意以下3点：通过向用户提供有趣的内容而提升产品、品牌的知名度；可以有趣，但不可以造谣；紧跟热点、联合"段子手"一起创作内容。

④ 对话型微博的运营方法。对话型微博具有即时性，可以马上解决用户提出的问题。借助微博的强互动性，用户可以直接在微博上提出自己的问题，并且寻求他人的帮助。而如果微博内容可以帮助用户解决问题，并让有同样问题的人进行参考，就给用户带来了很大的价值。

在运营对话型微博时，企业应该注意以下两点。第一，微博要拟人化，有真实性格。站在用户的角度去思考问题，替他人着想，给予别人帮助，营造一个很好的对话氛围，对话才能对更多的用户有帮助。第二，内容以"用户案例"为主。对话型微博主要解决用户的具体问题，正是因为可以即时解决个性化的问题，用户才会关注该微博并长期留存。

（3）内容发布

微博内容的发布时间很有讲究，应该根据用户的阅读习惯选在合适的时间段发布。如果错过了用户阅读的高峰期，企业发布的内容难以被看到，就会影响传播效果。一般而言，如果目标用户群是年轻人，那么可以选择在晚上9点之后发布，因为夜间是他们使用社交平台的高峰期；中午也是他们使用社交平台的高峰期，在午休时间，许多人也会选择看一看微博。如果是资讯型的微博内容，可以选择在早上发布，这样既可以对前一天发生的事件进行较为及时的总结和传递，也可以让上班人士利用通勤时间浏览微博。如果是休闲娱乐类型的微博内容，在下午发布比较适宜，此时人们较为困倦。

3．互动策略

即时互动是微博的一大特点，如果能够掌握互动的技巧，企业就可以更好地与用户保持紧密的联系，提升微博运营的效果。企业微博的互动策略主要分为3类：与粉丝互动、与企业互动、与"大V"（在微博平台上获得个人认证，拥有众多粉丝的微博用户）互动。

（1）与粉丝互动

企业微博的粉丝一定是对这个企业感兴趣的人群，也就是说，其实粉丝都是目标用户。理想的粉丝是一直在购买并关注企业的产品的人群。这样一来，企业微博粉丝的管理相当于用户关系管理，企业微博运营人员需要与粉丝建立良好的互动关系。相对于传统的企业和用户的互动，微博互动氛围更加轻松愉快，互动效果也会更好，可以增强粉丝的黏性。常见的与粉丝互动的方式有私信互动、评论互动和活动互动等。

① 私信互动。私信是微博的一个具有隐私性的功能，其他用户是看不见私信的内容的，企业可以在用户关注企业微博成为粉丝之后给其发送私信，给粉丝一种被重视的感觉，这样粉丝的归属感会更强，这样企业可以在粉丝心目中树立一个良好的形象。

② 评论互动。评论互动是一种比较常规的互动方式，粉丝在企业微博下评论时，企业微博运营人员要及时回复，让粉丝感受到企业对他们的重视。有时粉丝会"@"企业微博或者发一些和企业相关的微博内容，这时企业要迅速反应，可以对粉丝发的微博内容进行转发并评论，或者直接评论，以达到互动的效果。茶颜悦色官方微博在超话与粉丝互动的内容如图8-3所示。

图8-3　茶颜悦色官方微博在超话与粉丝互动

③ 活动互动。很多企业都会在微博上开展一些活动来和粉丝进行互动，提高企业微博的活跃度。常见的活动方式有抽奖和主题活动等。这些活动会增强粉丝自动转发分享的意愿，提高企业的曝光率，并提升热度，也会给粉丝留下大方、

活跃的企业形象。

例如，华为的官方微博就经常开展赠送福利的微博活动（见图8-4），在很大程度上提高了粉丝的活跃度，增强了粉丝黏性，让粉丝有更多的机会接触到品牌。企业还可以通过这种方式进行新产品的宣传和推广，将新产品赠送给粉丝。粉丝试用之后觉得满意，就会自发地为企业进行宣传。

（2）与企业互动

企业和企业之间也可以进行互动。在微博上，很多企业"蓝V"（企业官方微博）拥有上百万个粉丝，受众面极广，和这样的企业微博进行互动，可以同时吸引两家企业的粉丝，从而提高两家企业的人气。

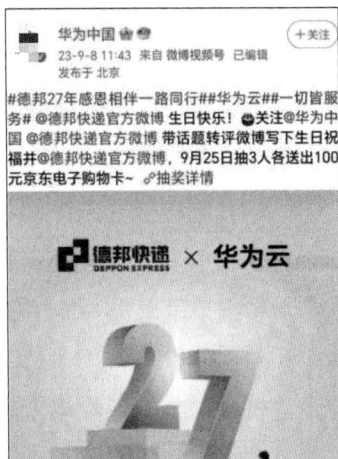

图8-4 华为的抽奖类微博活动

与企业互动主要有两种方式。一种方式是"蹭"企业的热度，如利用某个企业的热门事件发布微博内容，同时"@"该企业，这可以借助该企业或者热门事件本身的流量来为自己提高热度。例如，2020年3月，海尔集团就曾发布一条微博，和零食品牌浪味仙进行互动。结合时事和品牌的情感寄托，两家企业在合适的时间进行了合适的互动，同时触达两家企业的粉丝，达到双赢的效果。另一种方式是和某一企业进行合作，共同策划一场活动，同时为该活动进行宣传，演绎一出"微博互动大戏"。

（3）与"大V"互动

在运营企业微博时，和"大V"进行互动是必不可少的。现在微博上的"大V"有着大量的活跃粉丝和一定的号召力，能够为企业微博带来流量和讨论度。

4. 组织策略

企业开通微博之后，要安排专门的人员来负责微博运营工作，制定相关的微博运营策略以实现推广目标，充分利用微博的巨大流量帮助企业获得更多的关注。

（1）人员配置

一般来说，企业微博的运营属于企业新媒体运营的范围，目前一般的企业都会设置新媒体运营部，可以分配1～3人进行企业微博的运营，来保证运营效果。

（2）职能职责

微博运营经理的职责包括制定和优化微博运营流程，策划和执行微博营销活动，管理社交媒体营销渠道，分析用户和竞争对手，以及制定营销策略；微博运营专员的职责有更新和维护企业微博，与粉丝互动，参与策划微博活动，撰写文案，跟踪推广效果，以及进行数据分析；微博电商体系的客服专员则负责处理用户咨询、投诉和建议，监控品牌关键词，并与相关部门协作处理微博上的突发事件。

（3）人员培训

所有的工作人员都需要经过专业的培训才能够上岗，微博运营人员也不例外。培训的形式可以是内部员工相互交流，也可以是由专业人士授课。培训的主要内容包括微博的基础理论、微博运营的技巧和用户思维。

（4）人员考核

对微博运营人员的考核主要依据企业微博增加的粉丝数量、企业微博的曝光率和策划的微博营销方案及其执行情况等相关数据。企业可以根据自身实际情况、运营预算投入、发展目标等，对微博运营人员的实际工作情况进行考核，并依据考核结果做出进一步的处理和规划。

5. 危机策略

危机处理是企业在运营过程中的一项十分棘手且重要的工作。企业的危机通常具有两面性，一方面是"危险"，另一方面是"机会"。企业发生危机时，如果处理得当，不仅能够转危为安，还有可能借机宣传企业。企业的危机策略执行是需要多方面配合的，下面将以危机公关为例，讲述微博在企业危机策略执行中的作用。

（1）预防危机

企业的危机往往发生在一瞬间，尤其是在网络如此发达的时代。由于微博具有高传播性，可能用户的一条对企业不满的言论发布出来，就会在短时间内发酵，得到大家的关注。用户的一次抱怨可能就会导致企业出现危机。如果不进行处理，很可能会给企业带来巨大的损失。

对此，企业微博的运营人员可以经常在微博的搜索栏中搜索关于企业的关键词，查看网友关于该企业的言论，尤其是关于该企业的负面言论，有则改之无则加勉，并通过私信等方式，在问题发酵之前就将其解决，从而预防危机的发生。

（2）危机公关

发生危机之后，企业要遵循透明性原则，及时向用户报告相关信息和处理方法，以诚恳的态度，透明、公开地解决危机。由于微博的传播性和公开性极强，企业的一举一动都会受到广大网民的关注，只有采取合理有效且富有人情味的方法，才能有效解决危机。

企业可以使用官方微博发布危机处理的相关调查信息、处理办法、声明以及道歉等，以表达自己的态度，一方面可以解决用户提出的问题，另一方面可以寻求借机宣传的可能性。

（3）借机宣传

企业发生危机时容易在微博"引爆"话题，这是独属于该企业的话题，企业可以利用这个机会进行宣传。例如，在危机调查的过程中宣传企业的文化、专业性等，如此在处理危机的同时还可以在用户心目中树立一个负责任的企业形象。尤其是对于大量不明白整体事件发展过程的用户，他们在看到企业有力有效的应对策略之后，可能就会对该企业产生好感，从而提高消费的可能性。

扫码看视频

江小白的"青春酒"如何俘获年轻人

8.2 微信营销

2011年诞生的微信最早只是一个社交产品，随着用户数量的不断增加，微信推出的功能也越来越多，微信公众号、微信社群、微信朋友圈、微信视频号等都已成为各品牌主要推广阵地。如今，微信已逐渐成了一个产品生态系统，如果想要利用微信开展营销活动，企业有多种方法：第一种是自建微信公众号或与平台内有影响力的微信公众号合作；第二种是打造自己的微信小程序，安排专人或人工客服负责运营；第三种是在微信朋友圈投放广告，发掘品牌潜在消费者，通过发布品牌广告或原创内容等进行推广。

8.2.1 微信营销概述

微信营销是网络经济时代企业或个人营销模式的一种，是伴随着微信的火热而兴起的一种网络营销方式。微信的出现突破了距离的限制，用户注册微信后，可与同样注册的"朋友"形成一种联系，用户订阅自己所需的信息，商家通过提供用户需要的信息，推广自己的产品，从而实现点对点的营销。

微信营销主要是在移动端进行的区域定位营销。伴随着互联网的发展，现阶段的微信营销存在以下特点。

（1）加强社会关系

微信本身具有社交属性，而社交必然会产生关系，只要能够维护好关系，那么普通的关系也能够实现强关系互动，进而产生更大的价值。强关系的优势就在于营销的机遇更大，让消费者通过互动或者联络和企业形成朋友似的交易关系，那么消费者在需要商品的时候就会优先考虑企业所营销的商品，企业自然也就因此提高了转化率。

（2）形式灵活多样

微信营销的形式有很多，除了我们比较熟悉的微信朋友圈营销、微信公众号营销、微商城营销、小程序推广等，大家还可以借助一些功能开展营销，如搜一搜、看一看等功能。

（3）点对点精确营销

这得益于微信拥有庞大的用户群体及位置定位、社交功能等优势。因此，商家可以针对用户进行精确的信息推送，确保目标用户可以收到营销信息。这种精确化的营销策略有助于商家更好地与用户互动，提升品牌的曝光度和知名度。微信营销的点对点推送是一种高效的推广方式。通过微信营销，商家可以与用户建立一种独特的互动关系，可以通过群发、定向推送等技术手段，将特定内容仅发送给目标用户，避免了信息的泛滥和无效传播。商家可以根据用户的兴趣、地理位置等信息，精准地推送符合用户需求的个性化内容，从而提高用户的参与度和忠诚度，更好地与用户建立联系并满足其个性化需求。

（4）私密对话

微信营销的一个重要特点是私密对话，可以满足个性化需求。微信作为一种纯粹的沟通工具，使商家、媒体和用户之间的对话具有私密性，建立起了更亲密的关系。这种私密的沟通方式有助于商家更好地了解用户的需求和喜好，从而提供更具个性化的内容。

通过私密对话的方式，商家可以更加细致地了解用户的反馈和意见，及时做出调整和改进，提供更好的产品和服务。这种个性化的内容推送可以增强用户的参与感和归属感，为商家赢得更多忠实的用户。总而言之，微信营销的私密对话特点有助于商家实现更准确、个性化的内容推送，满足用户的需求和期望。

8.2.2 微信公众号营销方法

1. 微信公众号类型

微信公众号的类型主要有3种，分别是企业号、服务号和订阅号，下面分别介绍。

（1）企业号

企业号主要为企业服务，主要用于企业内部的通信。企业号的特点是想要关注企业号的成员必须先通过身份验证，只有验证通过，确认为企业通讯录成员才可以关注企业号。这种设计在一定程度上保证了企业内部信息的安全性。例如，中南财经政法大学创建了自己的企业号，用于为学生提供服务和进行校内通信，学校有任何消息都会在图8-5所示的"中南大微校园"企业号上发布。所有中南财经政法大学的学生都会关注它，以便获得最新的校园资讯；同时它还有校园生活、实用工具、图书馆等功能专区，以便为学生提供线上服务，该学校将原来的线下工作转移到线上，既方便了学生也方便了工作人员。

图8-5 "中南大微校园"企业号

（2）服务号

企业号是为企业内部提供服务的，而服务号是企业为外部用户提供服务的，其被定义为"为企业和组织提供更强大的业务服务与用户管理能力的微信公众号"。服务号的主要使用者是媒体、企业、政府或者其他组织，其特点是认证之后每天可以群发多条消息，突破了订阅号每天只能群发一条消息的限制。如果企业想要进行产品销售，可以选择创建服务号，后续可以进行认证，以申请微信支付。

银行属于典型的服务行业，目前我国基本上所有的银行都有自己的微信服务号，如中国工商银行的服务号为"工银e生活"，"工银e生活"服务号如图8-6所示。

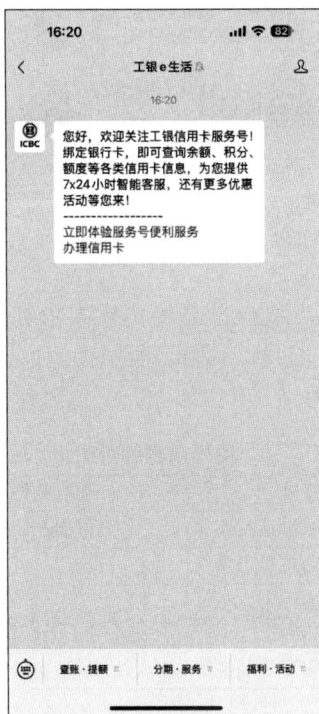

图8-6 "工银e生活"服务号

（3）订阅号

订阅号的服务范围比较广泛，所有人都可以申请创建订阅号。在3种微信公众号中，订阅号的创建门槛是最低的，运营也是最为简单的，对技术的要求较低。即使是对微信公众号不了解，毫无微信公众号运营经验的人也可以进行尝试，上手比较容易，基本的操作在短期内很容易掌握。当然如果想要将订阅号打造成有影响力的微信公众号，还需要学习一定的运营技巧。

订阅号的适用范围十分广泛，企业可以通过申请订阅号来进行企业宣传；个人也可以申请订阅号用于抒发情感或分享日常生活。现在已经涌现越来越多的自媒体作者，他们在自己的订阅号中定期发布内容，如果做得好甚至可以将运营订阅号作为自己的主业。随着微信公众号的发展，越来越多的订阅号运营团队出现了，如十点读书（见图8-7），主要服务女性用户，每天定时进行内容推送。

图8-7 "十点读书"订阅号

（4）3种公众号的对比

选择公众号类型的时候要结合自己的实际需求和每种公众号的特点，不同类型的公众号适用于实现不同的目标。表8-1所示为3种公众号的对比，企业可以根据自己的需要选择合适的公众号。

表8-1 3种公众号的对比

特点	企业号	服务号	订阅号
消息显示方式	在好友会话列表	在好友会话列表	在订阅号目录中
可关注者	企业内部成员可关注	任何用户可关注	任何用户可关注
消息保密	支持消息保密，不可转发	消息可转发、分享	消息可转发、分享
定制应用	可根据需要定制应用	不支持	不支持

2. 微信公众号的营销步骤

（1）粉丝圈定：扩大粉丝群体

利用微信公众号进行营销的关键是微信公众号要拥有足够多的粉丝，利用一个没有粉丝的微信公众号进行营销只会白费力气，所以利用微信公众号进行营销的第一步就是增加粉丝数量，让自己的微信公众号成为一个流量平台，这样才好进行下一步。这一步称为粉丝圈定，主要有内容"圈粉"、互动"圈粉"和资源"圈粉"3种实现途径。

① 内容"圈粉"。内容"圈粉"即依靠优质的内容来吸引粉丝、留住粉丝。优质的内容要有趣，更要丰富多彩，也要有个性、有价值。

个性化是优质内容最难把握的一个要点，企业在推送消息的时候无论是形式还是内容风格都倾向于长期保持一致，因为这样能够培养用户的习惯，也可以给用户一种系统且直观的感受。也正因为这样，企业要想实现长期的个性化内容输出很困难。但是，如果想要从众多微信公众号中脱颖而出，个性化内容是必不可少的，个性化内容可以增强用户的黏性，获得其持久的关注。

优质内容的另一个要点是有价值，如果推送的内容对于粉丝来说没有任何意义，那么他们是不会点开这篇文章的，久而久之，也就不会再打开这个微信公众号了，甚至会直接取消关注。只有能够为用户解决问题的内容才是有价值的，其价值体现在以下几个方面：为用户传授生活常识，如一些打扫卫生的小技巧等；为用户提供信息服务，如地铁微信公众号会推送运营路线等；向用户提供促销、打折、领奖等活动的信息，如现在的一些美妆类微信公众号等。内容有价值的微信公众号举例如图8-8所示。

图8-8 内容有价值的微信公众号

② 互动"圈粉"。互动的目的在于增强用户黏性，一篇互动型的推文不但能够收获较多评论，而且有可能得到转发，这样就大幅提升了内容的曝光度，也提升了微信公众号的曝光度和知名度。有的微信公众号甚至会每隔几天就发起一次话题互动，然后将用户的评论直接整理成推文，所有的素材都源于用户，这样用户就有点开推文的欲望，甚至会因为自己的评论被选入推文而增加对微信公众号的喜爱程度，更愿意为其进行宣传。

③ 资源"圈粉"。资源"圈粉"就是在其他平台的用户资源、流量资源中植入广告信息进行跨界"圈粉"，如华为的微信公众号通过和海航合作，在海航的官网和微信公众号上进行引流宣传，在20天内"涨粉"20万个。

（2）粉丝洞察：了解粉丝诉求

积累了一定的粉丝之后，不能急着开展营销活动，而是要先观察粉丝、了解粉丝，知道粉丝关注微信公众号的原因，并根据后台的数据来探究粉丝的阅读习惯和偏好等，这样才能够留住粉丝，降低粉丝流失率。那么该如何让粉丝保持关注呢？可以从利益驱动、情感驱动和商务驱动3个方面入手。

① 利益驱动。常见的利益驱动有提供免费服务，新品试用服务，整合的、有创意的、独特的产品服务，如图8-9所示。粉丝能通过微信平台得到免费快捷的服务，也能通过微信申请试用品或领取礼品。

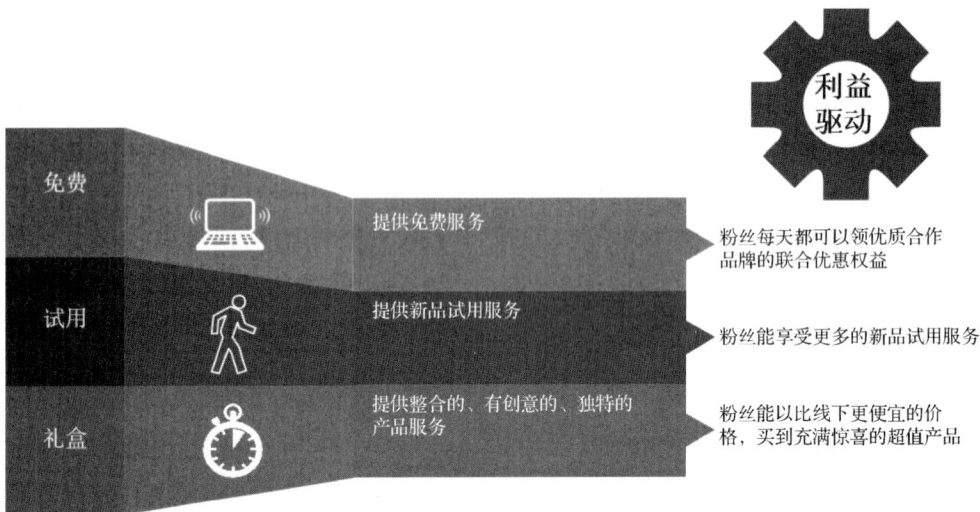

图8-9 利益驱动

② 情感驱动。情感驱动侧重于通过开展能使粉丝产生情感共鸣的活动让粉丝乐于参与和分享。情感驱动的方法如图8-10所示。

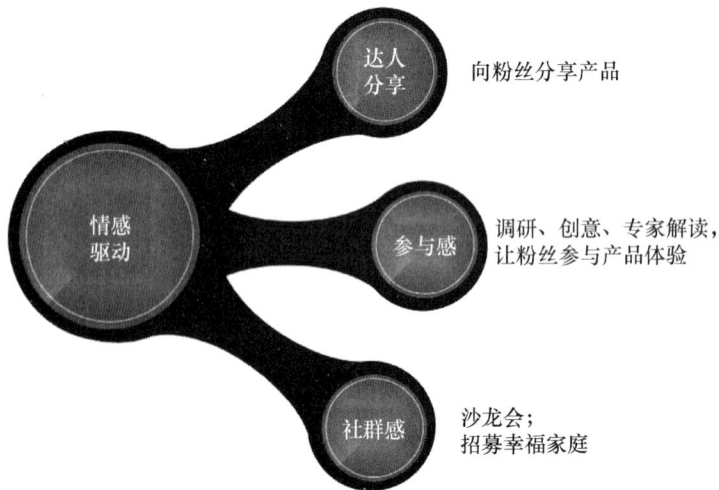

图8-10 情感驱动

③ 商务驱动。商务驱动主要表现为数据精准分析营销。

数据精准分析营销以粉丝购买行为为核心，通过数据挖掘和监测，建立消费行为分析模型，并通过商务上的主动接触，驱动粉丝增强对企业微信公众号的黏性，如图8-11所示。

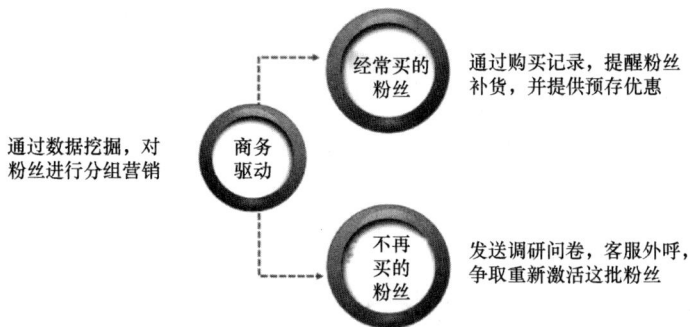

图8-11 商务驱动

（3）粉丝"引爆"：转化粉丝，促进销售

前两个步骤都是在为这一步做铺垫，企业运营微信公众号的最终目的还是销售产品或服务。通过前两个步骤，微信公众号已经积累了大批粉丝，而且其中大部分都已经成为忠诚的用户，他们对企业的信任度已经达到了一定的程度，这时进行销售转化是很容易成功的。

罗辑思维在微信公众号的销售转化方面做得比较成功。它首先每天发布高质量的内容来积累粉丝，之后了解粉丝的需求，最后销售书籍等产品。罗辑思维的微信公众号如图8-12所示。

图8-12 罗辑思维的微信公众号

8.2.3 微信小程序营销方法

1. 微信小程序优点

微信小程序作为一种新兴的移动应用开发方式，在短短几年的时间内迅速崛起，并取得了巨大的成功。作为中国最受欢迎的社交媒体平台之一，微信拥有庞大的用户基础，这也为微信小程序的营销提供了巨大的潜力。小程序营销从业者可以通过微信小程序为企业打造一个简洁、高效的移动化营销平台。微信小程序营销有以下优点。

（1）用户体验良好

微信小程序的优势之一是用户体验良好。与App相比，微信小程序无须下载安装即可使用，用户可以通过扫描二维码或在微信内搜索进入小程序。这大大降低了用户使用小程序的门槛，提高了用户转化率。

另外，微信小程序提供了灵活多样的界面设计和交互方式，可以根据企业的品牌形象和需求进行个性化定制。通过合理利用小程序提供的各种功能，企业可以给用户带来良好的使用体验。例如，可以利用地理位置功能实现线下门店导航、附近优惠活动推荐等，促进用户与企业的互动。

（2）营销手段丰富

微信小程序提供了丰富多样的营销手段，企业可根据需求灵活运用。

首先，小程序可以与微信公众号进行整合。企业可以将小程序与公众号关联，实现在公众号内直接跳转至小程序，实现用户的无缝转化。通过公众号的流量引导，企业可以将更多的用户引导至小程序实现产品销售和互动。

其次，小程序还可以通过微信支付和优惠券等功能，实现线上线下的融合营销。企业可以在小程序内设置积分、会员卡、优惠券等福利，吸引用户进行消费。用户可以通过小程序购买商品，并在线下门店使用优惠券。

最后，小程序还可以利用微信社交关系链，进行社交营销。用户可以在小程序内通过分享、点赞等方式实现与好友的互动，这增加了用户黏性和活跃度。

2. 微信小程序功能

微信小程序有着一系列满足不同人群需求的特点和功能。它是微信生态系统中的中枢力量，进一步提高了微信的普及度。

（1）电商能力

微信小程序改变了中国的电商格局。在微信小程序中，品牌可以通过使用预建模板，毫不费力地建立网上商店，从而能够为用户优化整个购物过程。

与传统的电商平台相比，微信小程序有较少的时间和精力投入。此外，小程序具有成本效益，允许企业访问微信广泛的用户以节省资源。

对于用户而言，基于微信的电商小程序通过应用程序本身实现直接访问，为用户提供了便利的体验。用户可以放心地购物，知道他们的财务信息是受到保护的。此外，用户可以通过微信轻松地分享他们喜欢的产品，实现无缝的产品发现和分享，而不必离开微信生态系统。

肯德基的成功故事展示了微信小程序的显著影响，肯德基微信小程序超过了其原生应用程序的表现。业内专家将这一成功归于小程序的简单性、游戏化元素和用户友好界面。小程序在年轻用户中获得了巨大的人气，甚至吸引了名人的关注。用户称赞其简单的功能，他们能够毫不费力地订购他们心爱的肯德基餐点。

（2）游戏和娱乐

游戏化是一种将类似游戏的元素融入非游戏环境的策略，它已经成为吸引用户的强大工具。微信小程序凭借其丰富的功能，在微信生态系统中开拓了一个游戏和娱乐的世界。

在零售业，特别是在奢侈品领域，游戏化和个性化已经成为必不可少的营销工具。凭借微信小程序的互动能力，品牌可以创造良好的用户体验。用户可以沉浸在可玩性较强的小游戏中，利用AR（Augmented Reality，增强现实）、VR（Virtual Reality，虚拟现实）功能尝试口红颜色或衣服款式，或者参与线上活动，同时与朋友比拼排名。

游戏化策略已被证明在提高品牌知名度、提高用户忠诚度和促进应用内购买方面非常有效。品牌可以在微信小程序中利用这些策略来创造令人难忘的互动体验，以引起用户的共鸣。

例如，可口可乐在2022年的活动中利用微信小程序取得了巨大成功。可口可乐创造了一系列有趣直观的小游戏，通过游戏将家庭成员聚集在一起，庆祝虎年。

（3）教育与学习

微信小程序使教育方法更有吸引力并适应现代需求，使教育者和学习者能够接受。它提供了一系列的应用，如在线课程和辅导、互动式语言学习、备考资源、师生无缝互动和虚拟学习社区。

（4）出行和旅游服务

微信小程序已经被企业成功应用于提供旅行和旅游服务。同程旅行通过与微信合作，直接在小程序的"火车票、机票"部分提供相应服务。这一战略伙伴关系极大地提高了同程旅行的影响力，并提高了其预订量。此外，滴滴出行也利用微信平台，让用户在小程序中轻松获得其服务。

一些知名品牌如飞猪也开发了小程序，以获取更多的业务，允许用户直接通过微信小程序预订机票、酒店和旅游服务。旅游行业的企业利用微信小程序的功能简化了旅游服务预订流程。

（5）健康与福利

微信小程序在提升用户的便利体验和整体医疗体验方面发挥了关键作用，使微信成为所有与健康相关事务的中心。其中一个很好的例子是平台原生的微医，它允许用户直接通过平台轻松预约3000多家医院，消除了传统预约流程的麻烦。

微信已经与很多医疗机构建立了战略合作关系，将其服务范围扩大到预约挂号之外。用户现在可以在微信生态系统内获得广泛的医疗服务，包括在线咨询、健康保险选择、处方递送和心理健康支持。

8.2.4 微信朋友圈营销方法

随着微信的用户越来越多，微信朋友圈已经由原来的熟人交际圈变成了泛交际圈，可能平时从不私下聊天的人发了一条动态也会引起你的关注，甚至你连他是谁都不知道，但是你却可以经常看到他的动态。"刷"微信朋友圈已经成为现代人的生活习惯，所以，我们也可以好好利用微信朋友圈这个蕴藏着巨大流量的平台。

1. 微信朋友圈广告

微信朋友圈的广告越来越多，平均每10条微信朋友圈内容里可能就有一条是广告，这些广告不外乎两种形式：一种是微信用户个人账号分享的内容，大多是一些商品广告或者代购广告；还有一种是广告主在微信朋友圈投放的广告，这种以视频广告为主，用户可以直接点击查看详情。

微信朋友圈广告是基于微信生态体系，以类似普通用户的原创内容形式在用户的微信朋友圈进行展示的原生广告，如图8-13所示。通过整合优质用户流量，利用专业数据处理算法，微信朋友圈广告为广告主提供了一个互联网社交推广营销平台。

图8-13　微信朋友圈广告

广告主发布的广告只要符合微信朋友圈广告准入行业要求，即可投放微信朋友圈广告。微信朋友圈广告分为常规式广告、基础式卡片广告、选择式卡片广告和投票式卡片广告等形式。

在发布微信朋友圈广告的时候，微信平台会审核广告素材、外层文案、外层图片、推广页等，只有通过审核的广告才会被发布在微信朋友圈中。

2. 微信朋友圈展示形式

近年来，微信朋友圈的"爆品"层出不穷，总体来看，这些"爆品"有两个共同点：一是内容有价值，二是展现形式新颖。内容方面可以参照"微信公众号营销方法"小节讲述的内容，下面主要介绍展现形式——H5。

H5是一项高级网页技术，是一系列制作网页互动效果的技术合集，被称为"目前最受欢迎的网页编程语言"。例如，支付宝年账单等就使用了H5。H5的类型多种多样，那么究竟什么样的H5才能够"引爆"微信朋友圈呢？

（1）测试类H5

如果你在微信朋友圈看见一个测试类H5，是不是有点进去查看的欲望，如"测一测你是5种人格中的哪一种"，大多数人看见这类内容都会忍不住点进去进行测试，而且测试之后还会将测试结果分享到微信朋友圈。

测试题本身契合了人类低成本了解自我的需求。每个人都有对自己的关注点：出门之前照镜子、同学聚会中某些人特别喜欢聊自己……这都是人们未曾意识到的"自我关注"。这种关注自我的需求，可以理解为"自恋"。这里的"自恋"不是一个贬义词，它与自尊有关。

人们会天然地关注那些关乎自身的信息，同时也乐于用这些信息在微信朋友圈塑造自己的形象。例如，网易哒哒推出的"测测你的哲学气质"H5，如图8-14所示。策划团队抓住了大众的"自恋"需求，用"哲学""浪漫主义""理性"等一系列积极的标签满足了用户完善形象的需求。在形象管理这一动机的驱动下，大量用户将测试结果分享至微信朋友圈也就在意料之中了。

图8-14　"测测你的哲学气质"H5

需要注意的是，测试类 H5 满足的是"低成本且有趣地了解自我"的需求，而不只是"了解自我"。那么什么是低成本且有趣呢？

如果你在H5里让用户做一大堆严谨复杂的专业心理测试题，显然，用户会因为时间成本太高、占用的精力太多而放弃。如果你的测试题本身就很无趣，即使设计交互做得再花哨，传播效果也不会好。

（2）游戏类H5

游戏类H5的特点是趣味性比较强，用户通过简单的小游戏可以放松身心，而且大家都在玩，与朋友玩同一款游戏也就成了一种乐趣。

例如，same在圣诞节期间推出了一款H5小游戏——"圣诞老人拯救计划"，

143

如图8-15所示，界面清新可爱，与same的招牌画风一致，游戏角色也是same的品牌角色。用户只需用手指交替上划，把角色的脖子向上拉长即可，游戏会记录用户取得的最好成绩。这款H5小游戏操作简单，可以达到解压的效果，同时还可以通过用户与朋友比较拉长脖子的距离来达到分享传播的效果，从而达到向用户传播same产品文化的目的。

图8-15 "圣诞老人拯救计划"H5

（3）展示自我类H5

现在很多人都希望自己是独一无二的，如果你推出的H5能够满足用户展现自我的心理，那么能够达到较好的营销效果。

网易哒哒曾推出一款名为"睡姿大比拼"的H5，如图8-16所示，主要瞄准年轻用户，年轻人喜欢展现自己，也渴望被别人了解。相较于白天被众人看到的精心打扮后的自己，睡眠空间则更隐私，甚少被人观察到，而还原睡姿、睡衣样式和房间小物品可以帮助用户展示自己的情感状态、兴趣爱好、个人风格等。用户可以根据自己的睡姿特点通过简单的操作，得到属于自己的睡姿，再配以有趣的宣传文案分享至微信朋友圈。也正因这些功能，才让这款H5迅速"刷爆"微信朋友圈，当时只要进入微信朋友圈，就能看见各种人的"睡姿"。

图8-16 "睡姿大比拼"H5

8.2.5 微信视频号营销方法

作为互联网巨头公司,腾讯在面对短视频平台快速抢占流量市场的威胁下,于2020年上线了微信视频号。2020年1—10月,微信视频号在微信应用程序中进行内测,正式上线后在短短两个月的时间内实现快速"出圈"。2021年,微信视频号的商业化能力快速提升,并与微信内其他功能进行联动,进一步提升微信生态系统的包容性。作为与朋友圈联动的视频号,微信用户大部分的中长视频,都可以通过视频号功能分享到朋友圈。微信视频号的营销方法主要有推广视频号、推广直播、连接交易3个。

1. 推广视频号

视频号的推广,目前主要通过3种方法:关注、推荐、朋友间的互动与交流。

关注主要指的是粉丝沉淀,通过视频号矩阵运营、广告"吸粉",或者创造优质的内容吸引粉丝。推荐主要指内容运营,通过平台内部的大数据以及算法控制,基于内容的优质程度、类别等来进行推荐。而创造的优质内容,又可以通过用户的点赞、转发、评论、收藏等数据来进行衡量。微信拥有广泛的用户基础,因此,朋友间的互动与交流也是推广视频号的一种主要手段,针对具有同类兴趣爱好及消费习惯的用户,品牌可以借助用户网络基础实现推广的目的。

2. 推广直播

首先,在直播前,借助粉丝基础,在公私域多渠道运营并且提醒预约,让用户提前关注直播间。前期还可以通过视频号、公众号、朋友圈等路径,进行私域宣传，也可以通过朋友圈广告、公众号广告进行预约。品牌宣传视频一般提前1～2周发布，为品牌直播预留足够时间进行推广预热。

其次，在直播中，可以借助社交裂变的作用调动一切可利用的私域流量。通过微信朋友圈广告引入公域流量，实现爆发式宣传效果。在品牌直播时，还可以规定内部成员通过群聊、私聊等形式宣传直播。直播间可以设置点赞抽奖、评论抽奖等活动，刺激用户点赞、分享、留言，促进用户裂变，实现用户留存。

最后，在直播结束以后，还可以通过创作内容进行运营，通过视频号发布直播相关视频，同时借助话题推广，二次传播吸纳新粉。通过朋友圈"软广"与"硬广"相结合，带话题发布关于直播的内容。

3. 连接交易

视频号的功能随着用户基础的扩大不断完善，视频号与小程序交易生态的建立使平台商业化能力得到快速提升。用户可以一边通过浮窗看视频，一边购买，这进一步延伸了消费场景。同时品牌还可以通过在视频内部配置二维码，吸引用户扫码进群，充分盘活品牌私域流量，引导用户进入线上商店。

综上所述，虽然现阶段微信视频号对比短视频头部平台抖音等规模较小，但是，微信平台本身拥有广泛的用户基础，视频号未来发展势头强劲，视频号的潜力不容小觑。

本章小结

微博、微信等都已经成为一个拥有超级流量的大平台，对于当今的企业来说，利用社交媒体平台进行营销是非常重要的。本章按照微博、微信生态体系对微博营销和微信营销进行了详细介绍，介绍了微博营销的方法；并且将微信内的产品分为微信公众号、微信小程序、微信朋友圈等，详细讲述了微信公众号的类型与营销步骤、微信朋友圈广告等内容，使读者对微博、微信平台有较为完整的认知，本章也选取了较为经典的案例进行讲解。在实践中，读者切忌生搬硬套，要懂得灵活运用知识要点，发挥微博、微信平台的巨大价值。

扫码看视频

花西子微信私
域流量池打造

课后习题

一、名词解释

企业号　服务号　订阅号　H5

二、单项选择题

1. 微博的信息传播模型不包括（　　　）。

    A. 用户　　　　　　　　　　　　B. 行为

    C. 计划　　　　　　　　　　　　D. 情绪

2．个人和企业都能创建并使用的微信公众号类型是（　　　　）。

    A．微信号   B．订阅号

    C．服务号   D．企业号

3．只有企业通讯录内的用户可以关注的微信公众号是（　　　　）。

    A．订阅号   B．企业号

    C．服务号   D．个人号

4．每天只可以发送一条消息的微信公众号是（　　　　）。

    A．订阅号   B．企业号

    C．服务号   D．个人号

5．微信朋友圈本地推广广告的购买方式是（　　　　）。

    A．曝光排期购买   B．曝光竞价购买

    C．千次曝光   D．地域阶梯定价

三、多项选择题

1．微博营销的策略有（　　　　）。

    A．内容策略   B．互动策略   C．危机策略   D．定位策略

    E．组织策略   F．营运策略

2．微信公众号可以分为（　　　　）。

    A．服务号   B．订阅号

    C．个人号   D．企业号

3．订阅号的特点包括（　　　　）。

    A．在订阅号目录中显示消息   B．每天只能发一次消息

    C．任何用户可关注   D．消息可转发、分享

4．微信朋友圈常见的H5类型包括（　　　　）。

    A．游戏类H5   B．测试类H5

    C．新闻类H5   D．展示自我类H5

四、复习思考题

1．微博营销的方法有哪些？

2．微信公众号的营销步骤是什么？

3．微信朋友圈运营的要点是什么？

4. 3种微信公众号的区别是什么？

_____

_____

学以致用

实训题目1：使用DeepSeek助力观夏品牌营销

品牌背景

观夏是一家成立于2018年的香氛品牌，专注于为用户提供具有东方美学特色的香氛产品。观夏的产品线包括香水、香薰蜡烛、扩香等，其设计灵感来源于中国传统文化与自然元素的结合，旨在为用户带来独特的感官体验。品牌的定位是高端市场，目标用户主要是25~40岁之间注重生活品质、对文化和艺术有浓厚兴趣的城市居民。自成立以来，观夏凭借其独特的设计理念和高品质的产品，在用户中迅速积累了良好的口碑。

任务要求

使用DeepSeek探索微博、微信两大社交平台上的用户行为模式，帮助观夏制定有效的双微营销策略。该策略需围绕如何利用这两个平台的独特优势来加强品牌形象建设、促进用户互动以及提升线上线下的整合营销效果。具体内容应涵盖品牌故事传播、用户互动活动设计等方面，并通过实际案例说明成功要素。

操作提示

1. 明确使用目的：借助DeepSeek深入分析当前微博、微信上关于香氛文化及生活方式的热门话题及其背后的趋势，找出适合观夏参与或发起的话题。并探讨如何通过微博、微信平台有效地传播观夏的品牌故事，增强用户的品牌认知度和忠诚度。

2. 确定营销目标：短期目标是在微博、微信平台上迅速扩大观夏的品牌影响力，增加粉丝基数，并通过一系列互动活动提升用户的参与感。长期来看，主要致力于深化与用户的情感连接，培养忠实用户，形成稳定的品牌社群。

3. 构建DeepSeek指令：观夏是一个成立于2018年的高端香氛品牌，主要面向25~40岁之间注重生活品质且对文化和艺术有浓厚兴趣的人群。请根据微博、微信的特点，为观夏制定一套新媒体营销策略，包含（1）详细分析当前微博、微信上关于香氛文化及生活方式的热门话题及其背后的趋势，找出适合观夏参与或发起的话题；（2）建议适合观夏通过微博、微信传播的品牌故事形式，包括图文、短视频等多种内容形式，并结合实际案例说明其成功要素；（3）设计一套鼓励用户参与互动的活动方案，如线上投票等，并探讨如何将线上的互动转化为线下的实际到店体验，增强品牌黏性；（4）请提出至少三个具体的创意点子来增加用户的参与度，例如举办"我的夏日香气"分享活动、"最美香氛空间"摄影比赛等，以进一步提升品牌的社交影响力。

4. 打开DeepSeek页面，输入指令并发送，如图8-17所示。

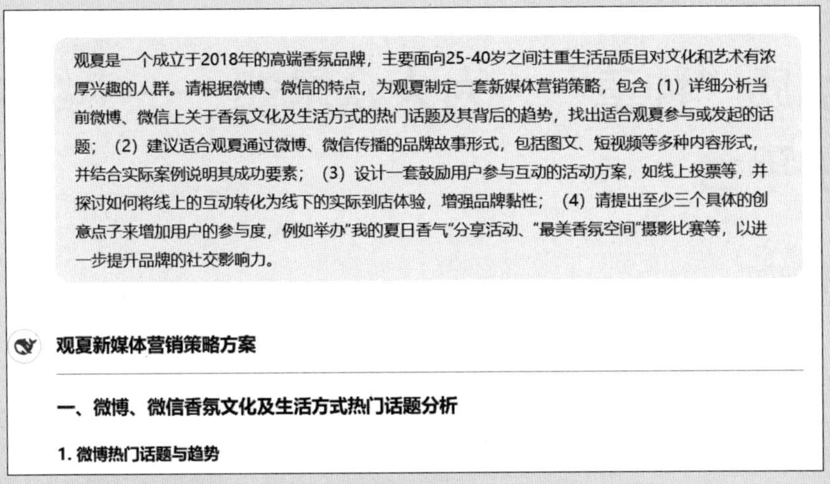

观夏是一个成立于2018年的高端香氛品牌，主要面向25-40岁之间注重生活品质且对文化和艺术有浓厚兴趣的人群。请根据微博、微信的特点，为观夏制定一套新媒体营销策略，包含（1）详细分析当前微博、微信上关于香氛文化及生活方式的热门话题及其背后的趋势，找出适合观夏参与或发起的话题；（2）建议适合观夏通过微博、微信传播的品牌故事形式，包括图文、短视频等多种内容形式，并结合实际案例说明其成功要素；（3）设计一套鼓励用户参与互动的活动方案，如线上投票等，并探讨如何将线上的互动转化为线下的实际到店体验，增强品牌黏性；（4）请提出至少三个具体的创意点子来增加用户的参与度，例如举办"我的夏日香气"分享活动、"最美香氛空间"摄影比赛等，以进一步提升品牌的社交影响力。

观夏新媒体营销策略方案

一、微博、微信香氛文化及生活方式热门话题分析

1. 微博热门话题与趋势

图8-17 DeepSeek回复观夏的新媒体营销策略

实训题目2：微信，不仅用来聊天

实训要求

1. 创建一个自己的公众号，并且思考如何运营好自己的公众号。

2. 在公众号上发布第一篇文章或者第一个视频，内容贴合公众号定位与主题，内容新颖，尽量提高吸引力。

3. 运用自己在本章和前面所学的知识，尝试对公众号进行推广，可以联系老师以获取反馈。

第 9 章
为优质"种草"，为大众求知——小红书、知乎平台

知识框架图

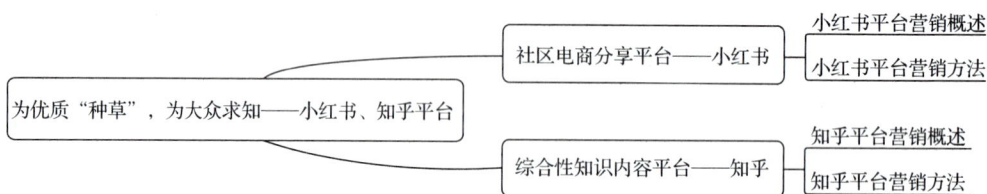

社区电商分享平台——小红书 —— 小红书平台营销概述 / 小红书平台营销方法

为优质"种草"，为大众求知——小红书、知乎平台

综合性知识内容平台——知乎 —— 知乎平台营销概述 / 知乎平台营销方法

知识目标

1. 了解小红书平台的营销方法。
2. 了解知乎平台的营销方法。

技能目标

1. 能够进行优质内容的创作。
2. 能够利用小红书、知乎平台对产品进行营销推广。

案例导入

宝藏成分在中国：小红书引领中国品牌的护肤创新之旅

作为连接中华历史文化与新时代语境的创新表达，弘扬中国传统文化在年轻人社交圈层中已成为标签之一。这种潮流不仅带来了丰富的文化素材，也形成了强大的文化消费力。年轻人对产品不再满足于情怀，而是追求品质和内核价值。

小红书与五大品牌合作，发起了"宝藏成分在中国"的话题活动，重塑科学成分护肤议题。通过深化成分护肤内容，引领消费新风向，让国货品牌以全新姿态进入消费者的生活。宣传短片《宝藏成分在中国——探寻国货之光的光芒背后》展现了中国护肤品牌对自主研发和成分创新的坚持，并让观众领略到祖国的秀美景色，唤起对民族文化的归属感。

这次活动借助新华社客户端的国民影响力，在小红书平台内外迅速引起关注，五大品牌的经典产品在美妆区脱颖而出，快速吸引了全域年轻人的注意，并引发了广泛的讨论。小红书邀请了超过40位美妆护肤领域的知名达人担任宝藏发现官，发挥他们的影响力和号召力，推动活动的传播。小红书通过深入挖掘品牌背后的故事，让消费者更加了解品牌的

历史、文化和价值观，增强对品牌的认同感；通过科普护肤成分的知识，提供有价值的信息给用户，增加用户对品牌产品的理解和信任；通过推出测评活动，邀请用户参与互动，分享自己对品牌产品的使用体验和评价，增强用户对产品的信任。

这次合作活动为中国品牌带来了新的增长机会和挑战，也让消费者更加关注产品品质和内在价值。通过深入挖掘宝藏成分的独特之处，并结合科学研究和成分创新，中国品牌有机会在国内外市场上崭露头角。同时，这也是弘扬中国传统文化的一种表达方式，将宝藏成分与国家民族文化相结合，展现了中华文化的魅力和自信。同时，小红书计划将"看中国"主题扩展到更多行业，引领年轻人的多元审美观，为不同领域的活动做出贡献。

通过"宝藏成分在中国"这一案例，我们见证了小红书平台如何巧妙融合传统文化与现代营销手段，赋能国货品牌焕发新生。那么，当我们探索不同平台的营销策略时，如何将这些营销策略应用到更广泛的场景？如何将这种成功的模式应用于其他产品领域，继续在小红书上编织引人入胜的营销故事？同时，面对知乎这一知识分享平台，我们又如何利用其深度的问答机制与专业用户群体，打造既具知识性又具吸引力的营销内容，精准触达目标用户？

接下来，我们将介绍小红书与知乎两大平台的独特营销方法，探讨它们各自如何利用内容的力量，为产品推广开辟新的路径。我们将学习如何在这两个平台上进行优质的内容创作，掌握吸引目标受众的秘诀，以及如何有效运用平台的特色功能，将产品信息巧妙地融入用户日常浏览的内容，从而实现高效且有影响力的营销推广。

9.1 社区电商分享平台——小红书

"种草"是一种隐性广告，它的本质是通过内容营销来吸引消费者购买商品[①]。我们可以将其理解为一种"安利"行为，即通过营销手段向消费者推荐产品，激发他们的购买欲望，并最终实现交易。对于品牌商来说，"种草"营销可以增强品牌对消费者认知的影响力，提高品牌的知名度和销售力，成为企业进行品牌营销的有效途径。

"种草"最初在美食和美妆领域逐渐流行起来。在这个过程中，"种草"者通过分享自己使用美食或美妆产品的真实体验，为被"种草"者提供宝贵的建议和参考。这种"安利"行为使"种草"者吸引了大量的粉丝，也获得了品牌商的赞助和支持。

品牌商通过赞助"种草"者，使其有动力分享该品牌产品，从而增加了该品牌产品的曝光量，促进了产品的成交。随着"种草"营销的蓬勃发展，各大新媒体平台如抖音、快手、小红书等也纷纷吸引各"种草达人"入驻，争相邀请优质的内容创作者。

基于"种草"强大的推广营销能力，以及各大电商平台活跃用户基数大的特

---

① 李忠美，黄敏.新媒体背景下"种草"式内容营销的对策研究——以小红书为例[J]. 商场现代化，2022(21):1-3.

点，品牌商也在各大电商平台上大力推广"种草"营销策略。品牌商不局限于美食和美妆领域，还将推广策略延伸至购物、旅游等新领域，使"种草"营销具有多元化的特点，进一步向多领域的方向发展。

以小红书为代表的电商平台以其丰富的"种草"内容为优质品牌的传播提供了良好的渠道和营销策略。这些平台通过提供详细的产品信息和用户真实的使用体验，帮助消费者更好地了解和选择产品，同时也为品牌商提供了与消费者直接互动的机会，进一步提高了品牌的知名度和销售力。

9.1.1　小红书平台营销概述

1. 平台介绍

小红书于2013年在上海成立，其成立的初心是，通过分享和发现世界的精彩，为人们带来灵感和动力。从创立之初至今，小红书经历了两次重要的变革。

在初期，小红书的定位是工具型产品，主要针对海外市场提供基础购物指导。然而，随着时间的推移，小红书逐渐发现用户对高质量、真实的内容有着更强烈的需求。因此，其开始深入发展UGC购物分享社区，将用户生成的内容与电商模块进行有机融合。这一举措使小红书逐渐发展成为消费类口碑库和社交电商平台[①]。

小红书不仅是一个简单的购物指南或者社交平台，它是年轻人的生活方式分享平台和消费决策入口。在这里，年轻人可以找到关于时尚、美容、旅行、美食等各个方面的最新资讯和潮流趋势。同时，小红书也是一个充满活力和创意的平台，用户可以通过发布自己的原创内容和参与各种有趣的活动来展示自己的个性和品位。

根据小红书数据中台数据，截至2023年年底，小红书月活跃用户量已达到3亿。这一数字不仅证明了小红书在年轻人中的受欢迎程度和影响力，也说明了它在引领潮流和推动消费市场发展方面的重要作用。在小红书上，用户可以找到各种各样的产品和服务，从奢侈品到生活用品，从世界各地的美食到本地的特色小吃。同时，小红书还通过数据分析和推荐算法，为用户提供更加精准的购物指南和消费建议。

在未来的发展中，我们可以期待小红书继续引领潮流，推动消费市场的发展，并为更多的年轻人提供优质的生活方式和消费决策建议。

2. 内容生态

随着大数据时代的发展，大数据技术的成熟让小红书凭借用户的分享笔记成为垂直社区，这样的体系化社区，让用户在搜索关键词时可以选择搜索到同类专题。内容生态圈的打造，让小红书能够为用户更好地提供消费建议及选择，在一定程度上影响用户的消费行为。

3. 用户群体特点

根据千瓜数据发布的《2022年千瓜活跃用户画像趋势报告（小红书平台）》，

---

① 陈嫣然. 透过"小红书"看社交电商平台运营模式[J]. 中国外资，2023(09):88-89.

小红书平台的核心用户群体以"90后"为主，占总用户的72%。其中，16岁至24岁的用户占比为46.39%，25岁至34岁的用户占比为36.08%。此外，小红书平台上的中性化内容如美食、旅行及偏男性内容如数码、体育赛事等正在快速发展，吸引更多男性用户的加入。

小红书主流用户群体具有五大行为特征：第一，他们热衷于尝试新鲜事物；第二，充满好奇心，对未知领域保持探索精神；第三，热爱生活，善于发现生活的美好；第四，拥有高消费能力；第五，乐于分享。这些用户对平台的黏性和互动性较强。多数小红书用户拥有稳定的工作，其消费能力较强。在内容消费方面，他们追求愉悦、平衡的生活方式，热衷于美食，追求健康，亲近大自然。

9.1.2 小红书平台营销方法

扫码看视频

与传统平台AISAS整合营销模型不同，小红书通过Consideration（考虑，引申义为"种草"）整合了Attention（注意）、Interest（兴趣）和Search（搜索），再加上Action（购买）、Share（分享），合并为CAS营销模型（见图9-1），即Consideration（"种草"）+Action（购买）+Share（分享），这是小红书的一大特色。主动搜索的用户

小红书平台
营销模式

会高频次地使用小红书的搜索功能，特别是在品牌集中增加营销投放或有新产品发布等较大事件时，小红书内关于该品牌的搜索量会明显上升，很多用户把小红书当搜索引擎用。小红书作为"生活在线化"的载体，其用户在线上"种草"（图文"种草"、视频"种草"）、云逛街，然后去线下"拔草"，最终回到线上继续分享，由此形成了"种草"的正向循环，实现了"生活在线化"对线下消费的反哺。

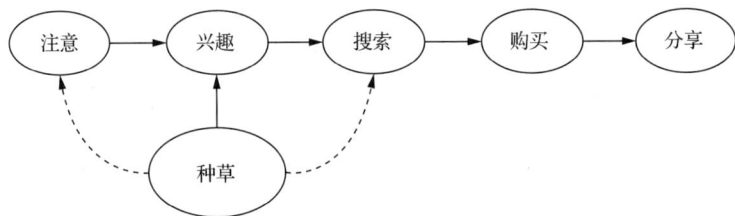

图9-1 小红书CAS营销模型

作为国内最具代表性的"种草"平台，小红书对于品牌营销来说是一个不可或缺的平台。小红书拥有庞大的用户基础和广泛的影响力，为品牌提供了一个展示和推广的机会。因此，许多商家都选择与小红书合作，以打造独具特色的品牌营销策略。

在小红书平台上，品牌营销方法主要可以分为以下几类。

1. 原创内容营销

商家在小红书上发布高质量的原创内容，以吸引用户的关注并提高内容的传播度。这些原创内容可以是品牌故事、产品介绍、使用心得分享等，以图片精美、文案有趣和信息实用为特点，让用户在阅读过程中感受到品牌的魅力。通过

原创内容的发布，商家可以与用户建立更紧密的联系，提高用户对商家的认知度和好感度。

（1）笔记形式

小红书的笔记形式丰富多样，可以划分为5种行业型（彩妆试色、探店、仿妆、今日穿搭、成分解析）和7种通用型（教程、测评、开箱、合集、沉浸式、Vlog、Plog）。这些笔记形式各有特点，适用于不同行业和场景。

行业型笔记形式更加专注于某一特定行业或领域的内容创作。例如，彩妆试色主要针对美妆行业，探店则适用于餐饮或旅游行业，仿妆适用于美妆或时尚行业，今日穿搭适用于穿搭行业，而成分解析则多用于护肤行业。这些行业型笔记形式能够为特定行业提供更具体、更深入的内容，帮助用户更好地了解和选择相关产品或服务。

通用型笔记形式适用于多种行业和领域，具有更广泛的应用范围。例如，教程适用于各种技能或知识领域，测评可以涵盖各种产品或服务的评价，开箱主要针对购物或收藏领域，合集可以整合多个相关主题的内容，沉浸式注重体验和感受的描述，Volg（生活记录）和Plog（照片拼贴）则分别强调真实记录和创意拼贴。这些通用型笔记形式能够满足不同用户的需求，提供更具多样性和实用性的内容。

（2）优质"种草"笔记的内容要素

第一，热点趋势。优质"种草"笔记需要紧跟热点趋势，把握流行趋势和热门话题，从而吸引更多用户的关注和讨论。例如，当下流行的美妆趋势、时尚单品或社交话题等。

第二，内容选题。选题是优质"种草"笔记的关键要素之一。选题需要具有针对性和吸引力，能够满足用户的需求和兴趣。例如，可以选择一些具有实用性和创意性的主题，如"夏季穿搭指南""快速化妆技巧"等。当然也需要注重情绪价值的传递。

第三，封面设计。封面是优质"种草"笔记的重要视觉元素之一。封面的形式、比例、关键字都是影响浏览量的重要因素。封面需要简洁明了、吸引眼球，能够突出主题和亮点，可以选择一些高质量的图片作为封面。

第四，标题设计。标题是优质"种草"笔记的重要文字元素之一。标题既可以是热词用以引流，也可以是痛点用以引发共鸣。标题需要简洁明了、有吸引力，能够概括主题和亮点。

第五，内容详情。内容是优质"种草"笔记的核心要素之一。内容需要具有实用性和可读性，能够满足用户的需求和契合用户的兴趣。同时，内容需要保持逻辑清晰、条理分明，避免过于复杂或混乱。

2. 达人合作推广

（1）方法介绍

达人合作推广即与小红书上有影响力的达人合作，邀请他们发布具有品牌特色的笔记或视频，提高品牌曝光度和打造产品口碑。达人的粉丝群体往往对他们推荐的产品具有较高的信任度，因此这种合作方式能够有效地提高商家的知名度和增强粉丝的购买意愿。通过与达人的合作，商家可以借助他们的影响力和粉丝基础，扩大品牌传播的范围。

小红书的达人根据粉丝数量和影响力可以分为头部达人、腰部达人和尾部达人（见图9-2）。这些达人用自身的影响力在平台上进行"种草"和价值观传递，由于小红书用户的活跃度，达人在与粉丝互动的同时，能够促进商家商业变现。商家选择与达人进行合作，不仅有助于自身的知名度和影响力提高，也能够通过达人搭建的桥梁与用户进行互动和交流，从而拉近与用户的距离。用户则会凭借自己的消费喜好及对关注的达人的喜爱和信任，采取进一步的行动。

图9-2　小红书的达人分类

（2）方法实战

小红书灵感营销，作为小红书平台商业化战略的核心组成部分，是一套专为商家量身打造的，集大数据洞察、策略制定、内容营销、效果评估于一体的综合商业增长解决方案。它通过深入挖掘小红书平台内庞大的用户行为数据与趋势洞察，结合独特的IDEA方法论[Insight（洞察）、Define（定义）、Expand（扩展）、Advocate（倡导）]，为商家精准定位市场机会、定制差异化营销策略，推动好产品、好服务在用户中快速普及。

小红书灵感营销不仅是一种营销手段，更是商家与消费者之间产生情感共鸣与价值传递的桥梁。它充分利用小红书社区独特的"种草→拔草"消费循环机制，以及用户间真实、真诚的内容分享氛围，帮助商家构建起基于信任的品牌形象，实现从品牌曝光到用户心智占领的全面跃升。

随着美妆产品的数量、品类逐年攀升，产品同质化现象愈发严重，不少商家陷入增长困境。在竞争激烈的美妆赛道中，Bobbi Brown（芭比波朗）面临如何创新破局的问题。小红书灵感营销通过大数据洞察市场机会，发现用户对底妆的热门诉求包括：服帖、不卡粉、妆感好，而多数妆前产品聚焦控油、修饰效果，服帖赛道尚无明星产品。因此，Bobbi Brown决定推出妆前橘子面霜，并借助小红书灵感营销进行品牌养成和用户心智建立。

小红书灵感营销通过大数据分析，了解到用户对底妆的需求以及Bobbi Brown的品牌定位，为品牌提供了精准的用户画像和需求洞察。这为妆前橘子面霜的产品定位和推广提供了重要依据。Bobbi Brown发布的关于"妆前橘子面霜"的笔记如图9-3所示。

根据用户需求洞察，小红书灵感营销制定了差异化的营销策略，将妆前橘子面霜打造成一款明星产品。一方面，通过多方合作，让专业化妆师和美妆达人为"妆前橘子面霜"背书，培养种子用户并逐步扩大用户群体。另一方面，通过在发现页投放信息流广告、创意商业话题、火焰话题等多种形式进行品牌曝光，提高妆前橘子面霜的知名度。

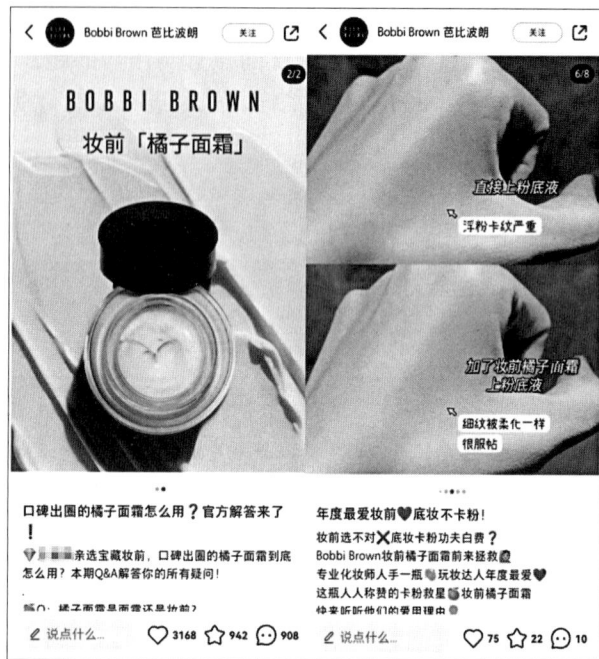

图9-3　Bobbi Brown发布的关于"妆前橘子面霜"的笔记

小红书灵感营销通过组织UGC活动、达人合作等形式，鼓励用户分享使用心得和体验，进一步推动妆前橘子面霜的口碑传播。此外，还通过线上直播等形式展示产品的使用场景和效果，激发用户的购买欲望。同时，小红书灵感营销通过实时数据监测和分析，了解用户对妆前橘子面霜的反应和需求变化，及时调整营销策略和推广计划，优化用户体验和购买决策。

通过与小红书灵感营销的合作，Bobbi Brown成功打造了爆品妆前橘子面霜，实现了品牌的快速增长，品牌形象得到了提升，成为美妆市场的一匹黑马。

3. 互动活动营销

（1）方法介绍

互动活动营销即通过开展有趣的互动活动，如抽奖、答题、有奖转发等，引导用户参与互动，增强用户黏性和促进用户生成内容。同时结合活动要求，提醒用户关注品牌官方账号、点赞、评论或转发，提高品牌影响力。互动活动可以吸引用户的关注，提高用户的参与度和黏性，同时也可以提高品牌的曝光度和打造产品的口碑。

（2）方法实战

2023年新春之际，小红书和蕉内通过发起原创话题，成功地吸引了用户的关注和参与，实现了品牌传播。

第一，原创话题的打造。在本次活动中，小红书和蕉内共同打造了一个原创话题——"新年穿红的100个理由"（见图9-4）。这个话题鼓励用户分享自己在新年穿红色的原因和故事，吸引了大量用户的参与和互动。通过UGC，品牌成功地将"新年穿红"这一传统习俗与自己的产品联系起来，让用户在参与话题讨论的过程中，对品牌产生好感并加深对品牌的认知。

第二，UGC助力品牌传播。在活动过程中，小红书和蕉内充分利用了UGC的力量。用户在参与"新年穿红的100个理由"话题讨论的过程中，不仅分享了自己的故事和体验，还通过发布照片、视频等形式展示了蕉内红色主题的产品。这些UGC不仅丰富了话题的内涵，还为品牌传播提供了有力的支持。通过用户的口碑传播，品牌的影响力得到了提高，从而实现了更广泛的传播效果。

第三，平台活动机制的运用。小红书在此次活动中还通过平台活动机制，如任务激励机制和惊喜红礼等，进一步激发了用户的参与热情。这些活动机制的运用不仅提高了用户的参与度，还增加了品牌与用户互动的机会。

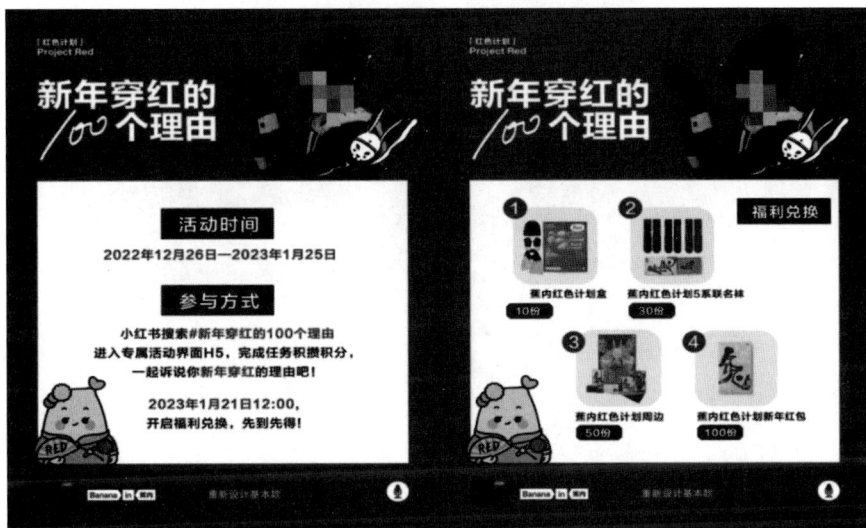

图9-4 "新年穿红的100个理由"

在本次活动中，小红书和蕉内通过共同打造原创话题，充分利用UGC和平台活动机制，成功地实现了品牌传播。这种策略的成功得益于对用户需求的深入了解和对平台生态的充分运用。通过打造与用户互动的原创话题，品牌能够更好地与用户建立联系，提高知名度和美誉度。同时，充分利用UGC和平台活动机制，能够提高品牌影响力并实现更广泛的传播效果。这种策略为其他品牌进行社交媒体营销提供了有益的借鉴和启示。

4. 社交广告投放营销

（1）方法介绍

社交广告投放营销即利用小红书的社交广告功能，根据目标受众进行精准定向投放。结合品牌特点和活动需求，制作吸引人的广告内容，提高品牌曝光度和转化率。小红书的社交广告投放不仅具有大数据精准投放的优势，还能够借助用户行为数据和反馈进行优化和调整，从而实现最佳的广告效果。通过投放社交广告，品牌可以更精准地触达目标受众，提高曝光度和转化率。

（2）方法实战

2023年2月，在情人节之际，vivo X90系列新配色"告白"手机上线。vivo 选择了在小红书上开展一场营销活动，旨在借助情人节的热度，以及"告白"这个充满爱意的词语，来推广这款新手机。

vivo并没有以硬广的形式进行推广，而是通过与用户进行真诚沟通的方式来推广。vivo联合《时尚芭莎》拍摄了"告白就现在"主题视频（见图9-5），并在站内发起了话题"告白就现在""我就要这样告白"，鼓励用户分享自己的"告白"故事。这种方式让用户更容易产生情感共鸣，也使vivo的品牌形象更加温暖。

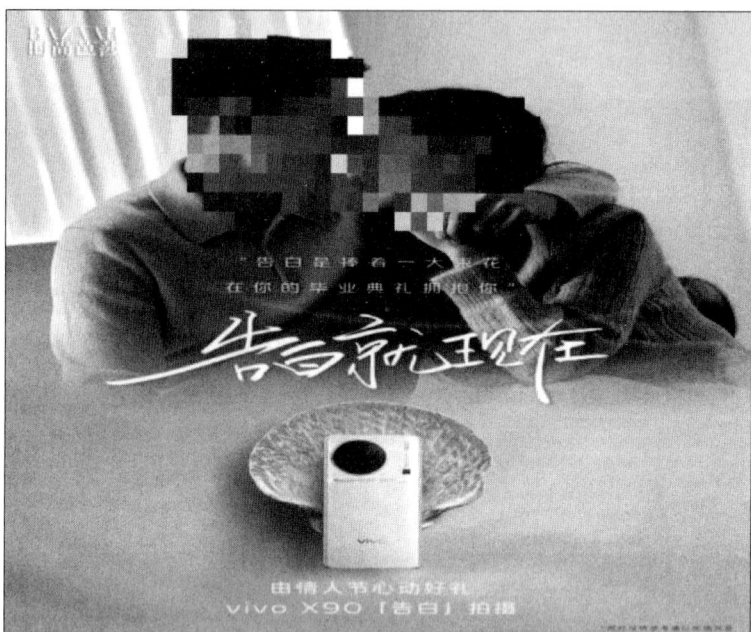

图9-5 "告白就现在"主题视频

通过这次营销活动，vivo X90系列"告白"手机在小红书上获得了极高的曝光量和关注度。站内数据显示，在与"告白"相关的笔记热词中，"vivo X90"跃居第一位；同期，"送礼""情人节"等相关场景的词云里，用户对vivo品牌/产品的认知度显著提升。这充分证明了vivo的营销策略的成功，它通过捕捉用户需求、与用户真诚沟通及优质内容共创等方式，成功地在情人节这个特殊节点，将vivo X90系列"告白"手机推向了市场。

综上所述，在小红书平台上进行品牌营销时，商家需要充分了解目标用户的需求和喜好，制定具有针对性的营销策略。同时结合大数据分析和精准投放技术，更加准确地把握用户心理和行为特点，提升营销效果和转化率。通过对以上几种营销方法的综合运用，商家可以在小红书平台上打造独具特色的品牌形象和口碑效果。

9.2 综合性知识内容平台——知乎

近年来，我国消费结构变化较大，公众文化支出渐增。2016年年初，知识付费时代正式开启，知识付费的互联网平台比比皆是，知识付费消费者数量增长十分迅速，互联网知识付费行业在短期内高速发展。得益于O2O（Online to Offline，线上到线下）商业模式的推动、用户需求不断提高，主流知识付费平台已经形成稳定的营收模式。社区化问答平台是互联网领域的一个创新应用，主要代表为Quora、知乎等。Quora是使用频率较高的国外社区化问答平台，由查理·切沃和亚当·安捷罗创办，于2010年6月21日正式向公众开放。该平台通过邀请名人和行业专家加入，依靠高价值内容对不同领域的用户产生吸引力，激发用户提问和回答。紧随Quora，国内也推出了社区化问答平台，其中知名度最高的是知乎。

9.2.1 知乎平台营销概述

1. 知乎平台介绍

2013年3月，知乎向公众开放。不到一年时间，注册用户迅速由40万名攀升至400万名。根据知乎发布的财报数据，截至2022年年底，知乎平均月活跃用户已达1.013亿人，其中有6310万名内容创作者，贡献了5.059亿条问答内容，覆盖超过1000个垂直领域。发展至今，知乎仍是国内最受欢迎的社区化问答平台之一。知乎通过用户将高质量的问答内容进行大规模的生产和分享，并最大限度地调动用户力量，剔除劣质问题，构建了高质量社区化问答平台以及更有价值的人际关系网。

2. 知乎运营模式

知乎运营模式离不开内容筛选、内容创作、内容消费这三个环节，这三个环节环环相扣，缺一不可。从内容产出到内容"种草"再到内容转化，知乎已经打通了整个商业链条，尤其对于电商行业来说优势更加明显，因为被"种草"的用户可以直接跳转至京东、淘宝等电商店铺进行购买，大幅缩短了转化路径。

扫码看视频

知乎的内容优势、用户特点以及快速引流策略

（1）内容筛选

在知乎，一个成功的选题则代表着已经成功实现了初步的流量曝光。在知乎平台内，每个话题的背后都蕴含着一个巨大的流量池。

因此知乎的选题主要坚持一个原则：垂直领域的专注度和深度。在知乎平台创作内容，要根据自身账号定位从垂直领域切入，在账号发展后期再考虑泛领域内容。此外，垂直领域的内容选题需要与自身引流的目的直接相关，这有利于后期进行流量转化。知乎平台也为用户与创作者提供了优化的工具——知乎热榜与内容关键词。

第一，知乎热榜。知乎热榜是知乎站内24小时热度最高问题的合集，简单来说就是整个知乎站内流量最大的50个问题的合集，并且是实时按照热度更新的，一般2～3小时更新一次。知乎热榜包含九大板块：科学、体育、数码、时尚、影视、校园、汽车、时事和国际等。热榜上的问题一般是知乎用户最为关注、讨论最为热烈的话题，所以创作者在进行内容筛选时可以参考热榜话题。

知乎热榜问世后，就迅速成为巨大的流量入口，很多热门事件都在知乎上发酵，知乎热榜已经逐渐成为舆论宣传阵地。很多品牌在发布新品和公关时，都会把知乎热榜作为一个重要渠道，如华为、小米等品牌都选择在知乎进行品牌营销，知乎为品牌带来的宣传效果也不同凡响。

第二，内容关键词。内容关键词不管在哪个平台的运营模式中都是缺一不可的一环，它反映了用户的搜索习惯。所以，根据产品的特点及用户的需求，筛选关键词进行优化，提高被用户搜索的概率及曝光率是当下许多企业在投放广告时首要考虑的。同时，很多用户在进行消费决策前，也会习惯到知乎平台先搜索相关测评和口碑，再决定要不要购买，所以知乎的站内搜索也是一个非常好的流量入口。

（2）内容创作

内容营销是未来的趋势，也符合未来的发展规律。也正是依靠内容创作，人们逐渐发现企业、品牌和产品的生产与营销方式。

知乎是一个以内容为主的平台，所以内容的创作质量至关重要，内容需要与关键词结合，同时突出和平台特征相关的信息，这样的内容创作才可以达到刺激消费的目的。

知乎平台创作者通过产出优质内容，获得精神上和经济上的双重激励；而普通用户可以浏览自己感兴趣的内容或提出新问题，与创作者进行良性互动，营造良好的社区或平台氛围。在这一过程中，知乎平台则致力于扶持优秀创作者，激发用户的创作意愿，日积月累，为平台创作优质内容，进而吸引并留住更多用户。在这一过程中，创作者、用户和平台进行了有效互动，形成了一个涵盖广泛垂直领域的多样化的内容生态。目前知乎平台的内容创作者具有数量众多、专业性强、分布领域广泛的特征。

（3）内容消费

数字经济时代改变了人们的知识获取方式、信息沟通与分享方式及社会交往方式，推动了人们的生产实践、生活境遇、生存状态的数字化。数字内容产品随之大量涌现，数字内容的消费价值不断凸显，更多的用户希望能了解到更多的信息。

知乎就是一个典型的以内容消费为主的新媒体平台，知乎平台的内容质量较高，因此许多话题的寿命都维持在一年以上，具有较强的长尾效应。因此，凭借高质量、长寿命的话题内容，知乎不仅可以获得站内流量，还能帮助企业或创作者获取站外的精准流量，实现破圈效应。具体来说，知乎快速引流主要凭借两个优势。

第一，捕获高消费人群。知乎的用户主要为一、二线城市的高知人群，这类群体不仅学历高，还具有一定的经济实力。这类消费者对新事物接纳能力较强，消费频次较高，能帮助企业快速发展。

第二，广告形式多样化。不同的产品使用不同的广告形式，最终得到的效果还是有所差别的。一方面，知乎凭借信息流、大数据、算法等技术手段，根据用户的基本属性、浏览时间、兴趣爱好进行定向投放，提升用户的消费体验，也提高了平台的运营效率。另一方面，应用程序启动时出现的开屏广告，可以使产品更快地走进用户视线。

作为一个公共的知识社交平台，知乎利用信息聚类使用户建立社交关系。除此之外，平台的讨论区能够提高知识问答内容的专业度，鼓励式的分享按钮扩大了知识的传播范围。通过社区里用户的多次传播，平台逐渐形成网状式的信息传播模式，信息传播速度明显加快。近年来，随着社交媒体平台的不断涌现，知乎也不断创新，利用人工智能、大模型等技术对平台进行升级，以优化用户体验。

9.2.2 知乎平台营销方法

1. "知+"投放

"知+"是知乎推出的一款针对高质量内容推广的工具。这款工具通过数据和技术沉淀，可以提升品牌和产品的曝光度，实现精准引流和IP建立。知乎平台拥有众多高质量的达人资源，聚集了身贴高知、深度、专业、垂直等多标签的专业领域意见创作者，人文、自然科学、心理学等领域粉丝的增长表明知乎深度专业领域内容的优质性与创作者的专业性。这些资源为"知+"投放提供了有力的支持，使其能够精准地触达潜在用户，提高品牌知名度和转化率。通过"知+"投放，知乎能够实现与潜在用户的精准对接，有效地提高品牌知名度和转化率。同时，"知+"还可以根据用户兴趣和行为数据进行精准推荐，进一步提高用户的黏性和满意度。

"知+"是知乎官方推出的内容服务解决方案，致力于从三个方面服务客户：首先，为客户提供优质的内容；其次，确保这些优质的内容得到广泛传播；最后，利用高水平的内容推动商业转型取得成功。"知+"内容服务路径可概括为：提供优质内容、实现广泛传播、助力商业转型成功。

在提供优质的内容方面，品牌方可以采取多种合作方式。一方面，品牌方可以利用站内现有的优质内容。这些内容可以是回答、文章、视频等，只要符合品牌需求并且能够吸引目标用户即可。另一方面，也可以通过发布特定任务的方式，邀请垂直领域的优秀创作者创作新的、有针对性的内容。这些创作者可以根据品牌方的需求和目标用户的需求进行创作，以提供更符合需求的内容。此外，"知+"还提供"芝士"平台（知乎创作者商业服务平台）特邀任务、招募任务等更深入的定制化内容合作模式，以更高效便捷的方式帮助客户、品牌方创作优质的内容。

为了让这些优质的内容广泛传播，"知+"在知乎中的展示逻辑至关重要。内容可以展示在首页推荐、下一个回答、搜索推荐等位置，这些是知乎中流量最大、最集中的黄金位置。在这些位置展示内容，可以吸引更多的用户浏览和互动。同时，"知+"让内容以最自然、最易于接受的形式传达给用户。在算法机制下，"知+"的内容能够更快、更精准地触达目标用户。为了推动商业转型成功，品牌方可以在对应投放的内容中添加"转化组件"。这个组件有两个主要优势：其一，它可以连接到五大跳转路径，包括外链落地页、小程序、微信号、App下载页和商品详情页；其二，转化组件不仅可以放置在正文中，还可以放置在评论区（支持置顶或跟随评论），引导用户在互动时进行正向转化。

2. 内容分发

知乎围绕会员服务、品牌广告、内容营销、电商及在线教育等多元化商业模式，构建了一套以用户"获得感"为核心的内容分发体系。通过特殊与常规内容排序机制，结合回答评分，实现对用户的个性化推荐。

为了更好地服务于品牌方与创作者，知乎推出了多种任务模式，以满足不同场景下的营销需求。

① 特邀任务：品牌方直接邀请领域内知名创作者，通过定制回答或文章（视频）形式，精准传达品牌信息，提升品牌影响力。

② 招募任务：品牌方发布创作任务，广泛吸引创作者参与，以多样化的回答与文章形式，扩大品牌曝光面。

③ 测评任务：针对特定品牌活动或节点，发起测评任务，引导正面舆论，增强品牌口碑。

④ 复用任务：利用平台优质存量内容，巧妙植入品牌信息，以低成本实现内容的二次传播与价值最大化。

每种任务模式均具备独特的适用场景与内容类型，品牌方可根据自身的营销目标与预算灵活选择。同时，知乎提供了多样化的计费方式，如按点击量、曝光量或转化效果计费等，确保营销投入的精准与高效。这种灵活的计费模式不仅有助于品牌方控制成本，还能根据实际效果调整策略，实现营销效果的最大化。

案例分享

网易严选通过"知＋"实现内容营销

随着互联网的快速发展，内容营销逐渐成为企业品牌推广的重要手段。网易严选作为一家高品质的电商平台，也积极参与其中。网易严选通过与知乎合作，利用"知+"工具进行内容营销，成功地将品牌价值传递给目标消费者，并实现了高效的转化。

第一，确定目标受众。通过"知+"，网易严选锁定了与产品相关的关注度高的问题——"有哪些东西你以为很贵，但其实很便宜？"并进行了精准推送，如图9-6所示。

第二，创作高品质内容。网易严选打造了"小确幸""小美好""高品质"的"人设"并进行内容创作，并在回答中推荐多款严选好物。这些回答均获得了较高的点击率，评论区的互动效果也较好。

第三，实现内容互通。网易严选的回答与文章有效缩短了优质内容创作的时间。这些文章也获得了较高的点击率。

第四，引导购买转化。通过"知+"，结合网易严选小程序，实现了从内容投放到购买的轻松转化。这种策略成功地吸引了消费者的注意力并实现了销售转化。

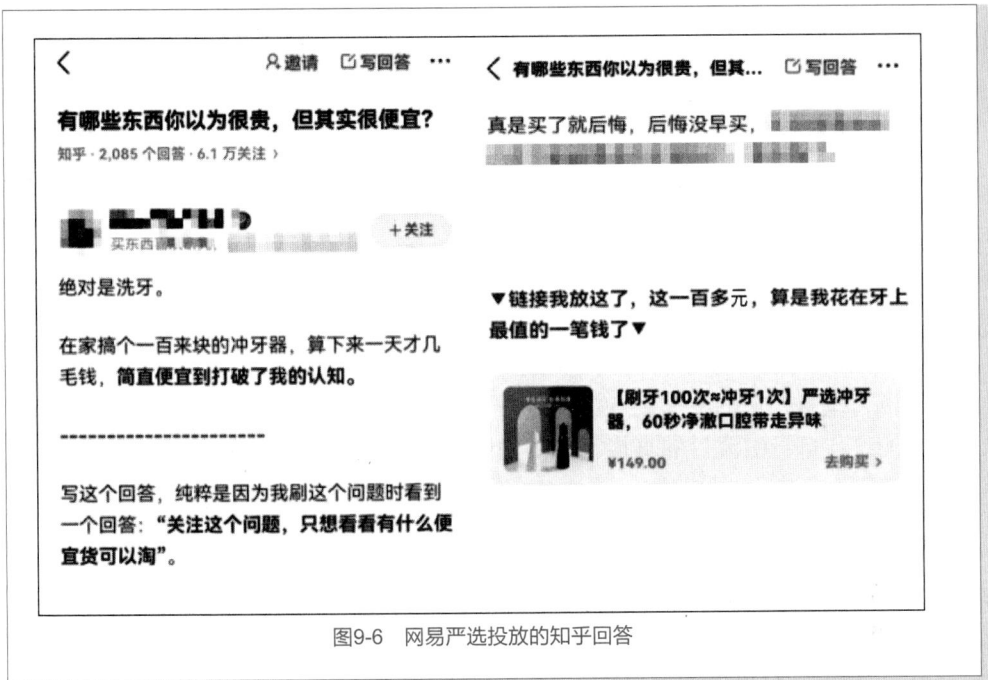

图9-6 网易严选投放的知乎回答

本章小结

在本章中，我们深入探讨了以推广高质量内容为特点的小红书平台。这个平台凭借其独特的定位和出色的运营策略，吸引了大量热爱生活、追求品质的用户。本章还详细介绍了知乎这个以知识消费为主的新媒体平台如何通过生产长寿命、高质量的话题内容实现快速引流和破圈效应。知乎以其独特的社区氛围和严谨的内容审核机制，为用户提供了一个富有深度和思考意义的交流空间。

课后习题

一、名词解释

"种草"营销　社交电商　社区化问答

二、单项选择题

1. 以下有关"种草"的正确选项是（　　　　）。
    A. "种草"只适用于美食和美妆领域
    B. "种草"营销策略没有实现多元化发展
    C. "种草"营销策略是品牌商进行品牌营销的有效途径
    D. 只有"种草"者才能为消费者提供真实的购买建议

2. 以下是社区化问答领域的代表的是（　　　　）。

　　A. 知乎　　　　　　　　　　　B. 小红书

　　C. 短视频　　　　　　　　　　D. 网络授课

3. 以下是知乎平台优势的是（　　　　）。

　　A. 知乎平台可以帮助企业或创作者收获站外的精准流量，实现破圈效应

　　B. 知乎平台的用户消费能力较弱

　　C. 知乎平台的内容质量较低

　　D. 知乎平台的运营效率较低

4. 以下最符合知乎平台的内容创作原则的是（　　　　）。

　　A. 垂直领域的专注度和深度　　　B. 泛领域内容的覆盖

　　C. 与自身引流目的直接相关的内容　D. 知乎热榜和内容关键词的优化

三、多项选择题

1. 小红书平台营销方法主要包括（　　　　）。

　　A. 发布高质量的原创内容　　　　B. 与达人合作推广

　　C. 社交广告投放营销　　　　　　D. 社群运营营销

2. 小红书平台营销的特点包括（　　　　）。

　　A. 能够提高品牌曝光度和打造产品口碑

　　B. 能够增强用户黏性和促进UGC产生

　　C. 能够提高用户的参与度和黏性

　　D. 广告形式多样

3. 知乎平台营销方法主要包括（　　　　）。

　　A. 构建高效知识营销架构　　　　B. 创新营销策略

　　C. 精准投放营销模式　　　　　　D. 内容营销引领潮流

4. 知乎平台的内容消费价值有（　　　　）。

　　A. 帮助企业或创作者收获站外的精准流量，实现破圈效应

　　B. 捕获高消费人群

　　C. 提供多样化的广告形式，提高产品知名度和曝光率

　　D. 鼓励用户建立社交关系，形成网状式的信息传播模式

四、复习思考题

1. 如何运用小红书平台进行品牌营销？

2. 如何运用知乎平台进行品牌营销？

学以致用

实训题目1：DeepSeek助力花时语新品营销

品牌背景

新锐美妆品牌花时语主打"东方植物精粹成分+快时尚妆容"，致力于将传统东方植物精粹融入现代美妆产品中，打造独具东方韵味的时尚妆容。其目标用户为18-30岁的女性，这类人群追求时尚潮流，对新鲜事物充满好奇，注重美妆产品的成分天然性与妆效的多样性，且热衷于在小红书等社交媒体平台分享自己的美妆心得和生活方式。目前，品牌为了进一步提升市场影响力，推出了新品"二十四节气眼影盘"，希望通过小红书平台的营销推广，打造爆款产品，带动销售增长，并建立"国风美学+科学护肤"的品牌认知。

任务要求

使用DeepSeek生成针对小红书平台的新媒体营销策略，为花时语的新品"二十四节气眼影盘"设计一套完整的"种草"方案。方案需涵盖从精准用户画像构建到高传播性内容创作，再到UGC裂变传播机制设计的全链路环节，以实现新品首月销量破万的目标，并激发用户自发创作妆容教程，强化品牌的国风美学形象。

操作提示

1. 明确使用目的：利用DeepSeek深入分析18-30岁女性用户在小红书平台上对国风彩妆的喜好、痛点和行为习惯。挖掘用户在选择眼影盘时的核心需求；找出用户在使用国风彩妆过程中遇到的问题，生成符合小红书平台特性的内容创意，包括爆款标题、图文笔记大纲、短视频脚本等，并设计能够激发用户参与和分享的UGC裂变机制。

2. 确定营销目标：短期目标是在小红书平台上迅速提升"二十四节气眼影盘"的曝光度和话题热度，吸引大量潜在用户的关注，实现首月销量破万。长期目标是通过持续的内容运营和UGC裂变传播，建立花时语"国风美学+科学护肤"的品牌认知，培养用户对品牌的忠诚度和认同感，形成稳定的品牌粉丝社群。

3. 构建DeepSeek指令：根据品牌定位与目标，输入指令（示例）：花时语是主打"东方植萃成分+快时尚妆容"的新锐美妆品牌，新品"二十四节气眼影盘"目标用户为18-30岁女性。需通过小红书平台进行营销推广，实现首月销量破万，建立"国风美学+科学护肤"品牌认知。请结合小红书平台特性，设计包含以下内容的营销策略：（1）精准分析18-30岁女性用户对国风彩妆的核心需求、使用痛点和内容偏好关键词；（2）为"花时语惊蛰眼影盘"设计至少10个小红书爆款标题，要求包含场景词、痛点词和话题标签，并根据其中一个标题生成图文笔记大纲，涵盖痛点对比图、产品成分解析和步骤拆解；（3）设计小红书"节气妆容打卡"挑战赛规则，包含低门槛参与机制、分层奖励体系和3个可延展的话题方向。

4. 打开DeepSeek页面，输入指令并发送，如图9-7所示。

> 花时语是主打"东方植萃成分+快时尚妆容"的新锐美妆品牌，新品"二十四节气眼影盘"目标用户为18-30岁女性。需通过小红书平台进行营销推广，实现首月销量破万，建立"国风美学+科学护肤"品牌认知。请结合小红书平台特性，设计包含以下内容的营销策略：（1）精准分析18-30岁女性用户对国风彩妆的核心需求、使用痛点和内容偏好关键词；（2）为"花时语惊蛰眼影盘"设计至少10个小红书爆款标题，要求包含场景词、痛点词和话题标签，并根据其中一个标题生成图文笔记大纲，涵盖痛点对比图、产品成分解析和步骤拆解；（3）设计小红书"节气妆容打卡"挑战赛规则，包含低门槛参与机制、分层奖励体系和3个可延展的话题方向。

❤ 花时语小红书营销策略方案

一、18-30岁女性用户对国风彩妆的核心需求与内容偏好分析

图9-7 DeepSeek回复花时语的新媒体营销策略

实训题目2： 选择一个你感兴趣的品牌，设计一份利用小红书或知乎平台进行营销的方案

实训要求

1. 品牌分析与定位：对品牌进行详细的市场分析和定位；掌握品牌的核心特点、目标受众及市场竞争情况，明确品牌在小红书或知乎平台上的定位和价值主张。

2. 根据品牌的特点和目标受众，设计适用于小红书或知乎平台的营销方案。

第10章
视频圈的两座大山——哔哩哔哩、抖音平台

知识框架图

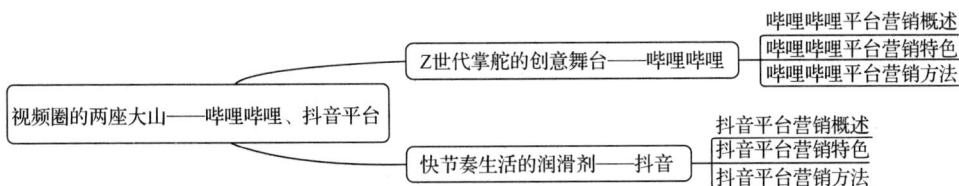

知识目标

1. 了解哔哩哔哩平台营销的概念与方法。
2. 了解抖音平台营销的概念与方法。

技能目标

1. 学会使用抖音、哔哩哔哩平台进行创作并获得流量。
2. 能够利用抖音、哔哩哔哩平台进行营销推广。

案例导入

哔哩哔哩营销新范式：蜜雪冰城主题曲 MV 爆火背后的精准营销

哔哩哔哩是一个以年轻用户为主的视频分享平台，常有品牌方借助该平台强大的流量进行内容营销。其中，蜜雪冰城通过其主题曲MV"蜜雪冰城主题曲MV"的成功发布，不仅提高了品牌影响力，还实现了用户的自发传播。

该视频以品牌IP形象"雪王"为主角，通过三个雪人（分别代表品牌、员工及用户）的和谐互动，展现了品牌"传递幸福和分享甜蜜"的理念。视频内容可爱又土味，旋律魔性洗脑，迅速吸引了大量年轻用户的关注。

成功发布《蜜雪冰城主题曲MV》后，蜜雪冰城并未止步于单一的视频传播，而是巧妙地利用了哔哩哔哩独特的用户生成内容生态，积极与平台上的UP主们建立合作关系。这些UP主，作为哔哩哔哩内容创作的核心力量，各自拥有独特的风格和庞大的粉丝基础。蜜雪冰城邀请多位特色鲜明的UP主参与主题曲MV的二次创作，鼓励他们结合个人风格进行改编。一时间，鬼畜版、舞蹈版、翻唱版等多种形式的MV如雨后春笋般涌现，不仅丰富了视频内容的表现形式，更激发了广大用户的观看兴趣和分享欲望。这些改编作品在保留原曲魔性旋律的基础上，融入了UP主们的创意和个性，使蜜雪冰城的品牌形象以更加多元、生

动的面貌展现在用户面前。

在整个营销过程中，蜜雪冰城还充分利用了哔哩哔哩提供的平台工具进行精准营销。蜜雪冰城通过数据分析工具了解用户画像和兴趣偏好，选择与品牌受众高度匹配的UP主进行合作；同时，通过监测视频数据和用户反馈，蜜雪冰城及时调整营销策略和内容方向，确保营销效果的最大化。

通过此次营销活动，蜜雪冰城不仅成功提高了品牌知名度和美誉度，还实现了用户的高度互动和自发传播，为品牌带来了持续的流量和关注。作为营销者的我们，如何运用哔哩哔哩、抖音这样的新媒体平台达到我们的营销目的？

10.1　Z世代掌舵的创意舞台——哔哩哔哩

国内二次元内容以ACGN为主，ACGN为英文Animation（动画）、Comic（漫画）、Game（游戏）、Novel（小说）的首字母组合，是从ACG扩展而来的新词，主要流行于华语文化圈。

作为国内第一家设立弹幕视频的网站，哔哩哔哩的主要用户群体是Z时代[①]。哔哩哔哩以独特的"二次元"文化为特点，打造了一种广受欢迎的ACGN社区文化，吸引了一批付费意愿强烈、黏性强的忠实用户。随着Web 3.0技术的发展，用户同时具备了信息接收者和信息传播者的双重身份，哔哩哔哩以用户社交网络为核心，在新媒体平台方兴未艾的时代，以自己独有的方式进行营销和内容辐射，成功地占得一席之地，并取得了显著的成绩。

10.1.1　哔哩哔哩平台营销概述

1. 哔哩哔哩平台营销的概念

哔哩哔哩创立于2009年6月，是以泛二次元内容、专业用户生产内容（Professional User Generated Content，PUGC）为主的综合视频社区。早期以二次元内容和独特的弹幕分享功能聚集了一批热爱ACG文化的核心用户，随着时代和文化的不断发展，逐渐加入了教育、游戏、音乐等视频内容，在原有的基础上拓展了电商、直播、电竞、游戏运营、举办线下演出活动等业务。浓厚的ACG文化与Z世代的爱好高度吻合，满足了Z世代的文化娱乐需求。这种多元、前卫、独特的文化，一定程度上增加了用户的活跃度和黏性。从2009年至今，哔哩哔哩已经从一个小众ACG社区发展为有用有趣的综合性视频社区。截至2023年第一季度，哔哩哔哩月均活跃用户数达到3.15亿。

哔哩哔哩同时具有视频网站和社区特征，哔哩哔哩主要基于二次元，与传统视频站点相比，哔哩哔哩是一个文化聚集地，具有自己的业务逻辑。围绕用户、创作者和内容，哔哩哔哩构建了一个源源不断产生优质内容的生态系统。凭借自

① Z世代指的是1995—2009年出生的一代人。

身的UGC营销的品牌特色，针对受众群体喜爱的文化内容，持续不断地创作有趣、有价值、有温度的内容。UGC区别于传统营销模式，基于营销网络，具有互动性、参与性、连通性、公开性、社区化等特点，在当下受到绝大多数群体的认可。目前，哔哩哔哩94%的视频播放量都来自专业用户生成视频（Professional User Generated Video，PUGV）。在此基础之上，哔哩哔哩提供了移动游戏、直播、付费内容、广告、漫画、电商等商业化产品和服务，并对电竞、虚拟偶像等前沿领域布局。总的来说，哔哩哔哩通过UGC与受众建立起情感关系，从而激发用户更多地参与平台的活动，也使受众产生了对哔哩哔哩品牌的热爱和坚守之情。

2. 哔哩哔哩平台营销优势

哔哩哔哩，作为中国颇具特色的弹幕视频分享平台，以其独特的弹幕互动、原创内容社区、年轻用户群、多元化内容和技术创新等优势，成为广大网友喜爱的平台。无论是丰富的互动体验，还是庞大的原创社区，哔哩哔哩都在不断创新，为用户提供更加丰富、有趣的视频内容。

（1）接地气的交流方式，更容易帮品牌"圈粉"

弹幕文化是哔哩哔哩一直以来的社区特色，从早期的"前方高能""这不是演习"，到今天的"泪目""名场面"等，我们生活中有相当一部分网络流行语都起源于哔哩哔哩。这些流行语的变迁也透露给我们一个信号——品牌与消费者之间的沟通习惯改变了。一本正经的说教式传播看似官方，却很难引起当下消费者的共鸣。

（2）圈层营销效应，实现内容精确触达

除了特有的社区氛围与沟通语境，哔哩哔哩能诞生一个个爆款视频的原因还在于其对圈层的深耕。据媒体报道，哔哩哔哩已经形成200万个文化标签、7000个核心文化圈层，也诞生了不少现象级的UP主（UP是UPload的简写，UP主是指在视频网站、论坛中上传视频、音频文件的人），不少圈层的爱好者都喜欢将哔哩哔哩作为交流分享的根据地。对于品牌来说，全链路布局动漫产业的哔哩哔哩能够在更多、更精确的场景中实现对消费者的触达。

（3）优质的弹幕文化

哔哩哔哩平台引领了发弹幕的社交潮流。弹幕就是指在网络上观看视频时弹出的评论性字幕。弹幕可以给用户营造一种实时互动的错觉，虽然不同弹幕的发送时间有所区别，但在视频中相同时间发送的弹幕基本上具有相同的主题，用户在参与评论时就会产生与其他用户同时评论的错觉。

与其他视频平台上可有可无的弹幕相比，哔哩哔哩平台上的弹幕已经成为视频内容的组成部分。对于一部分用户来说，他们看的就是弹幕，而视频只是背景画面而已。

（4）无贴片广告

哔哩哔哩平台上的视频没有贴片广告，与其他视频平台60～108秒的广告相比，用户在哔哩哔哩平台上观看视频的过程会更加顺畅。

（5）重社交，粉丝价值高

哔哩哔哩是一个重社交，粉丝价值高的平台，对于粉丝基数大的UP主来说，从哔哩哔哩平台迁移到其他平台所花费的成本较高，大部分粉丝可能会流失，UP主往往需要在新的平台上重新运营账号。

10.1.2　哔哩哔哩平台营销特色

哔哩哔哩从小众化走向大众化，是平台和文化的破圈。在平台营销方面，哔哩哔哩也打造了自身的平台营销特色。

1. 哔哩哔哩的优质内容营销

哔哩哔哩作为一家独特的弹幕视频平台，其内容创作模式与国内其他主流平台有着显著的不同。哔哩哔哩之所以能够成功突破圈层，关键在于其对核心内容输出的重视，确保了内容的优质和真实性。平台摒弃了单一的内容提供方式，转而采用PUGC（专业用户生产内容）和PUGV（专业用户生成视频）的模式，这种模式鼓励用户参与内容创作，形成了以UP主为中心的内容生态。UP主是哔哩哔哩平台上的视频内容的生产者，他们通过平台特色吸引用户，并借助自身内容提高用户的黏性。内容品质是哔哩哔哩生存和发展的关键，平台通过对产品品质的严格把控，侧重于整合优质资源和视频内容创作者，提升内容的专业性和质量。随着哔哩哔哩的扩张，越来越多的用户被吸引加入该平台。UP主在庞大的用户市场驱动下创作内容，优质内容又吸引新用户的加入，形成了一个巨大的共赢式内容创作循环。特别是知识区的崛起，知识科普类UP主创作大量优质内容，吸引了大量平台外的兴趣爱好者，推动了哔哩哔哩知识区的繁荣。[①]

2. 二次元品牌营销

哔哩哔哩和其他视频平台相比的一大特色为年轻化。哔哩哔哩成功破圈的重要营销手段是对品牌价值的维护，在精确市场定位的情况下打造特色用户界面（User Interface，UI）设计的哔哩哔哩品牌文化。

哔哩哔哩以ACG小众文化为品牌文化主体，打造风格独特的哔哩哔哩二次元风格，利用二次元风格吸引二次元用户成为哔哩哔哩的忠实用户群体。ACG和二次元结合的文化视频网站吸引了众多年轻群体的加入，内部平台已经形成了"年轻人的社交区"，忠实的年轻用户成为支撑哔哩哔哩品牌的内容流量创造者。

3. 以年轻人为主体的圈层营销

哔哩哔哩成功破圈并且保持热度不减的重要一点是对年轻群体的吸引。在哔哩哔哩的用户年龄结构方面，根据推算，超过50%的城市年轻网民和超过80%的一线城市的中学生和大学生都是哔哩哔哩用户。高度年轻化的用户结构是哔哩哔哩创立以来一直保持的特色。

扫码看视频

"钉钉本钉，在线求饶"——哔哩哔哩营销案例

哔哩哔哩的个性UI设计，以二次元风格搭建的平台系统迎合了Z世代的个性化审美需求。针对爱好不同的Z世代，哔哩哔哩多元化的内容模块搭建为年轻人提供了互联网社交的平台支撑，形成了各个不同特色部分的圈层。在哔哩哔哩形成的圈层文化具有明显的哔哩哔哩特色，ACG文化圈

① 刘程. 哔哩哔哩的营销策略探析[J]. 租售情报，2022(7):195-197.

目前为哔哩哔哩最为核心的圈层，也是至今为止平台发展历史最为悠久、体系最丰富的内容区。

10.1.3 哔哩哔哩平台营销方法

作为全国最大的二次元分享站点及国内最大的视频网站之一，哔哩哔哩拥有自己独特的营销模式与方法。

1. 鼓励与推广原创内容

哔哩哔哩平台的视频绝大多数都由各个UP主独立创作。平台对每一个优质作品进行大数据分析和精准推送，鼓励用户积极创作原创内容，并通过一系列手段提高优质原创作品的曝光度。这样的举措不仅有助于推广创作者个体，还能够吸引更多用户的关注，为平台注入更多活力。在推广原创内容方面，哔哩哔哩采用了多种策略。平台通过推荐算法精准匹配用户兴趣，确保优质原创内容能够更准确地被推送给目标受众。通过在首页、频道页等关键位置进行置顶，哔哩哔哩平台重点展示一些精选原创内容，让用户一眼就能发现这些独特的原创内容。"一键三连"是平台的特色，哔哩哔哩鼓励用户通过点赞、评论等方式参与原创内容的互动，这不仅能够为创作者提供实时反馈，也有助于提升作品的社交影响力。通过用户互动和社交分享，优秀的原创内容将更有可能在平台上迅速传播，吸引更多关注。

为了更全面地支持原创内容，哔哩哔哩还为创作者提供了丰富的创作工具和资源，帮助他们更轻松地表达创意。其中最重要的莫过于"bilibili创作激励计划"。"bilibili创作激励计划"是指哔哩哔哩推出的针对UP主创作的内容进行综合评估并提供相应收益的计划。哔哩哔哩希望通过"bilibili创作激励计划"减轻UP主在内容创作上的压力，增强UP主持续创作的信心与积极性，鼓励其创作出更多优秀的内容。

2. 哔哩哔哩直播营销

哔哩哔哩通过其强大的直播平台为创作者、专业视频创作公司和品牌提供了一个多元化的宣传和营销渠道。这种独特的直播营销方式不仅令产品展示更加生动有趣，还通过实时互动、虚拟礼物和打赏等形式创造了多样化的收益模式。这样的直播体验不仅深受观众喜爱，同时也推动平台上内容创作者和品牌之间达成商业合作。通过直播平台，知名创作者或者品牌公司得以实时展示其创意、技能或产品，为观众提供沉浸式的互动体验。这种直播形式不仅提高了品牌或个体的曝光度，同时也让观众更容易建立起与其之间的紧密联系。而且，通过虚拟礼物和打赏等形式，观众能够在直播过程中表达对创作者的喜爱和支持，这为创作者提供了可持续的收益，同时也激发了创作者的创作动力。

更为重要的是，直播平台成为品牌推广的理想场所。品牌可以通过与专业视频创作公司或有影响力的创作者合作，借助其粉丝基础快速实现品牌曝光。在直播过程中，品牌能够以更生动有趣的方式展示产品，与用户建立更紧密的联系，加深用户对品牌的认知和好感。

3. 数据分析与个性化推荐

哔哩哔哩平台通过收集用户的行为数据，分析用户的兴趣、喜好和行为模式，从而为用户提供个性化的推荐服务，提高用户满意度和黏性。主要方法如下。

① 数据收集。哔哩哔哩通过前端和后端的数据收集工具，获取用户在平台上的行为数据。

② 数据分析。对收集到的用户数据进行整理、处理、分析和解释，从中发现规律、趋势。数据分析可以帮助哔哩哔哩更好地了解用户的需求、行为和偏好，为推荐算法提供依据。

③ 个性化推荐算法。根据数据分析结果，采用协同过滤、深度学习等推荐算法，为用户推荐符合其兴趣和喜好的内容。这些内容可以是视频、专栏、直播等，涵盖二次元、游戏、科技、生活等多个领域。

④ 推荐展示。将推荐结果以列表或视频的形式展示给用户，让用户能够轻松地发现感兴趣的内容。推荐位置可以出现在首页、视频详情页、搜索结果页等多个场景。

⑤ 推荐优化。根据用户对推荐内容的反馈，不断调整推荐算法和策略，提高用户对推荐内容的满意度。同时，对推荐内容进行实时监控，确保内容的质量和合规性。

⑥ 用户画像。通过数据分析，为每个用户构建一个详细的画像，包括用户的兴趣、喜好、需求、行为模式等。用户画像可以帮助哔哩哔哩更好地了解用户，提升推荐的精准度和效果。

4. 哔哩哔哩弹幕营销

哔哩哔哩弹幕，作为一种独特的互动方式，其"实时性"打破了用户间时间、空间的限制，满足了用户的互动与社交需求。弹幕成为内容的一部分，增强了用户观看视频的趣味性。在哔哩哔哩的优质弹幕管控机制下，用户体验得到保障，并形成哔哩哔哩独特的语言符号体系。哔哩哔哩社区语言文化的"整体性"和"通用性"，增强了用户的"文化认同感"，进一步提升了用户黏性。弹幕营销具有如下作用。

① 提高用户的参与度。弹幕作为一种新兴的互动形式，可以让用户在观看视频的同时，实时发表自己的观点、感受和评论，与其他用户进行交流。这种互动方式能够提高用户的参与度，使视频内容更加生动有趣。

② 增强用户与UP主的联系。弹幕可以让用户与UP主实时互动，用户可以通过弹幕向UP主提问、发表评论或表达喜好，UP主也可以通过弹幕回应用户的提问或与用户互动，从而增强用户与UP主的联系。

③ 丰富视频内容。弹幕作为一种附加信息，可以在视频播放过程中以各种形式展示，如文字、表情等，为视频内容增色不少，使用户在观看视频的同时，获得更多的快乐和信息。

④ 增强视频的趣味性。弹幕内容多样，有些弹幕可以增强视频的趣味性，让用户在观看过程中产生共鸣，使视频更具吸引力。

⑤ 方便用户表达观点。弹幕可以让用户在观看视频时实时发表自己的观点，而无须在评论区留言，方便用户表达自己的想法和感受。

⑥ 有助于发现优质内容。弹幕中可能会出现一些优质的评论或建议，用户可以通过弹幕发现这些内容，从而提高满意度[①]。

10.2 快节奏生活的润滑剂——抖音

在本节中，我们主要探究近年来较为流行，为社会广泛接受和关注的短视频平台——抖音，探寻短视频平台在企业营销推广中的作用。

10.2.1 抖音平台营销概述

1. 抖音平台介绍

抖音是一个短视频平台，它于2016年9月上线，并在全球范围内迅速走红。抖音的特点是用户可以通过录制和编辑短视频来展示自己的才华、创意、日常生活等内容，并与其他用户分享和交流。用户可以在抖音上找到各种各样的内容，包括音乐、舞蹈、搞笑、美食、旅行、生活技巧等。抖音通过智能推荐算法，根据用户的观看记录和兴趣爱好，为用户呈现最适合的内容。抖音还提供了各种特效、滤镜和配乐等功能，使用户能够轻松地对自己的视频进行编辑和美化。抖音在全球范围内拥有数亿位用户，成了一个极具影响力和受欢迎的社交媒体平台。

抖音的特色如下。

① 简单易用的录制和编辑工具。抖音提供了各种拍摄和编辑工具，使用户能够轻松地拍摄、剪辑和美化自己的短视频。用户可以添加特效、滤镜、贴纸、文字和配乐，丰富短视频的表现形式。

② 智能推荐算法。抖音使用智能推荐算法，根据用户的兴趣爱好和观看历史，个性化地向用户推荐相关和感兴趣的短视频内容。用户可以在主页上浏览推荐的短视频，发现新的创作者和有趣的内容。

③ 社交互动和分享。抖音允许用户在短视频中添加各种特效和挑战，与其他用户互动和分享。用户可以点赞、评论和分享短视频，与他人共享体验。

④ 名人和"网红"影响力。抖音成为许多名人和"网红"积累粉丝和提高影响力的重要平台。通过抖音，用户可以关注名人、"网红"并与其进行互动，了解他们的生活、工作。

抖音在全球范围内获得了数亿位用户，它不仅在中国市场非常受欢迎，在海外市场也有一定的影响力。抖音的成功与其简单易用的功能、个性化的推荐算法以及提供用户与名人和"网红"互动的机会等因素密不可分。

173

---

① 韩佳桐，赵树梅. 哔哩哔哩弹幕网的营销策略分析[J]. 商展经济，2020(3):53-59.

2. 抖音平台营销优势

第一，相较于同类型短视频App，抖音平台优势明显。这主要归功于用抖音拍摄短视频时，用户可以添加很多玩法和特效，使用原创特效（如反复、闪一下及慢镜头等）、滤镜和场景切换等技术，让视频更具创造性，让小视频一秒变大片。再加上抖音的配乐经常是一些电音和舞曲，大多数作品节奏感很强，给人比较酷、炫、潮的感觉。用抖音拍摄短视频，制作难度非常低，普通用户也可以做出好玩、炫酷的短视频。抖音的这一特点使其能够吸引大量的用户，从而增加其带货流量。

第二，抖音的短视频制作成本低，而且还能借助短视频与直播结合的方式进行销售。就直播带货模式来看，一部分抖音红人先累积流量，通过人设的运营建立起粉丝足够的信任，从而让粉丝将这份信任转化为对产品的信任。也有一部分抖音红人侧重于构建人设与产品之间的强相关性，在某一领域树立一定的专业度，以此来促进直播带货。而在带货品类上，达人会专注于某一垂直领域。从目前的形势来看，抖音直播仍然缺乏头部IP，相应的玩法也还不够完善。但这也意味着，抖音的直播电商生态仍然具有发展空间。

第三，与传统的直播平台相比，抖音并没有采取某些运作"套路"，如支持主播依靠用户"刷"礼物等方式来上榜的模式。长此以往，这种模式会使直播达人和用户感到疲惫和无趣，导致直播互动失去原本的意义。在这种模式下，主播只会和付费用户互动，这时其他用户便会失去存在感。抖音直播不依赖用户的打赏，更多依靠的是主播的个人魅力，进而吸引一大批忠实粉丝。长此以往，其带货能力和变现能力便会更持久、更强大。

10.2.2 抖音平台营销特色

抖音通过激励内容生产者，形成丰富的短视频内容，吸引用户持续地使用该平台。抖音通过整合其中的媒体和流量资源，向广告主售卖以实现变现。这样的商业模式使该平台跳出了向用户收费的逻辑，转而向广告主收费，以流量换金钱，在维持用户忠诚度的同时增加了平台方和内容方的收入，实现良性发展。

抖音平台的商业生态，形成了一个三角形的稳定模式，如图10-1所示。无论是平台方还是内容方，都能在其中实现自己的商业价值，持续发展。在这样的商业生态中，广告主、平台方、内容方三方相互依赖又相互促进，不会有任何一方强势地主宰话语权。失去了平台的内容方可能难以持续发展，失去了内容的平台方不再具有吸引力，而这两者都是广告主所倚重的。这与长视频平台被内容版权方牵制的态势、依靠会员制收费和贴片广告实现盈利的商业逻辑不同。从用户的角度来看，短视频平台的使用成本是相对低的，甚至能够在平台方的补贴之中获取一定的收入，从而形成了极高的用户忠诚度，为

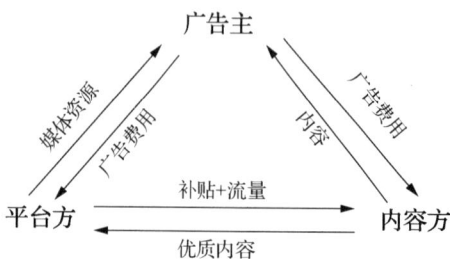

图10-1 抖音平台的商业生态

平台的持续发展奠定了基础。

除了上述内容，短视频自媒体还可以在自己的内容中植入广告。

总而言之，利用短视频平台，企业可以更好地进行营销，多角度贴近用户，实现企业、产品和用户的良好交互，以新奇、有趣的方式开展营销活动，从而实现良好的效果。

10.2.3　抖音平台营销方法

"现在抖音的新账号真的不好做啊！"这是最近听到的许多抖音创作者都在感叹的一句话。除非是头部多频道网络（Multi-Channel Network，MCN）机构孵化的账号，不然做新账号似乎真的很难出爆款。据了解，抖音确实针对MCN机构制订了新账号的冷启动扶持计划。那么大多数无法被官方扶持的创作者到底该如何做呢？

1．初期团队精简化

"工欲善其事，必先利其器。"其实一个抖音账号背后设3个岗位即可，即演员、编导、剪辑。

如果有足够的预算，也可以找专业的团队，使导演、编剧、策划、演员、摄影、剪辑一应俱全。但无论配置如何，"网感"和"视频思维"才是关键。能否把握好抖音的热门话题，直接关系到所创作的短视频能否成为爆款。

2．确定内容垂直领域

对于垂直领域的选择，最直接和简单的方式就是选自己擅长和了解的领域。例如，懂汽车的可以创作汽车领域的内容，擅长唱歌的可以创作音乐领域的内容。若你无法确定垂直领域，可以尝试进入蓝海领域。

蓝海领域中的母婴、汽车、医学科普等，都有着非常广阔的前景；而红海领域中的测评、美食、美妆等，只要形式足够新颖，依旧非常值得投入。

3．抖音"涨粉"的核心秘诀：打造爆款内容

想要在抖音上获取粉丝，具备持续生产优质内容的能力才是关键。播放量、完播率、点赞量和评论量，都是抖音对视频流行度预测的维度。这里需要特别注意两个打造爆款内容的法则。

（1）开头3秒决定成败

抖音短视频是按秒计算的。在抖音算法下，真正决定成败的就是开头的几秒。如果作品开头的几秒不足以吸引观众，那么观众可能就直接划走了，被划走的次数过多，这个视频就再难获得推荐。所以在抖音内容的生产中，"减法"比"加法"更重要。创作者需要删掉视频中无用的信息，在第一时间吸引观众的视线。

（2）打造爆款内容有章可循

抖音的算法就是将用户喜欢的内容不断地推送给他们，爆款内容的背后是用户对优质内容的喜爱。以下总结了打造爆款内容的4个原则。

原则一：情感共鸣，必须引起观众强烈的情感波动。

175

原则二：形式创新，新颖的形式才能够使内容脱颖而出。

原则三：制造反转效果，出其不意地反转让内容增色不少。

原则四：合拍视频，多账号合拍视频可能会吸引更多流量。

4. 抖音账号的精细化运营

仅仅有了爆款内容还不够，对账号进行精细化运营也是一项非常重要的工作。对于抖音创作者来讲，这个账号就是产品，维护好账号，是引流的关键。具体来说，有以下4点可以参考借鉴。

（1）高频率更新，把握流量高峰期

持续又稳定的内容输出可以获取更高的播放量，有助于"涨粉"。而每天的更新时间也是颇有讲究的。抖音有3个流量高峰期：中午12点前后、下午6点前后、晚上10点前后。在这3个时间段内发布内容，有机会获得更高的流量。

（2）引导粉丝参与互动

发布内容时有意识地引导用户评论与互动，这是精细化运营抖音账号的重要一环。如果没有人评论，那就自己在评论区评论，千万不要出现零评论的视频。对于有价值的评论都应该认真回复，尤其是精彩评论。偶尔可以在视频中留下些引起用户互动的元素。

（3）迅速有效的外部助推

抖音的算法采取多级推荐模式，如果内容在发布后短时间内获得了较多的评论、点赞，便有机会进入更大的流量池。

（4）DOU+：少量多次、小额多投

DOU+是抖音官方的助推工具，能够带来一定程度的曝光和流量增长。但是对于运营初期的账号，是否投放DOU+是需要斟酌的。投放DOU+对有一定起量趋势的视频是有助力的，但对自然流量很差的视频很难有效。同时，在投放的过程中，尽量采用"少量多次、小额多投"的原则。少量多次的投放会有更高的概率使视频被投放给不同兴趣领域的人群，收获不同类型的粉丝。

本章小结

在本章中，我们讨论了哔哩哔哩平台营销和抖音平台营销的概念与方法，并对两个平台的营销特色进行了比较详细的描述。哔哩哔哩作为一个以年轻人为主体的二次元社区，其营销方法注重内容创新、社区互动和粉丝经济。而抖音作为一个短视频平台，其营销方法则注重内容创意、社交传播和数据驱动。

哔哩哔哩平台上的用户以年轻人为主，他们热爱二次元文化，喜欢尝试新鲜事物。因此，哔哩哔哩的营销方法注重抓住年轻人的需求，推出具有创新性和趣味性的内容。此外，哔哩哔哩的粉丝经济效应也十分显著，平台上的知名UP主拥有大量的粉丝，他们的每一次更新都能吸引大量的关注和互动。因此，哔哩哔哩的营销方法也注重与UP主的合作，通过他们的影响力来推广产品和品牌。

抖音平台上的用户群体非常广泛，无论是年轻人还是老年人，都可以在抖音上找到自己喜欢的内容。因此，抖音的营销方法注重内容创新和传播效果。抖音平台上的短视频内容丰富多样，包括搞笑、舞蹈、美食、旅行等，营销人员可以根据自己的需求选择合适的内容进行推广。同时，抖音的传播能力也十分强大，一个有趣的内容可以在短时间内迅速传播开来，达到广泛曝光的效果。因此，抖音的营销方法也注重利用社交传播，提高品牌的知名度和影响力。

哔哩哔哩和抖音的营销特色各有千秋。哔哩哔哩注重内容创新和粉丝经济，而抖音则注重内容创意和社交传播。在实际操作中，营销人员可以根据自己的需求和目标选择合适的平台进行推广，也可以借鉴两个平台的营销方法，结合自己的实际情况进行创新和优化。

课后习题

一、名词解释

哔哩哔哩营销　抖音营销

二、单项选择题

1. 哔哩哔哩平台最大的特色是（　　　）。
    A．二次元文化　　B．视频分级　　　C．创作管理　　　D．视频分区
2. 在抖音平台，用户单次可以录制视频长度最长是（　　　）。
    A．15秒　　　　　B．30秒　　　　　C．60秒　　　　　D．120秒
3. 抖音是一款主要用于分享（　　　）类型的内容的短视频平台。
    A．音乐舞蹈　　　B．美食探索　　　C．游戏　　　　　D．以上都是

三、多项选择题

1. 选择哔哩哔哩平台进行营销的理由有（　　　）。
    A．Z世代聚集地　B．用户高黏性　　C．弹幕广告　　　D．引领流行
2. 哔哩哔哩平台的特点主要包括（　　　）。
    A．弹幕文化　　　B．创作激励　　　C．全民创作　　　D．大公司创作
3. 抖音平台的特点包括（　　　）。
    A．简单易用的录制和编辑工具　　B．智能推荐算法
    C．社交互动和分享　　　　　　　D．图文分享
4. 一个成熟的抖音账号应当关注（　　　）。
    A．优质的视频内容　　　　　　　B．醒目的视频标题
    C．视频数据的监控　　　　　　　D．及时的互动交流

四、复习思考题

1. 哔哩哔哩平台和抖音平台的区别有哪些？

2. 哔哩哔哩平台和抖音平台都有哪些创新点？

_____

_____

学以致用

实训题目1：DeepSeek助力城市夜生活活动推广

品牌背景

城市生活品牌"夜光计划"聚焦"夜经济+潮流文化"，致力于为年轻人打造独特的城市夜生活体验。其目标用户为18-35岁的年轻人，他们追求时尚潮流、热爱社交活动，对新鲜有趣的城市夜生活充满向往，并且乐于在抖音等社交媒体平台上分享自己的生活点滴。目前，品牌策划了"城市夜生活探索活动"，希望通过抖音平台的短视频营销，打造爆款内容，吸引更多目标用户参与活动，同时建立"城市夜生活体验官"的人设，提升品牌在年轻群体中的知名度和影响力。

任务要求

使用DeepSeek生成针对抖音平台的新媒体营销策略，为"夜光计划"的"城市夜生活探索活动"设计一套完整的短视频营销方案。方案需涵盖从热门话题挖掘与内容重构、多模态脚本生成到智能投放策略制定的全链路环节，以实现打造爆款短视频的目标，并建立"城市夜生活体验官"人设，促进活动的参与度和线下转化。

操作提示

1. 明确使用目的：利用DeepSeek深入分析抖音平台上"城市夜生活"相关内容的热门趋势和用户喜好。挖掘近期爆款视频的底层逻辑和内容共性；同时，根据抖音算法特点，生成符合"黄金3秒"原则的开场脚本和全维度脚本模板。

2. 确定营销目标：短期目标是在抖音平台上迅速提升"城市夜生活探索活动"的曝光度和话题热度，打造爆款短视频，吸引大量目标用户的关注和参与。长期目标是通过持续的内容运营和智能投放，建立"城市夜生活体验官"的人设，提升品牌在年轻群体中的美誉度和忠诚度，实现从线上内容曝光到线下活动参与的有效转化。

3. 构建DeepSeek指令：根据品牌定位与目标，输入指令（示例）："夜光计划"是聚焦"夜经济+潮流文化"的城市生活品牌，目标用户为18-35岁年轻人。现需为"城市夜生活探索活动"在抖音平台打造爆款短视频，建立"城市夜生活体验官"人设。请结合抖音平台特性，设计包含以下内容的营销策略：（1）分析近期抖音"城市夜生活"相关爆款视频的三大内容共性；（2）生成3个"夜光计划"全维度脚本模板。

4. 打开DeepSeek页面，输入指令并发送，如图10-2所示。

"夜光计划"是聚焦"夜经济+潮流文化"的城市生活品牌，目标用户为18-35岁年轻人。现需为"城市夜生活探索活动"在抖音平台打造爆款短视频，建立"城市夜生活体验官"人设。请结合抖音平台特性，设计包含以下内容的营销策略：（1）分析近期抖音"城市夜生活"相关爆款视频的三大内容共性；（2）生成3个"夜光计划"全维度脚本模板。

🐾 "夜光计划"抖音爆款短视频营销策略方案

一、抖音"城市夜生活"爆款视频内容共性分析

通过对近期抖音"城市夜生活"相关爆款视频的分析，总结出以下三大内容共性：

图10-2 DeepSeek回复"夜光计划"的营销策略

实训题目2： 抖音、哔哩哔哩的视频账号创建与运营

实训要求

1. 创建一个抖音/哔哩哔哩账号，并发布具有特色的内容，内容不限于游戏、音乐、知识分享。

2. 及时对自己创作的内容进行监控，密切关注作品数据，并就自己的作品数据进行详细分析，总结自己在创作方面的优势与不足。

3. 对自己的作品进行分析总结，并收集同类型成功的作品的数据，与自己的作品进行横向对比，寻找可以提升的关键点。

第 11 章
新媒体营销的前沿应用

知识框架图

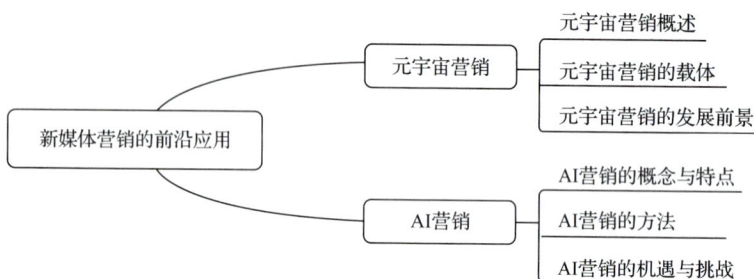

```
                                      元宇宙营销概述
                          元宇宙营销     元宇宙营销的载体
                                      元宇宙营销的发展前景
新媒体营销的前沿应用
                                      AI营销的概念与特点
                          AI营销        AI营销的方法
                                      AI营销的机遇与挑战
```

知识目标

1. 了解元宇宙营销的概念和载体。
2. 了解 AI 营销的概念和方法。

技能目标

1. 运用元宇宙营销的概念进行品牌策划。
2. 利用 AI 技术进行个性化的内容创作。

案例导入

康师傅茉莉茶的元宇宙之旅

康师傅作为中国知名的快速消费品品牌，一直致力于与年轻人建立紧密的联系。近年来，随着元宇宙概念的兴起，康师傅也积极探索元宇宙营销的新模式。

一、联动柳夜熙塑造年轻化形象

康师傅茉莉茶作为康师傅旗下的知名品牌，一直致力于吸引年轻消费者。2023年3月，康师傅茉莉茶官宣与数字虚拟人"柳夜熙"展开深度合作，通过阶段性、持续性的布局，将年轻人喜爱的虚拟人元素与品牌结合起来，探索虚拟人营销的新玩法。

虚拟人是当下年轻圈层中的热门话题，而柳夜熙更是国内虚拟人中当之无愧的"顶流"，康师傅茉莉茶首度联动虚拟人，邀请柳夜熙担任品牌清香推荐官，这样的话题无疑能有效聚集年轻人的目光，成为年轻圈层的"社交谈资"。

为了让这一事件大范围传播，康师傅茉莉茶还线上线下协同发力。在微博上，其宣布柳夜熙担任品牌清香推荐官的消息，迅速引发了大量网友的关注和讨论。同时，其还通过打造线下主题店、邀请粉丝集结等方式，将"品牌事件"转化为大众共同参与的"社会事件"，进一步提高了活动的影响力。

二、携手柳夜熙上线电影《闻香寻茉莉》

康师傅茉莉茶不仅在事件营销中融入了虚拟人元素，还在内容玩法上进行了创新。其携手柳夜熙上线电影《闻香寻茉莉》，通过具有元宇宙特色的内容，实现了大众对品牌的快速认知。

1. 特色内容塑造认知

柳夜熙作为虚拟人，具有奇幻的背景和故事。康师傅茉莉茶充分利用了柳夜熙的特色，打造了充满奇幻元素的电影《闻香寻茉莉》。电影以"相聚"为核心，将现实世界与虚拟世界巧妙结合，让观众在欣赏美好画面的同时，也能感受到康师傅茉莉茶所传递的品牌理念。

2. NFC引发观影热潮

为了优化用户的观影体验，康师傅茉莉茶还融入了近场通信（Near Field Communication，NFC）元素。在线下门店中，用户只需将手机贴近电影票上的NFC标签，就能触发闻香观影小程序，观看电影《闻香寻茉莉》。这种新颖的观影方式不仅带来了沉浸式的体验，还引发了观影热潮。

通过康师傅茉莉茶在元宇宙营销中的精彩实践，我们见证了品牌如何巧妙地将新兴技术与消费者情感深度连接，实现了品牌年轻化与市场影响力的双重提升。那么，在元宇宙的广阔天地里，还有哪些前沿的营销手段等待着我们去探索？随着人工智能技术的飞速发展，AI营销又如何与元宇宙相辅相成，共同开创营销新纪元？接下来，我们将介绍元宇宙营销与AI营销，探讨如何利用前沿技术为营销注入新的活力。

11.1 元宇宙营销

2021年以来，"元宇宙"的热度不断攀升，随着数字经济不断深化和互联网技术的高速发展，元宇宙概念逐渐与营销相结合形成新的元宇宙营销模式，不少品牌纷纷开始推出自己的虚拟数字人、虚拟空间等，种种案例都揭示品牌营销逐渐转向数字化、年轻化、智能化。

随着元宇宙的兴起，品牌建设和营销策略也面临着全新的挑战和机遇。元宇宙营销不再局限于传统的广告和推广手段，而是通过创造沉浸式的品牌体验、提高用户参与度和建立品牌社群来实现品牌价值的传递和进一步开发。在这个新的营销领域中，品牌需要重新思考和探索如何在元宇宙中建立品牌形象、传播品牌故事，并与用户进行互动和合作。

11.1.1 元宇宙营销概述

1. 元宇宙的概念与特点

元宇宙（Metaverse）这一概念源于美国著名科幻作家尼尔·斯

扫码看视频

元宇宙：虚拟与
现实交织的
新维度

蒂芬森（Neal Stephenson）于1992年发表的科幻小说《雪崩》。《雪崩》中这样描述元宇宙："戴上耳机和目镜，找到连接终端，就能够以虚拟分身的方式进入由计算机模拟、与真实世界平行的虚拟空间。"而Metaverse由Meta和Verse两个词组成，Meta表示"超越""元"，Verse表示"宇宙"。《雪崩》向大家介绍了元宇宙的概念，小说描绘了一个庞大的虚拟现实世界，所有现实世界的人在元宇宙里都有一个数字分身，人们用数字分身来进行活动，并相互竞争以提高自己的地位。元宇宙象征着一个平行于现实世界的、人造的虚拟维度，参与者能做的事和经历只会受到想象力的限制。目前看来，《雪崩》里描述的元宇宙还是相对超前的未来世界。

如今元宇宙已成为现实世界中的一个新兴概念。元宇宙是人类运用互联网技术与数字技术所构建的一种新型交互平台，一种可以由现实世界映射或超越现实世界、可与现实世界交互的虚拟世界，具备新型社会体系的数字生活空间。元宇宙本身并不是一种技术，而是结合了人工智能技术、互联网技术、数字技术、云端技术、AR技术、VR技术、区块链技术、数字货币技术等专业现代技术的整体。

元宇宙虽然仍然处于萌芽状态，有学者大致总结出它的五个核心特点。

第一，真实体验（全景）。元宇宙的核心特点之一是"极致沉浸性"。也就是说，它能够给参与者提供和现实宇宙中完全一致，甚至更为真实的"全景体验"。所以，参与者是以本人真身或虚拟化的真身而不是"虚拟分身"来体验元宇宙的，参与者能否区分现实宇宙和虚拟宇宙是判断元宇宙成熟程度的基本指标。

第二，自我创造（变易）。元宇宙和现实宇宙最大的不同是，每个参与者，无论是组织还是个人，都能够在这个无限虚拟空间中创造自己的"小世界"和独特体验。也就是说，对参与者而言，现实宇宙是一个以"自我为客体"的世界（客体世界），自己只能作为"客体"适应已存在的"主体"世界。元宇宙是一个以"自我为主体"的世界（主体世界），参与者是创造主体，周边世界成为存在客体，可以随着主体需求变化。元宇宙中没有"参与者"，只有"创造者"。

第三，"游戏"主导（交互）。和现实宇宙不同，元宇宙的主体是一个游戏和娱乐的空间，参与者在其中具有几乎无限的多重身份体验完全不同的人生或"非人"生。因此，元宇宙将是一个能与参与者实现极致交互的空间，即"人人交互""物交互""物物交互"。在元宇宙中，人的体验完全游戏化甚至魔幻化，人生如"戏"的理念完美体现。

第四，万物同体（共振）。现实世界中的最大障碍是时空隔离了所有的存在个体。元宇宙将这两个维度解构，允许所有参与者随时随地和其他参与者及所有存在的场景和物体实现同时联通和共振，也允许所有参与者在时间维度上随意游走。人类将会获得一种全新的存在体验。在这个摆脱时空束缚、万物联通的新世界里，新的群体、社区、社会乃至社会规则将会不断涌现。

第五，意义驱动（叙事）。元宇宙是一个参与者成为创造者的世界，它赋予每个参与者创造一个完整新世界的机会和能力。元宇宙的本质虽是"游戏"，但维系任何一个完整世界的内核都是"意义"。可以说，无论是现实世界还是虚拟世界，都是"意义"的显现。所以，元宇宙的参与者在创造自己的"世界"时，不仅要构建类似现实世界中的场景、环境、组织和物体，更要构建维系参与者的意义之网。

2. 元宇宙营销的概念

元宇宙营销是指在元宇宙环境中进行的营销活动，它涉及在元宇宙中推广和宣传产品、服务或品牌，以吸引用户的关注、提高品牌知名度、促进销售和提高用户忠诚度。

元宇宙营销的范畴可以包括虚拟广告、虚拟产品和服务、虚拟体验和活动、社交媒体和社区营销、数据分析和个性化营销、合作和赞助等方面。它的目标是通过在虚拟空间中与用户进行互动和体验，建立品牌价值和提高用户忠诚度，以实现促进销售和推动业务增长的目的。随着元宇宙的发展和普及，元宇宙营销将成为企业推广和市场营销的重要组成部分。传统营销、数字营销与元宇宙营销的对比如表11-1所示。

表11-1 传统营销、数字营销与元宇宙营销的对比[①]

项目	传统营销	数字营销	元宇宙营销
核心	触达	精准	沉浸与交互
互动主体	线下的人	数字的人	数字替身
形式	电视、报纸、户外广告等广告形式为主，内容统一性高，图文视频为主，互动性差。 用户作为广告的终点，被动接收品牌信息	以线上硬广、社交媒体"种草"为主，内容千人千面，多为图文、音频、长短视频等，互动性强。 用户作为信息扩散和生产的节点	沉浸式内容提升用户体验，内容形式如虚拟演出、虚拟社区、游戏、数字藏品等。 用户作为品牌内容的一部分，参与内容生产
平台	多个线下触点	多个孤岛化的网络生态	虚拟、现实交融的统一开放空间

2016年是虚拟现实元年；2021年，各行业急需寻找发展的突破口，因此纷纷开始布局元宇宙赛道，以区块链、虚拟现实、云计算等技术为支撑，元宇宙营销在各行各业发展得如火如荼。

不同于传统营销，元宇宙作为一种科技手段，为大众提供了足不出户就能获得更多新鲜体验的机会，也为创新营销活动的开展提供了更多可能。当前元宇宙营销的核心发展要素在于技术、内容与社交三个方面。

（1）技术

技术的发展与成熟是元宇宙成功实现的必要前提，当前元宇宙的生态场景主要依靠区块链技术、人工智能技术、交互技术、网络及运算技术、数字孪生技术等实现。元宇宙是一个完整统一的三维虚拟世界，因此不同的元宇宙系统及应用间要实现互联互通互操作，需要建立在大量的标准规范基础之上。

在国际相关组织的支持与引领下，在各国科研机构、技术供应商、商业资本的合力推动下，新一代信息与通信技术群（包括5G泛在网、边缘计算、物联网、高密度集成电路、云计算、大数据、人工智能、区块链、数字孪生、量子计算、

---

① 资料来源：秒针营销科学院&ECI。

智能终端等）发展迅速。

（2）内容

想要元宇宙产业健康发展，未来拥有广阔的发展空间，构建起丰富繁荣的应用生态内容是重中之重。在元宇宙营销生态场景下，营销内容包含多元化内容形式、沉浸式内容体验、AI生成内容、定制化等形式。凭借元宇宙3D可视化、虚实共生、身临其境、自然交互等优势，元宇宙为各个产业带来了全新的应用与尝试。

直播、长视频等内容平台通过应用VR技术为消费者创造身临其境的观感。斗鱼联合华为推出5G+VR直播业务，将直播视频改为了全景视频。爱奇艺VR以观影为主，尝试了互动视频的创新，也聚合了部分轻量VR游戏。咪咕重点布局了包括巨幕、全景点播、名人陪伴、VR直播、VR游戏五大场景，跟爱奇艺的模式类同。但整体而言，各个平台并未对内容模式进行创新与变革，仅仅只是应用程序之间的照搬与模仿。

社交游戏领域是元宇宙可实现的重点突破口，在游戏世界中，元宇宙能够为玩家提供更加沉浸式的体验，因此社交游戏成为各大企业布局元宇宙的重点领域。例如，字节跳动旗下的"重启世界"，可以看作其进军元宇宙领域的重要举措。网易游戏、米哈游、完美世界、中青宝等从游戏角度进入元宇宙，凭借自身良好的基础逐渐获得玩家的喜爱。

非同质化通证（Non-Fungible Token，NFT）技术赋予元宇宙生态系统价值创造的可能性，进而催生了"数字资产"这一概念。当前，数字资产的形式集中表现为数字藏品和数字艺术品，这也是各品牌内容营销布局的一环。在数字化时代，数字价值成为继社会价值、经济价值、文化价值之后的又一价值形态。如果说传统的内容营销传递的是概念，那么基于数字化的内容营销则将概念转化为数字实体，更为直观具体地向受众展现。而在加入NFT之后，数字藏品获得了区分于其他藏品的能力，具备了稀缺性。这种稀缺性将消费者个体身份和数字藏品相结合，便于打造定制化的营销内容，将抽象的品牌文化以数字价值的形式呈现在消费者面前。

（3）社交

互联网社交媒体的迅速普及与Z世代强烈的社交需求，是推动元宇宙生态场景实现的主要因素之一。元宇宙将虚拟世界与现实世界在经济系统、社交系统和身份系统上进行密切融合，在元宇宙生态场景下的社交媒体，则将会是在社交场景中一个与现实世界平行、实时在线的虚拟世界。

2021年年初，社交软件Soul在行业内首先提出社交元宇宙概念，社交元宇宙具有虚拟化身、社交资产、沉浸感、经济体系和包容性五大特征，用户可以凭借自己的虚拟化身，体验多样的沉浸式社交场景，在接近真实的共同体验中建立社交连接。元宇宙中所有体验将围绕用户的虚拟身份展开，线上"第二身份"的构建将社交元宇宙推向陌生人社交模式。虚拟身份极大满足了Z世代对陌生人社交的需求，从而形成基于个人兴趣的、轻松的社交体验。

场景化社交是元宇宙的价值来源之一。相较于目前普及率较高的即时通信，场景化社交更追求沉浸式体验，用户将在虚拟平台上共享时空，进行即时互动。元宇宙社交多样化的玩法则将充分激活社交场景，提升陌生人社交的积极性。例如，Soul将游戏化社交体验作为其核心特征之一，通过3D捏脸、多样化的群聊派对房间、Soul狼人等游戏玩法让用户更加容易建立关系。

除了虚拟身份、场景化等特点，追求沉浸式互动同样也是社交中的重要元素之一。在元宇宙生态系统中，平台可以通过3D、AR/VR等技术，让用户突破传统的以文字、语音和视频进行社交的方式，打破屏幕制造的社交空间隔膜，将不同地方的人连接到同一空间中，实现近距离沟通。例如，社交VR产品AltspaceVR，用户在定制属于自己的角色后，可以选择进入或创建不同的活动场景进行闲逛、语音聊天、拍照、发表情等活动。此外，除了AltspaceVR等基于陌生人社交概念建立的VR软件以外，Meta则从熟人社交探索社交元宇宙产品，推出VR会议软件Horizon Workrooms，为团队提供跨VR、网页端的虚拟空间，帮助用户实现协同工作。

3．元宇宙营销的特点

元宇宙营销的本质是在元宇宙的基础上，通过网络及运算、电子游戏、人工智能、物联网、新型人机交互、区块链等相关技术，对市场营销体系中各流程模块（内容及产品研发、推广、销售及数据监测、调研等）进行赋能，帮助形成营销闭环的新营销方式。元宇宙营销是已有营销方式与新型人机交互、区块链等技术的结合，即具备新的"人""货""场""内容"要素。

①　人：数字形象，现实世界用户进入元宇宙的虚拟化身，是一种形象化符号。

②　货：数字化的商品，可能为NFT或普通数字化的商品，并非一定与现实商品存在对应关系。

③　场：元宇宙营销的应用平台，它为用户提供了一个以虚拟形象参与的沉浸式环境。这个环境完全建立在数字技术之上，用户能够感知并体验其周边的虚拟世界，无论是纯虚拟场景还是虚实结合的场景，都充满了社交互动的可能性，形成了一个充满活力的线上虚拟空间。

④　内容：元宇宙中事物的基础，即内容与形式，是各要素自身及要素间结构、关系的表现方式。

同时，元宇宙营销具有创造性、娱乐性、沉浸式体验等特点。

①　创造性：元宇宙营销的内容不再仅由平台应用开发者、品牌或服务商主导或单向输出，通过虚拟化身参与的各方都可成为内容创作者，该虚拟化身的行为等均可成为内容的一部分。

②　娱乐性：元宇宙的虚拟展现形式、参与方式及可带来的体验感受都具备类似电子游戏的趣味性及娱乐性。

③　沉浸式体验：用户通过VR等新型人机交互方式接入元宇宙，以虚拟化身参与社交及活动，以第一人称视角主动进行探索，成为内容创造的一方，多方面塑造多感官强交互的升级体验。

185

11.1.2 元宇宙营销的载体

1. 元宇宙虚拟商店

元宇宙虚拟商店是元宇宙营销在品牌建设中的一种重要应用方式[①]。

① 虚拟商品陈列与展示。在元宇宙虚拟商店中，品牌可以通过精心设计的虚拟展示空间，利用VR技术呈现逼真的产品形象，从而展示和陈列其产品和服务，使用户能够直观地了解产品的外观、功能和特点，吸引用户的注意力。

② 虚拟试穿与试用。对于服装、眼镜等具有试穿需求的产品，用户可以通过虚拟商店所提供的虚拟试穿或试用功能，上传自己的形象或照片，在虚拟环境中试穿不同款式的衣物或佩戴眼镜，从而获得更真实的购物体验和决策依据。

③ 虚拟社交互动。在元宇宙虚拟商店中，品牌可以发布最新产品信息、举办虚拟活动，并与用户进行实时的互动和交流。用户可以分享购物心得、评价产品，与其他用户进行讨论和交流，增加对品牌的了解。

④ 虚拟品牌体验活动。品牌可以在元宇宙虚拟商店中举办各种虚拟品牌体验活动，如虚拟展览、虚拟演出等，从而吸引用户参与和关注，让用户能够在虚拟环境中与品牌进行互动，进一步加深用户对品牌的认知和情感。

⑤ 虚拟营销促销活动。品牌可以在元宇宙虚拟商店中举办虚拟营销促销活动，如折扣、虚拟抽奖等，通过虚拟环境中的特殊活动吸引用户参与和购买，增强用户的购买欲望和提高用户的参与度，提升品牌的销售额。

2. 元宇宙社交媒体

在全新的元宇宙时代，社交媒体的形态和功能会发生深刻变革。元宇宙社交媒体作为一种全新的虚拟社交平台，逐渐成为人们互动和交流的重要场所。在这个充满想象力的社交空间中，品牌可以借助各种创新的手段，与用户进行更紧密的连接和更深入的互动。

① 虚拟社交媒体品牌页面。在元宇宙社交媒体中，品牌可以创建自己的虚拟社交媒体页面，展示品牌的信息、产品、服务和品牌故事，与用户进行互动，发布最新消息、分享产品使用心得、回答用户问题等。

② 虚拟社交互动活动。品牌可以在元宇宙社交媒体中举办各种虚拟社交互动活动，如虚拟派对、线上聚会等，进而吸引用户参与和互动，提高用户对品牌的关注度和忠诚度，增强用户对品牌的参与感和归属感。

③ 虚拟社交媒体内容营销。品牌可以在元宇宙社交媒体中发布各种内容，如文章、视频、图片等，通过有趣、有用、有价值的内容来吸引用户的注意，并鼓励用户做出点赞、评论、分享等互动行为，进一步提高品牌的影响力。

④ 虚拟社交媒体用户参与。品牌可以通过提供奖励、举办竞赛或提供优惠等方式，鼓励用户在元宇宙社交媒体中参与与品牌相关的活动和话题讨论。用户的参与不仅能够提高品牌的曝光度，还能够提高用户的忠诚度，并形成用户之间的社群效应。

① 贺嘉琳. Web 3.0时代下元宇宙营销对品牌建设的影响与应用研究[J]. 中小企业管理与科技，2023(17):154-156.

⑤ 虚拟社交媒体品牌合作。品牌可以与其他品牌或虚拟社交媒体影响者进行合作，在元宇宙社交媒体中共同举办活动、发布内容或进行互动，从而扩大品牌自身的受众群体，提高品牌的曝光度和影响力。

3. 元宇宙游戏

元宇宙营销在品牌建设中的另一个重要应用是通过元宇宙游戏进行品牌合作与推广。合作方式很多，均能够有效地提高品牌的知名度和影响力。

① 品牌可以通过虚拟商品植入，与元宇宙游戏开发商合作，将自己的虚拟商品、品牌元素、商标、广告等植入游戏。这种合作方式可以利用游戏的高曝光率和受欢迎程度，提高品牌的曝光度和知名度。同时，通过在游戏中展示产品的使用场景和特点，品牌能够更好地吸引玩家的关注，并增强他们对品牌的认知和好感。

② 虚拟活动赞助也是一种有效的合作方式。品牌可以通过赞助元宇宙游戏中的虚拟活动，如比赛、演出等，与玩家建立联系。通过活动的宣传和推广，品牌能够提高自己的知名度和认可度，同时也能为玩家提供更好的游戏体验，增加他们对品牌的好感和忠诚度。

③ 虚拟角色合作也是一种具有创意的合作方式。品牌可以与元宇宙游戏中的虚拟角色进行合作与推广，让虚拟角色成为品牌的形象代言人或品牌大使。通过在游戏中展示品牌的价值和特点，品牌能够吸引更多玩家的关注，并提高品牌的影响力。这种合作方式可以为品牌带来更多的曝光机会，同时也能为玩家带来新鲜感和乐趣。

④ 虚拟奖励与优惠也是一种实用的合作方式。品牌可以与元宇宙游戏开发商合作，为玩家提供虚拟奖励与优惠，以促使玩家与品牌进行互动。例如，玩家可以通过完成特定任务或达到一定游戏成就来获得品牌提供的虚拟奖励或优惠券。这种合作方式可以增加品牌与玩家之间的互动，同时也能为玩家带来更多的福利和实惠。

通过与元宇宙游戏开发商合作，品牌可以利用虚拟商品植入、虚拟活动赞助、虚拟角色合作和虚拟奖励与优惠等多种策略来提高自己的知名度和影响力，并增加与玩家之间的互动。这些合作方式不仅可以为品牌带来更多的曝光机会，提升市场竞争力，同时也能够为玩家带来更好的游戏体验和更多的福利。

4. 元宇宙数字藏品

元宇宙营销策略利用数字藏品来提升品牌价值与影响力。每一份数字藏品以其独特性和限量性，成为具有专属性和稀缺性的数字资产。这些数字藏品，与实体产品相似的是，它们打破了地域的隔阂，为消费者带来双重的惊喜。

① 数字藏品的独特性和限量性使其成为具有收藏价值的虚拟商品。品牌可以利用NFT技术，将其产品转化为独一无二的虚拟商品或收藏品，吸引用户购买和收藏。这些NFT可以设计独特和限量发行，如虚拟艺术品、虚拟时装、虚拟配饰等。通过这种方式，品牌能够提升其产品的独特性和稀缺性，增加其市场价值。

② 数字藏品可以成为品牌在元宇宙中展示和推广其产品的重要形式。品牌可以在元宇宙中购买或租赁虚拟地产，创建独特虚拟场景，并在其中举办特别活动、展示产品或与用户进行互动。这些虚拟场景和活动可以转化为NFT，成为品牌

187

的资产，用于品牌推广、活动举办等。通过这种方式，品牌能够打破地域限制，在全球范围内进行产品展示和推广。

③ 数字藏品也可以促成品牌与其他元宇宙NFT持有者进行合作。品牌可以与其他元宇宙NFT持有者进行合作与授权，将品牌元素或知识产权转化为NFT，并与其他品牌或用户进行交流与共享。例如，品牌可以与虚拟艺术家合作，将品牌形象转化为独特虚拟艺术品NFT，并通过元宇宙平台进行展示和销售。通过这种方式，品牌能够提高其影响力，与其他品牌和用户建立联系。

④ 数字藏品还可以作为虚拟活动门票和奖励的形式，促使用户参与和互动。品牌可以发行虚拟活动门票的NFT，让用户通过持有NFT参加品牌举办的虚拟活动。同时，品牌还可以发行作为虚拟活动奖励的NFT，奖励在活动中表现好的用户，进一步推动用户参与和互动。通过这种方式，品牌能够提高用户的忠诚度和参与度，增强影响力。

11.1.3 元宇宙营销的发展前景

元宇宙营销发展的趋势之一是将内容作为主要动力。通过不断创新和优化营销形式及要素，以内容为黏合剂，推动元宇宙营销的发展。考虑到内容研发周期短、技术壁垒较低，并且可以利用高速发展的人工智能，内容可能会率先成为行业发展的主要动力。元宇宙营销通过将创新的营销内容作为主要的流量吸引点，并辅以"人、货"要素，可以帮助企业完善营销链路，并传递品牌价值，实现品牌利益的最大化。

另一种元宇宙营销发展趋势是技术主导的"场"要素的成熟和优化。企业通过提升和优化作为元宇宙营销支撑性底座的"场"要素，可以吸引更多的消费者参与，进而推动行业的发展。实现这一目标可以采取"引入"和"自研"两种方式。然而，考虑到引入"场"的不确定因素多、技术门槛高，以及网络安全管控和数据监管等问题，由中国企业代理引入海外较成熟的元宇宙应用平台并本地化适配后发行的方法执行难度较大。相比之下，自研"场"的可操作性更强，规模化及先发优势明显。需要由技术储备相对全面的龙头企业带领，软硬件技术同步发展，并辅以围绕"场"的内容及手段创新，为消费者提供有吸引力及有留存意义的空间，实现对营销闭环各个环节赋能的愿景。

11.2 AI营销

人工智能（Artificial Intelligence，AI），是利用智能学习算法，将从大量数据中总结而来的经验用来改善系统自身的性能，使机器能够胜任一些通常需要人类智能才能完成的复杂工作。AI的发展历史（见图11-1）最早可以追溯到20世纪50年代，经过了三次热潮，如今已经全面进入商业化应用阶段。

AI在营销行业的应用已经成为业界的共识。AI技术的不断发展和应用，可以帮助营销人员搭建整个用户管理系统平台的全链路，从程序化广告、智能预算分配，再到批量化创意，深度消费者画像，甚至新零售选址、销售线索等。通过技术应用前后数据的反馈，我们可以看到AI营销的巨大商业价值。

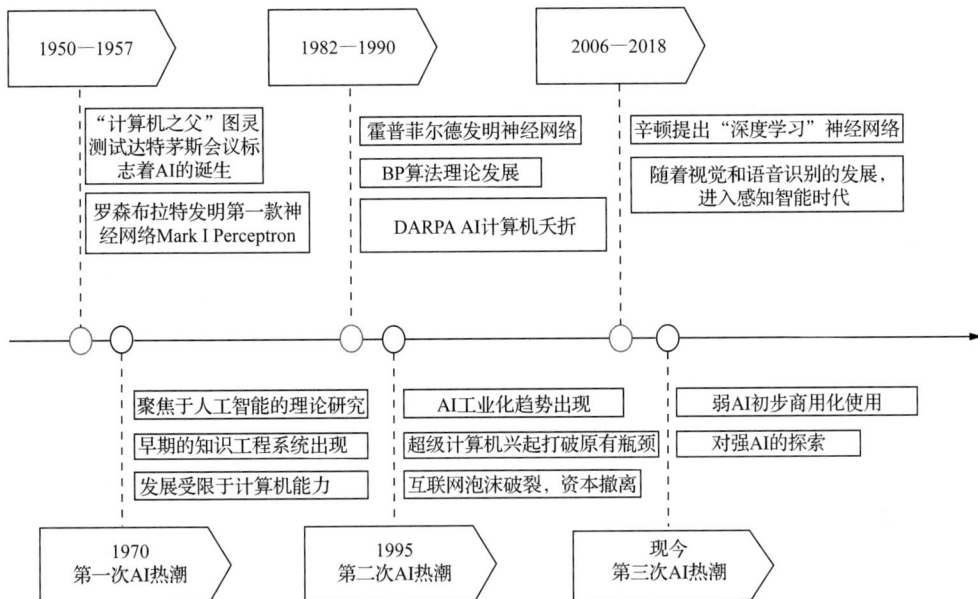

图11-1　AI发展历史

　　AI技术在营销领域的应用正在不断拓展和深化，为市场营销团队带来了更多的机会和挑战。在这个历史趋势下，善于探索和创新的企业和个人将会获得更多的机遇和成果。接下来要分享的案例就是关于OpenAI最新的AI创作产品Sora。

案例分享

Sora 来了！内容营销行业大变天？

　　2024年2月16日凌晨，在没有任何预兆和消息透露的情况下，OpenAI突然发布了自己的首个文生视频大模型：Sora！

　　1. Sora有多强

　　有网友说："只要你具备逻辑思维能力，那么你就能独立创作一部真正的电影！"

扫码看视频

Sora来了！
内容营销行业
大变天？

　　马上就有博主用AI生成《西游记》动画短片，视觉效果令人惊叹不已，这部动画短片全长约4分钟，以原著第一集为创作蓝本，呈现了石猴降世时的山水风景、天庭、水帘洞、花果山等经典形象，将博主心中的《西游记》展现在大众面前。

　　Sora模型能根据提示词生成长达1分钟的视频，或者扩展生成的视频使其更长，同时视觉效果相当优秀。另外，Sora不仅对文本理解更深刻，可以准确地呈现提示词，而且能在一个生成的视频中创建多个镜头，准确地保留角色和视觉风格。同时，Sora在细节处理上非常"出挑"，能够理解复杂场景中不同元素之间的物理属性及其关系，正确呈现它们在物理世界中的存在方式。

Sora大幅刷新行业多个指标，似乎重新定义了AI文生视频在现阶段的技术极限，颠覆了生成式AI在视频领域的全球市场格局。

2．Sora的能力

有些人看到了Sora发布的视频后，认为Sora要革内容行业的命，甚至把视频内容带入"零基础创作"时代；有些人则认为Sora的实用价值还值得怀疑，尤其是不具备创作者所必需的"灵魂"。

Sora文生视频大模型有以下6大能力。

① 强大的语言理解能力。研究团队利用GPT可以将简短的用户提示，转换为更长的详细字幕，并将其发送到Sora。这使得Sora能准确按照用户提示生成高质量的视频。

② 支持将现有的图像或视频输入。这种功能使Sora能够执行广泛的图像和视频编辑任务——创建完美的循环视频、动画静态图像、向前或向后扩展视频等。

③ 可将简短的文本描述转化成长达1分钟的高清视频。Sora可以准确地解释用户输入的文本，并生成具有各种场景和人物的高质量视频。

④ 作为基于Transformer的扩散模型，Sora还能沿时间线向前或向后扩展视频。从OpenAI提供的4个demo样片看，它们都从同一个视频片段开始，向时间线的过去延伸。因此，尽管开头不同，但视频结局都是相同的。

⑤ 出色的采样能力，从宽屏的1920p×1080p到竖屏的1080p×1920p，两者之间的任何视频尺寸都能轻松应对。这意味着Sora能够为各种设备生成与其原始纵横比完美匹配的内容。而在生成高分辨率内容之前，Sora还能以小尺寸迅速创建内容原型。

⑥ 可以生成带有动态视角变化的视频，使人物和场景元素在三维空间中的移动显得更加自然。Sora能够很好地处理遮挡问题。

3．Sora突破极限

其实回顾历史，我们会发现，互联网发展的历程就是内容创作不断重新洗牌的历程，各种体裁、各种主题、各种工业标准的内容一直在此消彼长，"变"是常态，"不变"才不正常。Sora带来了一种全新的内容生产范式。

在用AI生成《西游记》动画短片的博主看来，任何形式的外在都是一件遮掩的大衣，真正高光的永远是人的思想和内核，只是借助AI工具表达出来。对于那些反感AI的人，他表示："希望他们学习一下，在适当的时候运用，节省时间，提高效率。"

目前看来，Sora不会革了内容行业的命，但是内容行业的一场变革在所难免，而作为企业，似乎面临的挑战要更大。

伴随Sora的出现，企业内容的生产数量势必将呈指数级递增，而伴随数量的递增，内容的管理难度也在加大。视频内容激增是Sora出现后在内容营销领域出现的第一波应用高潮。未来2～3年在短视频和直播领域会率先迎来爆发式增长。

11.2.1　AI营销的概念与特点

1. AI营销的概念

AI营销是指应用AI技术，对数字营销全流程进行智能化升级，旨在提升营销效率和效果，创造新的消费体验，发现和创造消费需求，不断满足消费者的个性化需求的新型营销模式。AI营销利用自然语言处理、知识图谱、机器学习等AI关键技术，对品牌定位决策、用户画像、智能内容管理、个性化推荐、广告投放、效果监测等关键环节进行赋能，优化数字营销策略，精准触达目标用户，提升数字营销效果。

AI技术在营销场景中的应用主要表现在以下五个方面：智能场景、智能沟通、智能洞察、智能投放和智能经营。

第一，智能场景是指利用AI技术创造沉浸式的个性体验，通过自然语言语音、AR、VR和自动驾驶等技术，将营销场景从个人场景延伸到家庭、出行和虚实融合等新场景，让消费者在这些场景中沉浸式地体验品牌或产品的价值。

第二，智能沟通是指利用AI技术创造有趣的互动体验和话题事件，与消费者进行沟通。通过AI语音和视觉技术，品牌可以创造丰富有趣的互动体验和话题事件，与消费者进行沟通，帮助品牌传播破圈。

第三，智能洞察是指利用AI技术进行数据驱动的洞察。通过分析消费意图、需求特征和决策行为等，品牌可以有效地发现问题和解决问题，为营销投前选品、明确目标人群、创意制作、媒体或产品选择提供支持，并同时监测投放效果及进行投放策略优化，投后进行效果评估与目标人群再营销。

第四，智能投放是指利用AI技术实现智能化投放。企业通过深度理解目标人群行为和诉求，完成"智能定向—智能出价—智能创意—智能优化"的全链路智能化投放，解放人力、降低运营成本、提升营销效率及效果。

第五，智能经营是指利用AI技术实现长期陪伴和长效服务。

2. AI营销的特点

① 数据驱动决策。AI营销依赖于大数据分析和机器学习技术。它能够收集、整理和分析大量的消费者数据，包括购买行为、兴趣偏好、社交媒体活动等。通过对这些数据的深入分析，企业可以更好地了解消费者，从而制定更智能、精准

的营销策略。

② 个性化营销。AI技术使个性化营销成为可能。通过对消费者数据进行挖掘和分析，AI可以根据每位消费者的兴趣、喜好和购买历史，提供个性化的推荐和定制化的营销内容。这种个性化的营销方法能够提高消费者的参与度和忠诚度，并提高转化率。

③ 实时互动和智能客服。AI营销可以通过聊天机器人、语音助手等技术实现实时互动。这样，企业可以迅速响应消费者的查询和需求，提供准确的信息和支持。智能客服能够自动回答常见问题，解决消费者的疑虑，提升客户体验。

④ 自动化运营。AI技术可以实现自动化的运营。例如，通过智能广告投放系统，企业可以根据用户画像和行为数据，自动选择合适的广告渠道和目标受众，提升广告效果。此外，AI还可以自动完成市场分析、竞争情报收集等任务，减轻人工负担。

⑤ 预测性分析。AI在营销中的另一个重要特点是其预测性分析能力。通过对历史数据和市场趋势的分析，AI可以预测未来的市场变化、消费者需求和竞争态势。这种预测性分析为企业调整和优化营销策略提供了有力支持。

⑥ 跨渠道整合。AI营销可以帮助企业实现多渠道的整合和协同。它可以跨越不同的营销渠道，如社交媒体、电子邮件、网站和移动应用等，整合消费者数据和营销活动，实现信息的共享和一致性传达，提升营销效果。

11.2.2 AI营销的方法

1. 广告+AI

通过AI技术在广告行业中的应用，我们可以实现广告投放的智能化、创意生成的自动化以及广告文案的精准撰写。

第一，我们利用AI对用户行为、兴趣和偏好进行深度分析，实现精准定位目标受众，通过实时调整广告投放策略来优化广告效果，降低无效曝光成本，提高广告投放的效率和精确度。第二，AI自动生成工具能够快速生成吸引人且与品牌风格一致的广告创意素材，提高创意生产效率和质量。第三，根据广告主需求和受众特征，AI能够自动撰写具有吸引力的广告文案，提高撰写效率，减轻人力负担，并使广告文案更加精准地吸引目标受众。第四，AI还能根据用户画像和行为分析，提供个性化接收广告体验，提高用户满意度。通过智能排期，结合历史数据和实时数据，自动生成和优化广告排期与投放策略，降低广告成本，提高运营效率。第五，AI还能自动推荐适合的媒体渠道，降低媒介购买成本，并通过对话式广告实现与用户的实时互动，提供个性化的接收广告体验。第六，AI还为广告行业提供高效工具和数据分析支持，如自动生成报告和数据可视化，提高工作效率并降低人力成本，帮助广告公司优化策略和管理数据。

综上所述，AI在广告营销中的应用可以提升广告效果、降低成本，在实现个性化地接收广告体验的同时提供高效工具和数据分析支持，帮助广告公司更好地优化策略和提升工作效率。

> **实践案例**
>
> **应用方向**：视频广告创意
>
> **应用案例**：可口可乐2023年3月创意广告*Masterpiece*
>
> **案例描述**：该广告运用AI Stable Diffusion技术完美还原了世界名画艺术展。短片呈现了由安迪·沃霍尔（Andy Warhol）可口可乐经典画作的苏醒引发的博物馆名画集体复活的一系列蝴蝶效应。透纳的《遇难船》、爱德华·蒙克的《呐喊》（重新着色的平版画）和凡·高的《卧室》等艺术品融进片中。现实和不同风格的动画顺畅转场，帮助可口可乐寻找到了新的创意营销突破点。

2. 内容+AI

AI技术可以高效地对大量图文和视频内容进行标签化分析，提高用户搜索的准确度。同时，利用生成对抗网络（Generative Adversarial Networks，GAN）技术，AI能够快速生成高质量的图片和设计，缩减了设计成本和时间。在文字生成方面，AI能自动生成文章、广告文案等营销内容，提高生产效率并根据用户反馈不断优化质量。此外，AI还能分析用户互动和情绪，为营销团队提供数据支持，优化策略。AI还能生成短视频、音频和剧本，缩短制作成本和时间，并帮助企业维护品牌形象和知识产权。AI还能智能开发网站、生成海报、生成虚拟模特等，提高效率并实现个性化展示。最后，AI的翻译功能能帮助企业拓展全球市场。

总之，AI技术为营销提供了丰富的工具和创意支持，提高了品牌知名度和吸引力。

> **实践案例**
>
> **应用方向**：音频生成
>
> **应用案例**：网易严选AI主题曲
>
> **案例描述**：2023年4月，网易严选迎来品牌成立7周年纪念日。趁着AIGC热潮，品牌发布了一支由AI辅助生成的周年庆主题曲《如期》，歌词是基于网易严选真实用户的评论创作而来的，巧妙地将过去几年品牌推出的爆款产品与消费者的生活变化结合在一起，展现了网易严选与用户之间的陪伴故事。同时发布的还有利用AI技术生成的海报、文案等内容，延续了品牌一贯温暖、亲切的形象。

3. 社交媒体+AI

当谈及社交媒体营销时，AI技术发挥着重要作用。通过AI，企业可以实现社交媒体的图文内容生成、投放自动化、智能洞察、舆情管控及内容合规管理等功能，从而促进品牌推广和扩大市场份额。第一，AI可以根据品牌需求、热门话题和目标受众兴趣，创造吸引人的图文内容，有效传达品牌信息并提高内容生产效率。第二，AI通过深入理解用户行为和偏好，自动调整社交媒体广告投放和内容推送，提高广告和内容的曝光率、互动率和转化率。第三，AI还能够深入分析社交媒体数据，提供关于用户画像、行为分析、兴趣和需求的洞察，为企业提供精准的营销策略。同时，AI的实时监测功能帮助企业及时发现潜在危机，维护品牌形象和声誉。第四，AI还能够自动检测敏感信息和违规行为，确保企业内容合规，并降低合规风险。第五，AI还能够实现个性化互动，提供智能问答、个性化推荐等服务，提高用户满意度和参与度。通过互动游戏和虚拟人直播活动，AI提高了用户参与度和黏性，提高了品牌曝光度和用户好感度。第六，AI还能够根据用户兴趣和趋势生成吸引人的短视频，优化搜索算法，提升用户搜索体验。第七，AI可以帮助企业优化内容生产和发布流程，提高工作效率和质量，并通过数据分析提供详细报告，深入了解市场动态和消费者需求变化。

综上所述，AI技术使社交媒体营销更加智能化、高效化，为企业带来更佳的营销效果和更高的市场竞争力。

实践案例

应用方向：舆情管控，内容合规管理

应用案例：人民网"人民审校"V3.0版

案例描述：人民网依托传播内容认知全国重点实验室的技术优势，强化内容科技创新应用，将深度学习智能语义分析技术应用于数据库，该项目入选2022年度"王选新闻科学技术奖"推荐案例。人民网研制新一代涉政智能风控平台"智晓助"，推出"人民审校"V3.0版，应用于数据分析、智能查询、舆情监测和舆论引导等，帮企业防范风险。

4. 电商+AI

① 虚拟模特。AI可以生成虚拟模特，用于展示服装、饰品等产品。这些虚拟模特可以根据不同用户的身形和喜好进行个性化展示，提供更贴合用户需求的购物体验。

② 智能客服。基于AI的聊天机器人可以作为智能数字人客服，为用户提供不间断在线服务。它们可以回答常见问题、解决疑问，并通过自然语言处理技术进行智能推荐，帮助用户找到他们感兴趣的产品或解决问题。

③ 数据分析。AI可以分析电商平台上的用户行为数据，如点击、购买、浏览记录等，提供深入洞察和智能化建议。这些数据可以用于调整广告投放、优化促销策略、改进用户体验等，从而提升运营效率和效果。

④ 虚拟主播。AI可以生成虚拟主播，用于电商平台的直播销售、产品介绍等。这些虚拟主播可以根据用户的偏好进行个性化互动，提高直播效率和用户参与度。

⑤ 个性化推荐。AI可以根据用户的购买历史、浏览行为等数据，利用推荐算法为用户推荐相关产品。这种个性化推荐可以提高用户购买转化率和用户满意度。

⑥ 页面设计建议。AI可以根据用户行为数据和设计趋势为电商店铺提供个性化的页面设计建议。这有助于优化用户体验，提高页面的吸引力和易读性。

⑦ 订单管理。基于AI的订单管理系统可以实现订单处理的自动化，如自动分配仓库、优化物流路线等。这样可以提高订单处理速度和准确性，降低运营成本。

⑧ 自动上架。AI可以根据产品信息和电商平台规则，自动生成产品详情页并自动发布上架。这简化了上架流程，提高了产品上架速度和效率。

⑨ 价格调整。AI可以根据市场需求、竞争对手的定价策略和库存情况等因素，实时调整产品价格。这有助于提高销售额和利润，并使价格更具竞争力。

⑩ 库存管理。AI可以预测产品需求量，帮助电商平台优化库存管理，避免缺货或积压过多库存的问题。这可以提高库存周转率和降低库存成本。

⑪ 消费者保护。AI可以分析消费者评论和反馈，自动识别低质量产品或虚假交易。这有助于保护消费者权益和维护企业电商店铺的声誉。

⑫ 智能物流。AI可以根据订单信息、交通状况和天气等因素，智能规划物流路径和时间。这提高了配送效率和准确性，可提供更好的物流体验。

> **实践案例**
>
> **应用方向：** 虚拟主播
> **应用案例：** 硅基智能的硅基数字人直播
> **案例描述：** 硅基智能是腾讯在人工智能领域重点投资的AIGC科技公司。以"碳基生命的硅基化"为目标，专注于"数字人+AIGC"的创新应用生产场景，提供更接近人类、个性化、善学习的数字人应用方案。数字人直播平台和硅语短视频平台，广泛应用于本地生活直播、电商直播带货、跨境电商等领域，适用抖音、快手、视频号、淘宝、天猫、拼多多、京东等国内视频、电商平台，支持海外视频平台。

11.2.3　AI营销的机遇与挑战

1. 机遇

① 大环境的变化使得广告营销面临相应的挑战，同时也提供了机遇。AI技术的发展不断推动着营销理念的变化和技术的升级。

未来的用户对"服务"的要求已经不局限于功能性需求，也有了在情感方面寻求寄托的期待。特别是年轻一代，已经不再满足于单一的语音交互、视觉交互。从基于多模态交互的虚拟数字人已经得到广泛应用的情况来看，数字人将会有机会成为未来人机交互的基础模态，未来的"一站式AI营销系统"大有可能会以数字人作为表层的用户交互界面，以及品牌运营界面。

② 随着AI技术的不断升级，营销领域的技术应用也得到了拓展。在营销数据系统层面，AI目前广泛地应用在广告和营销的技术中，而在未来，AI将全面渗透这两大技术。在深度学习发展的"感知和认知"智能系统上，AI创造了新的交互

媒介和体验。随着AI技术发展，各个行业数字化转型加深，产品和服务的信息将与知识图谱深度融合、用户标签将更个性化；同时机器对物理世界认知的深度和广度也会进一步提高，AI营销将逐渐进入"强AI"范畴。

　　未来在强AI时代，AI营销将呈现更多的想象力，集合在洞察、投放、创意内容生成、效果监测、客户关系管理等中，一体化的AI系统解决方案将会成为可能，即以一个整体简洁的自然语言人格化交互界面，作为连接品牌和用户的"媒介"，一方面将产品、服务价值最大化地提供给用户，另一方面将有价值的用户带给品牌。

　　③ 随着"元宇宙"时代的到来，元宇宙作为虚拟世界和现实世界融合的载体，蕴含着社交、内容等新场景的变革机遇，体验经济的发展进入新阶段，消费者和品牌互动方式也发生了变化，用户的体验大大提升。全新的营销生态最终将在元宇宙中开启，AI营销将会成为营销的底层思维和基础工具。

　　2. 挑战

　　① 数据安全问题日益凸显。随着消费者对个人数据安全的关注度越来越高，整个行业对数据安全问题的重视也日益加强。近年来，数据"黑箱"事件的曝光更是将这一问题推向了台前。2019年的"3·15"晚会曝光营销公司数据安全问题，再次引起了行业的关注。大数据时代的到来，使得数据安全问题被个人、企业乃至国家所重视。对于正在快速增长的整个AI营销行业来说，如何既能实现数据营销，又确保数据安全，成为整个行业面临的一大挑战。

　　为应对日益深化的数据安全问题，全球都在积极探索。欧盟在2018年推动并立法实施了《通用数据保护条例》（*General Data Protection Regulation*）。简单来说，其生效后，对个人数据的收集、存储和使用提出了明确和具有操作性的要求。

　　目前，我国已初步形成《中华人民共和国网络安全法》《信息安全技术 个人信息安全规范》等多部法律法规和规范性文件，对企业的商业决策领域来说，利用AI等突破性技术能够使市场洞察更科学化、高效化。

　　② 既懂营销又懂技术的人才严重缺乏。根据中国广告协会发布的《中国AI营销人才发展报告》，随着AI技术在营销行业的持续发展及应用，AI营销取得了显著进步。然而，相关人才的稀缺仍然制约着行业的发展。调研显示，广告主和代理商都认为当前最具挑战性的难题是AI专业人才的严重匮乏。

　　当前市场上既具备营销技能又懂技术的人才严重不足，这类人才应具备以下能力：熟悉产品的构造和性能，根据市场和产品制定有效的营销策略，擅长设计销售渠道。随着市场和产品复杂性的增加，企业对这类人才的需求呈现不断增长的趋势。另外，对掌握技术和算法优化的专业型人才的需求也呈现爆发式增长的趋势。

　　③ 行业标准尚未建立。目前，AI营销仍处于初级阶段，但其市场规模和预期均表现出良好的增长趋势，显示了巨大的发展潜力。然而，由于存在各种不同定位、业务分工和技术标准，整个行业呈现混乱的局面，加剧了行业的不稳定性。

因此，出台行业标准的需求日益迫切，此举能促进AI营销产业的健康、有序和快速发展。

④ 营销黑盒问题仍然存在。在数字营销行业中，流量作弊和数据造假等潜规则仍然存在，给整个行业带来了困扰。然而，随着区块链产业上下游对新技术及模式的认知逐渐清晰，这些问题将得到有力改变。良币将驱逐劣币，价值将回归，整个行业的水平也将得到提高。

⑤ 数据的连接性问题。AI的自我学习需要以海量的数据作为支撑，因此，为了实现更智能化的营销，必须依赖于各种数据应用。然而，目前数据使用的封闭问题尚未得到真正的解决，尤其是以传统电商BAT（百度、阿里巴巴、腾讯）为首的各大平台方之间形成了数据孤岛，大量的数据无法被激活并发挥其应有的价值。随着AI营销的纵深发展，数据使用权的开放紧迫性将愈发强烈[①]。

案例分享

3CE AI 试妆，激活品牌会员群体

天猫品牌年度会员日作为全年大型的会员活动，以出乎意料的会员体验吸引用户关注，盘活私域资产，推动品牌增长。作为这个盛大活动的老朋友，3CE天猫店铺已经拥有超过1500万个会员。为了激活现有用户群体并推动新一波品牌增长，3CE不仅需要提供足够的权益，还要为用户提供独特的体验。

为了吸引用户关注，3CE联合时尚杂志发布会员专属大片《春日AI花神妆》。大片以品牌年度会员日的图标"心形"作为视觉中心，并将其变成一面镜子，反映AI花神造型。这个梦幻的妆容展现了AI技术的高超绘画技巧，成功吸引了用户的眼球。

通过与天猫合作，3CE推出了AI小程序，用户可以在官方旗舰店首页沉浸式体验试妆。AI花神妆能够生动还原照片细节，并生成五种贴合照片细节的视觉大片。每个妆容还对应一款不同色号的3CE热门唇釉，提供了多种选择，搭配不同衣服和眼妆细节，展现唇釉产品与不同妆面搭配的方案。

为了建立品牌与用户之间的亲密关系，3CE通过联动站内站外内容资源，打通线上线下体验模式。在小红书等平台上，3CE与达人合作，从春日AI花神妆到春季唇釉新品测评，引发了大量用户好评，并引导他们进入天猫店铺购买。在微博端，相关话题吸引了众多网友的分享，进一步提升了活动热度。在站内，3CE推出会员专享券和高"颜值"周边产品作为购后惊喜，促进用户消费。此外，用户在体验AI生成的春日花神妆后，还可以参与获得线下门店试妆权益的抽奖，进一步加深用户对品牌的认知。

---

① 资料来源：品友互动《数据和技术驱动未来营销之路——2019AI营销案例白皮书》。

3CE巧妙地利用AI技术与美妆产品相结合，打造了沉浸式的个性化试妆体验，同时通过整合线上线下资源，提升了用户对品牌的认知，成功激活了会员群体，实现了品牌增长。这充分展示了AI在美妆行业营销中的巨大潜力和价值。

本章小结

在本章中，我们讨论了元宇宙营销和AI营销的概念、应用及挑战。通过元宇宙营销，品牌可以创造沉浸式体验，与用户进行更加个性化的交流；AI营销则利用AI的算法和模型，精准定位目标受众，并通过个性化的推荐和营销活动提高用户参与度和忠诚度。这些技术和策略可以帮助品牌建立更加紧密的互动关系，提高品牌价值和市场竞争力，但同时也面临技术成本、数据隐私等问题，需要品牌制定相应的解决方案和风险管理措施。因此，在未来的工作中，品牌应积极探索和应用这些技术，并不断优化和调整品牌策略，以适应快速变化的市场环境。

课后习题

一、名词解释

元宇宙营销　AI营销　虚拟人　数字藏品

二、单项选择题

1. 元宇宙营销的互动主体是（　　）。
   A. 线下的人
   B. 数字的人
   C. 社媒使用者
   D. 数字替身
2. 元宇宙的核心是（　　）。
   A. 触达
   B. 精准
   C. 沉浸与交互
   D. 互动
3. （　　）标志着AI的诞生。
   A. 霍普菲尔德发明神经网络
   B. 达特茅斯会议
   C. 罗森布拉特发明第一款神经网络
   D. 辛顿提出"深度学习"神经网络

三、多项选择题

1. 元宇宙的核心特点主要包括（　　）。
   A. 真实体验
   B. 自我创造
   C. "游戏"主导
   D. 万物同体
   E. 意义驱动

2．元宇宙营销的特点主要包括（　　　）。

    A．创造性   B．娱乐性

    C．沉浸式体验   D．开放性

3．元宇宙营销的载体包括（　　　）。

    A．元宇宙虚拟商店   B．元宇宙数字藏品

    C．元宇宙社交媒体   D．元宇宙游戏

4．AI技术在营销场景中的应用主要包括（　　　）。

    A．智能场景   B．智能沟通   C．智能洞察

    D．智能投放   E．智能经营

5．AI营销的方法主要包括（　　　）。

    A．AI+广告   B．AI+电商

    C．AI+内容   D．AI+社交媒体

四、复习思考题

1．元宇宙如何改变传统营销模式？

2．AI在内容创作和营销中的应用有哪些创新点？

学以致用

实训题目1：DeepSeek助力科技教育博主输出专业知识

品牌背景

    在科技飞速发展的当下，VR一体机作为新兴的智能硬件设备，为用户带来了沉浸式的虚拟现实体验。然而，对于许多新手用户来说，VR一体机的操作和使用存在一定的门槛。某科技教育博主专注于为科技爱好者提供专业、易懂的科技产品使用指南，此次为了帮助新手用户快速上手VR一体机，决定制作"VR一体机零基础入门指南"。

任务要求

    使用DeepSeek生成关于VR一体机使用的全面知识内容，为科技教育博主完成"VR一体机零基础入门指南"。具体需涵盖从基础操作到复杂问题解决的各个方面，包括梳理VR一体机全流程知识体系、掌握针对不同类型问题的提问技巧以及建立有效的AI辅助学习路径。同时，要确保生成的内容准确、易懂，能够真正帮助新手用户解决实际使用中的问题。

操作提示

1．明确使用目的：利用DeepSeek深入了解VR一体机的各项功能和操作要点。

2. 确定营销目标：短期目标是通过DeepSeek快速、准确地梳理出VR一体机从开机配置到游戏体验的全流程知识体系，为"VR一体机零基础入门指南"提供丰富、专业的内容素材。长期目标是建立起一套"发现问题→精准提问→验证方案"的AI辅助学习路径，培养新手用户利用AI工具解决智能硬件使用问题的自主学习能力，提升科技教育博主在科技知识普及领域的影响力和专业性。

3. 构建DeepSeek指令：根据品牌背景和任务要求，输入指令（示例）：某科技教育博主为新手用户制作"VR一体机零基础入门指南"，需要梳理VR设备从开机配置到游戏体验的全流程知识体系，建立"发现问题→精准提问→验证方案"的AI辅助学习路径。请按照以下要求生成相关内容：（1）按"硬件配置→软件设置→内容获取→安全使用"四个维度给出系统掌握VR一体机基本操作的提问框架；（2）提供场景化提问、对比式提问、可视化追问的具体示例，如"我现在戴着VR头显找不到返回键，应该如何用语音指令退出当前应用？"（3）针对复杂问题进行多轮追问的示例。

4. 打开DeepSeek页面，输入指令并发送，如图11-2所示。

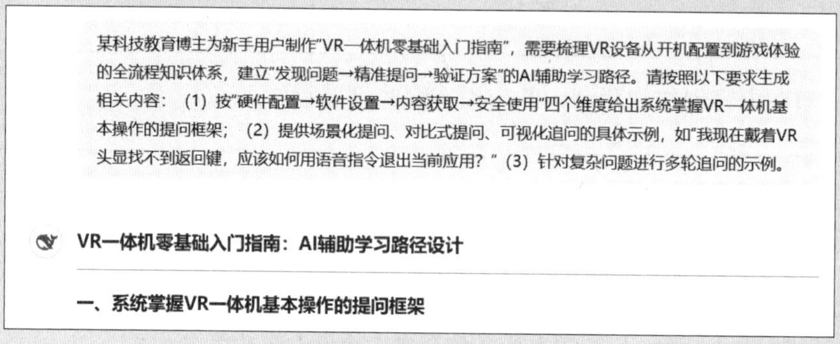

图11-2　DeepSeek回复制作"VR一体机零基础入门指南"

实训题目2：寻找元宇宙营销和AI营销的创新案例

实训要求

1. 对元宇宙营销和AI营销领域进行调研，了解目前市场上的创新案例和应用趋势。

2. 寻找至少3个具有代表性的元宇宙营销和AI营销案例，并撰写详细的分析报告。

3. 分析每个案例的商业模式、技术应用、市场效果等方面，总结其成功因素和创新点。

4. 结合自己所感兴趣的行业或品牌，思考如何借鉴这些案例中的经验和教训，提出实际可行的营销策略。